기독교문서선교회 (Christian Literature Center: 약칭 CLC)는 1941년 영국 콜체스터에서 켄 아담스에 의해 시작되었으며 국제 본부는 미국 필라델피아에 있습니다. 국제 CLC는 59개 나라에서 180개의 본부를 두고, 약 650여 명의 선교사들이 이동 도서차량 40대를 이용하여 문서 보급에 힘쓰고 있으며 이메일 주문을 통해 130여 국으로 책을 공급하고 있습니다. 한국 CLC는 청교도적 복음주의 신학과 신앙 서적을 출판하는 문서선교기관으로서, 한 영혼이라도 구원되길 소망하면서 주님이 오시는 그날까지 최선을 다할 것입니다.

**권 오 훈 박사 | 목원대학교 신학대학원장 및 선교훈련원장, 전 한국선교신학회 회장**

이 책은 매 방학마다 선교 훈련생들을 인솔하며 돌아본 타문화권 선교지에서 이모저모 교육 선교를 수행하는 선교사들과 앞으로 선교사가 될 제자들에게 큰 도움이 된다고 생각한다. 특별히, 저자들이 10여 개 나라에서 타문화권 교육 경험을 바탕으로 진솔하게 쓴 이 책을 읽고 가장 큰 수혜자는 예수님과 같은 훌륭한 교수의 반열에 오르지 못하고 매 학기마다 여전히 교수법에 대해 고민하는 추천자 자신임을 깨달았다.

저자들의 경험을 기독교 문화인류학과 교육학 등의 이론을 체계화한 이 책의 실제적인 제안들을 접하고서도 다른 이에게 권하지 않는 것은 본문에 나오는 아랍 속담처럼 "사막에서 물을 찾고도 알려주지 않는 죄를 짓는 것이다"라고 생각한다.

**권 오 문 박사 | 몽골국제대학교 총장**

21세기는 세계화와 지식 폭발의 시대로 인한 지식, 기술 경영을 통한 비지니스화가 활발히 진행이 되기에, 개발도상국가인 선교지에서 고등 교육 선교의 기회를 맞이하고 있다. 타문화권의 교육 선교는 현지 교육보다 경쟁적인 우위에 있어야만 생존이 가능하다.

감사하게도 하나님께서 사역자에게 비전을 주시는데, 그 비전 속에는 하나님의 지혜가 있고, 그 지혜는 세상의 지혜보다 항상 수월하다. 사역자는 삶 속에서 깨달은 하나님의 진리를 가르치는 것과 말씀이 성육신 되는 삶을 통해 "가르쳐 지키게 하는 교육"(마 28:19-20)이 선교지에서 가능하다.

"선교대학"은 기독교를 거부하는 나라에서 하나님이라는 용어를 사용하지 않고 일반 진리를 통한 교양과목으로 개발해야 한다. 경쟁력 강화를 위해 기독대학과의 협력을 통해 선교지에서 하나님의 인재를 양성하는 기회를 갖는다. 이 책의 저자들은 선교지의 교육에 대한 필요들을 통찰력 있게 조명하고 있다. 이에 사역자들과 준비생들에게 기쁜 마음으로 추천한다.

**추 재 욱 박사 | 중앙대학교 영어영문학과 교수**

이 책은 타문화권에서 영어교육을 진행함과 동시에 전도하는 데 있어서 반드시 필요한 많은 지식과 정보를 제공하고 있다. 선교는 단지 선교사와 교육자로서 경험을 쌓기 위해 하는 것이 아니기 때문에 왜 선교를 하는가에 대해서 항상 스스로 합리적인 이유가 있어서야 함과 동시에 하나님께서 명령하신 소명임을 자각해야 한다.

그러므로, 이 책은 선교사역을 감당할 때 담당자들이 쉽게 봉착하게 되는 질문들에 도움이 되는 명쾌한 답을 잘 제공하고 있다고 본다. 무엇보다도 타문화권에서 선교를 할 때 선교 대상자들에게 삶의 모범을 보여야 하는 사실은 오늘날 우리 사회에서 기독교인이 처한 상황과 크게 달라 보이지 않는다. 따라서 이 책은 교육 선교에 관심이 있는 선교사 지망생들에게 선교와 교육에 필요한 정보를 제공해 줄 뿐 아니라 어떠한 기독교 가치관과 세계관을 선교사역 담당자들이 지녀야 하는지를 잘 알려주는 귀한 책으로 일반 기독교인들이 반드시 읽어야 할 교양도서로도 손색이 없어 보인다.

**피터 쿠즈믹(Peter Kuzmic) 박사 | 고든-콘웰신학교 선교학 교수**

이 책은 정말로 도전이 되고 전략적으로 잠재력을 지니고 있으나 흔히 간과되고 있는 선교지에 관해 흥미로운 관점을 제시한다. 선교지는 바로 지구촌으로 서로 연결되어 있으면서 종교·문화적으로 다양한 우리 시대의 대학 강의실이다. 풍부한 교육학적 지식과 많은 타문화권 경험과 하나님 나라에 대한 깊은 헌신을 바탕으로, 저자들은 타문화권에서 가르치는 데 있어서 지식과 이해가 얼마나 중요한지를 설득력 있게 설명한다.

나는 타문화권에서 선교적으로 가르치려는 모든 이에게 가기 전에 이 책을 꼭 읽을 것과 가져가서 스스로를 평가하는 참고 자료로 사용할 것을 제안한다.

**일레인 스토키(Elaine Storkey) 박사 | 티어펀드 회장**

이 책의 저자들만큼 이런 책을 저술하기에 적합한 사람은 거의 없다. 이 책처럼 정보를 제공하고, 독자를 도전하며 설득하고, 읽는 재미를 주는 책도 드물다. 오랜 연구 끝에, 마이클 로마노스키와 테리 맥카시는 지구촌 방방곡곡에서 기독교적 교육을 위해 부름을 받은 사람들을 위한 매우 흥미로운 책을 출간하였다. 이 책을 타문화권에 갈 때 꼭 가져가기 바란다.

**댄 스트로블(Dan Struble) 박사 | 몬트리트대학교 총장**

이 책『타문화권 교육 선교』를 교육 혹은 다른 방법을 통해 세계 선교를 하려는 학생들과 미국에서 가르치는 모든 기독교 교수들에게 강력히 추천한다. 로마노스키와 맥아씨는 학생들에게 실제적인 지식과 마음을 따뜻하게 하는 이야기들을 제공하며, 독자들이 타문화권에서 가르칠지 여부를 결정하고 이것을 잘 준비할 수 있도록 돕는다.

기독교 대학의 총장으로 섬기는 나는 교수들도 이 책을 읽으면 좋다고 생각한다. 왜냐하면, 이 책은 기독교 교사의 의미에 대해 생각하도록 돕기 때문이다. 어떤 면에서 이 책은 생존 지침서라고 불러도 손색이 없다. 이 책은 선교사로 타문화권에서 가르치는 소명을 받은 학생들과 미국 대학교의 강의실에서 다양하고 서로 모순되는 세계관들이 점점 늘고 있는 것을 직접 목격하고 있는 교수들에게 가치를 매길 수 없을 정도로 귀한 책이다.

**척 화이트(Chuck White) 박사 | 스프링아비대학교 기독교역사학 교수**

내가 나이지리아에서 교육을 시작하기 전에 이 책을 읽었더라면 참 좋았겠다는 생각이다. 괜히 힘들게 고생하며 배우는 것보다, 이 책의 저자들에게 배우는 것이 훨씬 낫다.

### 하워드 컬버슨(Howard Culbertson) 박사 | 서던나사렛대학교 선교학 교수

『타문화권 교육 선교』와 같은 책은 없다. 나는 오랫동안 타문화권에서 가르치는 사역에 젊은 이들과 은퇴자들을 동원하는 일을 해 왔다.

이 책을 내가 동원한 모든 젊은이와 은퇴자들의 손에 쥐여 줄 수 있으면 얼마나 좋을까!

이 책은 정직의 이슈들과 그 외에 접할 수 있는 다른 문제들에 대해서 혹독할 정도로 솔직하다. 이 책은 타문화권 상황에서 성공적으로 잘 할 수 있도록 실제적인 노하우를 제공할 뿐 아니라, 교육, 철학, 세계관 같은 근본적인 질문들도 다룬다.

### 조엘 카펜터(Joel Carpenter) 박사 | 나이젤세계기독교연구소 대표

이 책『타문화권 교육 선교』는 타문화권 사역으로서의 대학 교육을 훌륭히 소개한다. 나는 어느 대학교의 부총장이었을 때 기독교적으로 가르치는 것에 대해 관심이 많았다. 그런 나는 이 책이 미국의 기독교 대학교뿐 아니라 어느 나라의 대학 교수에게도 매우 가치 있다고 생각한다.

오늘날, 모든 대학의 교육은 타문화권 사역이다. 신규 박사 취득자들은 좋은 교육을 어떻게 제공할지에 대해 배운 적이 거의 없다. 대학에서 가르친 경험이 조금 있는 이들도 많이 다르지 않다. 이 책은 교육 이론과 기술들을 소개하고 있다는 점에서 귀하다. 이러한 주제들에 대해 소중한 소개를 제공한다.

또한, 이 책은 하나님의 참된 부르심으로서의 배움의 삶, 서구 대학 교육에 깔려있는 문화적 전제들, 삶의 모든 영역에서 예수 그리스도의 참된 대사가 되는 것의 의미 등을 포함해서 많은 것들을 제공한다. 이 책은 정말 지혜가 담겨있는 실제적인 책이다. 이 책을 많은 기독교 교수들이 읽기 바란다.

### 스티븐 D. 라이브세이(Stephen D. Livesay) 박사 | 브라이언대학교 총장

이 책『타문화권 교육 선교』는 그리스도와 하나님의 나라를 위해 불꽃처럼 뜨거운 마음으로 저술되었다. 이 책은 오늘날 해외에서 가르치는 것을 고려하는 이들에게 정말 진정성이 있고 적절할 뿐 아니라 영감을 주는 전문 안내서이다.

모든 교사에게 영적인 도전이 될 뿐 아니라 훌륭한 자료인 이 책은 해외에서 가르치는 것을 희망하는 모든 기독교 대학생들이 반드시 읽어야 할 책이다.

# 타문화권 교육 선교

지구촌의 변혁을 위해 국경선 넘기

*Teaching in a Distant Classroom*
Written by Michael H. Romanowski and Teri McCarthy
Translated by Dukyoung Kim and Hanseong Kim

Originally published by InterVarsity Press as Teaching in a Distant Classroom by Michael H. Romanowski and Teri McCarthy.
©2009 by Michael H. Romanowski and Teri McCarthy. Translated and printed by permission of InterVarsity Press, P.O. Box 1400, Downers Grove, IL 60515, U.S.A.
All rights reserved.

Korean Edition Copyright © 2019 by Christian Literature Center, Seoul, Republic of Korea.

## 타문화권 교육 선교: 지구촌의 변혁을 위해 국경선 넘기

2019년 8월 31일 초판 발행

| 지은이 | 마이클 H. 로마노스키, 테리 맥카시 |
| 옮긴이 | 김덕영, 김한성 |
| | |
| 편집 | 박민구, 곽진수 |
| 디자인 | 박인미, 한우식 |
| 펴낸곳 | (사)기독교문서선교회 |
| 등록 | 제16-25호(1980.1.18) |
| 주소 | 서울특별시 서초구 방배로 68 |
| 전화 | 02-586-8761~3(본사)031-942-8761(영업부) |
| 팩스 | 02-523-0131(본사)031-942-8763(영업부) |
| 이메일 | clckor@gmail.com |
| 홈페이지 | www.clcbook.com |

ISBN 978-89-341-2012-4(93230)

이 도서의 국립중앙도서관 출판예정도서목록(CIP)은
서지정보유통지원시스템 홈페이지(http://seoji.nl.go.kr)와 국가자료공동목록시스템
(http://www.nl.go.kr/kolisnet)에서 이용하실 수 있습니다. (CIP제어번호: CIP2019027426)

이 한국어판 저작권은 IVP Books와 독점 계약한 (사)기독교문서선교회가 소유합니다. 신저작권법에 의하여 한국 내에서 보호를 받는 저작물이므로 무단 전재와 무단 복제를 금합니다.

# 타문화권 교육 선교

지구촌의 변혁을 위해 국경선 넘기
Teaching in a Distant Classroom

마이클 로마노스키, 테리 맥카시 지음
김덕영, 김한성 옮김

**CLC**

# 목 차

| | |
|---|---|
| 추천사  권오훈 박사(목원대학교 신학대학원장) 외 9인 | 1 |
| 저자 서문 | 10 |
| 역자 서문 | 12 |
| 서론 | 14 |
| 제1장 신분 위장한 기독 교사 | 20 |
| 제2장 세계관과 교육의 관계 | 41 |
| 제3장 교육 철학 기초 | 75 |
| 제4장 교과 과정의 다면성 | 101 |
| 제5장 잘 가르치는 것이 좋은 교육 | 118 |
| 제6장 실제적인 교수 제안들 | 139 |
| 제7장 탁월한 교사의 자질들 | 170 |
| 제8장 포기할 것들과 기대할 것들 | 190 |
| 제9장 문화 충격 대처하기 | 224 |
| 제10장 외국어로서의 영어 교육 | 242 |
| 결론 | 272 |
| 부록 | 282 |

# 저자 서문

**마이클**(Michael)

자넷(Janet), 클레어(Claire), 맥스(Max), 스펜서(Spencer), 몰리(Molly)에게 감사의 마음을 표한다. 여러분은 대위임령을 열정적으로 마음에 담아 타문화권에서 탁월한 삶을 살았다. 우리의 모험 가득한 삶 속에서 우리 가족의 사랑과 지원과 먼 곳까지 하나님의 부르심에 순종하는 의지와 끝없는 인내에 고마움을 표한다.

우리의 삶과 다른 사람의 삶 속에서 하나님께서 하신 것을 절대 잊지 않기를 바란다. 우리가 섬기도록 부름을 받은 사람들을 우리 가족이 사랑하고 용납하는 것을 통해 종종 삶의 변화를 볼 수 있었다.

**테리**(Teri)

나의 남편이자 가장 친한 친구이자 협력자인 데릴(Daryl)에게 감사의 마음을 표한다. 당신의 마차의 멍에를 같이 메자고 불러줘서 고마워. 하나님께서 열방 속에서 역사하고 계심을 목격하는 놀라운 여정이었어. 항상 지지해 주고, 격려해 주고, 기도해 주고, 믿어 줘서 고마워. 나를 덮고 있는 것이 당신의 사랑이니 나는 늘 고마워.

**마이클과 테리**(Michael & Teri)

    초고를 다듬는 동안 우리를 기다려 준 가족들에게 우선 가장 큰 감사의 마음을 전한다. 우리의 제안을 받아들여 주었을 뿐 아니라 최고의 책이 될 수 있도록 부단히 노력한 알 수(Al Hsu)와 IVP(InterVarsity Press)의 모든 직원에게 감사드린다.

    우리에게 이야기를 제공해 주고 자신의 경험을 나누어준 국제기독연구원(IICS)의 모든 교수에게도 감사를 드린다. 클리프 시멜(Cliff Shimmel) 박사의 글과 통찰력을 접할 수 있도록 허락해 준 시멜 박사의 가족에게도 감사드린다. 그는 뛰어난 교육자였을 뿐 아니라 타문화권 사역자였다. 그의 빈자리가 크다.

    휴가 기간 동안 초고를 교정해 준 우리의 친한 친구 앤 코아츠(Anne Coates)에게 고마움을 표한다. 독수리 눈을 가진 것처럼 원고를 편집하고 교정하여 주어서 이 책이 보다 나아질 수 있었다.

    무엇보다도 데릴 맥카시(Daryl McCarthy) 박사와 국제기독연구원(IICS)에 감사의 마음을 표현하고자 한다. 20년 전부터 맥카시 박사의 비전은 국경을 뛰어넘어 타문화권에서 가르치라는 부르심에 응답하고자 하는 교사들을 도왔다. 맥카시 박사의 비전과 행정가와 촉진자로서의 순종이 있었기에 많이 사람들이 변화될 수 있었다.

    마지막으로 타문화권에서 가르칠 수 있는 영예와 특권을 우리에게 주신 분이자 참된 타문화권 사역자이신 우리 주 예수 그리스도에게 감사드리고 싶다.

    예수님만이 우리의 상처 입고 고통당하는 세상을 변화시킬 수 있다. 예수님께서 지혜 있는 자들을 부끄럽게 하시려고 이 세상의 미련한 것들을 사용하시는 것을 우리에게 보여 주셨다.

# 역자 서문

김 덕 영 박사(선교영어학)
아세아연합신학대학교 교수

김 한 성 박사(선교영어학)
아세아연합신학대학교 교수

    수많은 선교사가 주의 복음을 전파하기 위해 생활 환경이 상당히 열악한 타문화권의 오지에 파송되어 생활하고 있다. 선교사들은 지금 이 순간에도 주님께서 명령하신 다양한 형태의 사역을 위해서 생명의 위험까지 감수하며 땀과 수고를 아끼지 않고 있다. 특히 타문화권의 험한 오지에 들어가 원주민들에게 '영어를 외국어'(EFL: English as a Foreign Language)로 교육함으로 그들과 함께 주 안에서 보람과 기쁨을 누리고 있다.

    외국어를 학습한다는 것은 단지 목표 언어의 구조만을 반복하여 익히는 것이 아니라 목표 언어의 문화에 대한 정확한 지식과 경험을 통해 습득하는 것이다. 또한, 외국어를 가르치는 교사 관점에서 외국어를 제대로 가르치기 위해서 EFL(English as a Foreign Language) 학습자들의 현지 문화와 세계관에 대한 깊은 이해와 성찰이 필요하다.

    저자들이 이미 서론에서 밝혔듯이 이 책은 경험이 풍부한 EFL 교사와 전문적 지식은 있지만, 교사 경험이 거의 없는 일반 기독교 교사뿐 아니라 대학을 갓 졸업한 교사들에게 타문화권의 학습 현장에서 EFL을 가르칠 때 직면하는 학습 환경 및 학생과의 관계 등 다양한 이슈들을 명쾌하며 사례를 들어 상세하게 다룬 유용한 지침서의 역할을 한다.

여러 선교 사역 가운데서도 올바른 기독교 철학과 세계관에 기반을 두고 타문화권의 교실에서 가르치는 교육 선교야말로 미래의 해외 선교를 꿈꾸고 있는 청년 기독교인에게도 도전할 만한 선교 사역이라고 말할 수 있다.

이 번역서가 나오는 데 지인들의 격려와 도움이 상당히 컸다. 아세아연합신학대학교에서 영어를 담당하시는 조지현 교수님과 국제대학교에서 후학을 양성하시는 심재황 선생님이 이 책의 출간을 위해 여러모로 격려와 도움을 주셨다. 항상 옆에서 기도와 격려를 아끼지 않은 아내와 가족에게도 고마움을 전한다.

어려운 기독교 서적의 출판 환경 속에서도 본 역서의 출판을 허락하신 기독교문서선교회(CLC)의 대표이신 박영호 목사님께 주 안에서 깊은 감사를 드린다.

이 책은 마이클 H. 로마노우스키(Michael H. Romanowski)와 테리 맥카시(Teri McCarthy)가 공저한 2001년에 출간된 *Teaching in a Distant Classroom*이란 영어 원서 10개의 장(chapter)을 나누어 공동 번역한 책이다. 제1장부터 제5장까지는 김한성 박사가 번역하고 제6장부터 제10장까지는 김덕영 박사가 번역했다.

2018년 9월 28일
양평 연구실에서

# 서론

　타문화권에서 가르치기 위해 외국으로 가는 것은 아주 놀랍고 도전되고 어려우면서도 보람을 느끼는 인생 경험이 될 수 있다. 한편, 아주 노련한 교사라도 낯선 문화에서 살며 체험하는 어려움 때문에 크게 마음고생할 수 있다. 하지만, 해외에서 가르치려는 사람들은 이러한 어려움을 종종 과소 평가한다. 그 결과, 이들은 교실 안팎에서 어려움을 겪는다.

　때로는 외국에서 살며 가르치는 것이 이상적으로 보일 수도 있다. 기독교인 중에 타국에서 그리스도를 섬긴다는 생각을 숭고하면서도 낭만적인 것으로 보는 이도 있다. 한편, 외국에서 살다 보면 타문화권에서의 생활과 교육이 주는 도전들에 깜짝 놀랄 수 있다. 현지 식당에서 음식 주문하거나, 과제를 내주기 위해 자료 복사하는 단순한 일조차도 타문화권 상황에서는 무척 피곤한 일이 될 수 있다.

　외국에서 살며 가르치는 사람은 누구나 자신에게 익숙한 대화와 예절과 관습과 일상생활의 기준들이 사라졌음을 곧 깨닫게 된다. 밀월의 시간은 순식간에 사라진다. 날마다 겪는 수고와 마음고생은 감당하기 힘들다. 외국에서 가르칠 때, 문화적 차이에서 오는 도전들은 갈등과 오해를 낳는다. 이것은 외국인 교사에 대한 신뢰에 손상을 줄 뿐 아니라, 학생들이 학습을 심각히 저해하고, 교사와 학생 모두에게 좌절감을 준다.

　교사가 자신의 문화 속에서 가졌던 학습과 교수에 대한 무의식적인 생각들이 타문화권에서 고스란히 적용되는 것도 아니다. 타문화권에서의 교육은 잘 준비되었고 성찰적이고 배우려는 마음을 가진 헌신된 사람이 잘 할 수 있다. 잘못된 동기에 타문화권에 대한 이해와 준비 부족까지 더해지면, 아무리 노련한 교사라고 해도 외국에서 실패하고 소진될 수 있다.

외국에서 가르치는 일은 타문화에 대한 민감성과 자기 이해가 필요하다. 타문화권에서 가르치는 교사는 연습하고, 자신의 장단점을 알고, 경기 규칙과 경기장 구조를 이해하는 등 경기를 준비하는 운동 선수와 같다. 교사는 자신의 문화적 배경과 개인적 한계를 반드시 이해해야 한다. 이것을 위해 교사는 가르치기 전에 교육 전략들을 분석하고 현지 문화와 현지 학생들의 세계관을 이해하는 것이 필요하다.

우리는 해외에서 가르치는 기독 교사를 세 가지 유형으로 나누었다.

**첫 번째 유형**은 북미에서 오랫동안 교직에 있었던 노련하고 경험이 많은 교사이다.

이 유형의 교사는 자신의 전공에 있어 전문가이고 폭넓은 교육 경험이 있고 분명하고 잘 만들어진 교육 철학과 방법론을 가지고 있지만, 해외 경험이 없거나 매우 제한적이다.

**두 번째 유형**은 어느 영역에 전문적인 지식을 가진 교사이다.

우리는 이 유형의 사람들을 죽기 아니면 살기식의 교사라고 부르려고 한다. 이들은 교육에 대해 배운 적은 없지만 아마도 어느 분야의 전문가이다. 많은 사람이 대학원 학생으로 공부하며 자신의 교육법을 배웠다. 어떤 이들은 대학교의 외래 교수일 수 있고, 어떤 이들은 자신의 전문 분야에서 성공하였고 이제 해외에서 가르치기를 원하는 것일 수 있다.

한편, 석사학위가 있고 현장 경험이 있다고 해서, 북미인들이 해외에서 가르치는 능력을 타고나지는 않았다. 북미의 경험이 타문화권에서 교육을 잘 할 것이라고 보장하지 않는다. 좋은 의도를 가진 교사 대부분은 북미에서 가르치는 것과 해외에서 가르치는 것이 서로 다른 것들임을 발견한다.

**세번째 유형**은 대학을 갓 졸업한 교사이다.

이들이 가장 흔한 유형이고, 특별히 동남아시아에서 더욱 그렇다. 이들은 열정적이고 헌신적인 그리스도의 제자들이다. 이들은 대학교를 졸업했고, 선교 단체에 가입 되었고, 가족과 교회의 축복을 받으며 예수 그리스도를 위해 세상을 변화시키기 위해 고향을 떠난다.

안타까운 점은 좋은 의도가 반드시 좋은 가르침으로 이어지지 않는다는 점이다. 대학을 갓 졸업한 교사는 패기와 열정을 가지고 타문화권으로 가르치려고 간다. 하지만, 교수법, 교육에 대한 이해, 교육 철학은 물론이고 수업 계획서를 작성하는 데 필요한 기본적인 기술을 가지고 있는 이가 별로 없다. 사실, 교육 경험이 있거나 정규 사범 교육을 받은 사람들도 타문화권 상황에서 효과적으로 가르치는 데 필요한 통찰력과 지식과 이해가 부족하기 쉽다.

노련하고 경험 많은 교사에게, 이 책은 균형 잡힌 기독교 세계관을 개발하는 데 필요한 지침들을 제공한다. 이 책은 교실에서 그리고 학생과 교사 사이의 관계에서 탁월함의 중요성을 강조하려는 목적이 있다. 우리의 목적은 노련하고 경험이 많은 교사들이 그리스도께서 모든 것의 주되심과 함께 해외에서 가르치는 것이 기독교 선교 사역인 것을 더욱 잘 이해하도록 돕는 것이다.

죽기 아니면 살기식의 교사에게, 이 책은 교육 철학을 세우고 교수 스타일을 개발하도록 도울 것이다. 우리의 목적은 다문화권의 교실에 대한 기존의 확신들을 다듬어 정리하고, 보다 종합적인 기독교 교육 철학을 개발하는 일의 출발점을 제공하는 것이다.

마지막으로 대학을 갓 졸업한 교사에게, 이 책은 교육에 대한 경험을 성찰하도록 격려하고 타문화권 환경에서 사용할 수 있는 교육 철학을 개발하도록 돕는다. 이 책은 또한 믿음이 독자의 교육을 어떻게 다듬고 교육이 참된 기독교 선교이자 소명임을 생각해 볼 수 있도록 돕는다.

또한, 이 책은 경험이 많지 않은 외국인을 위한 영어 교육 교사를 돕기 위해 만들어졌다. 외국 대학교들은 종종 대졸 영어권 원어민을 전공과 상관없이 영어 교수로 초빙한다. 해외의 영어 원어민 교사 수요는 전통적인 선교사들이나 기독교 사역자들이 입국할 수 없는 나라들에서 그리스도를 섬기기를 원하는 성도들을 위해서 주신 하나님의 기회이다.

많은 기독교인 영어 원어민 교사들의 마음 자세는 바르지만, 이들 중 대다수는 전문적인 훈련이나 교육 경험이 거의 없다. 이들은 주일학교나 여름성경학교에서 가르쳐 보았거나 직장에서 업무 보고를 했을 수는 있다. 하지만 이런 경험들은 타문화권 교실에서 가르치는 데 적절한 준비가 되지 못한다. 일부 선교 단체들은 6주의 집중 훈련 과정을 제공하지만, 이것 역시 충분하지 않다. 타문화권의 교실에서 영어 교육을 준비하는 차원에서, 교사들이 교육의 복합적 요소들을 이해하도록 돕는 참고 자료 혹은 훈련 교재로 이 책이 요긴하게 사용되기 바란다.

복음주의 기독교인인 우리는 교수법과 학문적 영역뿐 아니라 우리 학생들과 동료의 영적인 생활에 대한 굳은 헌신에도 관심을 가진다. 특별히, 이 책은 복음주의 기독교인들이 아래에 언급된 말씀들을 진지하게 받아들여 자신의 고향을 떠나 가르치도록 부름을 받았음을 인지하도록 돕는다.

> 그러므로 너희는 가서 모든 민족을 제자로 삼아 아버지와 아들과 성령의 이름으로 세례를 베풀고 내가 너희에게 분부한 모든 것을 가르쳐 지키게 하라 볼지어다 내가 세상 끝날까지 너희와 항상 함께 있으리라 하시니라 (마 28:19-20).

대부분 성경학자는 모든 기독교인들이 전임 전도 사역자로 부름을 받지 않았다고 생각한다. 하지만, 모든 기독교인들은 대위 명령을 성취하는 데 도구로 사용될 수 있는 은사와 능력을 분명히 갖추고 있다. 가르치는 능력을 갖춘 기독교인들은 하나님 나라를 확장할 수 있고, 복음 전도가 전혀 혹은 거의 할 수 없는 나라에서 잃어버린 영혼들에 다가갈 수 있다.

우리는 그리스도의 제자이자 교사로서 잘 준비된 교육 방법과 탁월한 교수법과 잘 정리된 교육 철학을 가지고 타문화권 교실에 들어갈 수 있다. 이렇게 함으로써, 우리는 전 세계의 교실에서 하나님과 예수 그리스도를 영화롭게 할 수 있다.

이 책을 통해 우리는 독자가 기독교적 교수법에 대해 고민하도록 도전하기 원한다. 여러분이 새내기 교사이든 노련한 교사이든 상관없다. 우리는 교육 활동의 기초가 되는 확신과 가치들을 비평적으로 평가할 기회들을 여러분에게 제공할 것이다. 교육 이론들에 대한 성찰을 촉구하고, 교육과 교실에 대한 기독교적 이해와 세속적 이해를 구별하려는 것이 이 책의 목적이다. 우리는 독자가 철학적으로 건전하면서 실제와 이론에서 실행 가능한 방법으로 자신의 전공 영역에서 그리스도를 전하는 것에 잘 준비되기를 희망한다.

원리들을 설명하고 타문화권 교실에서 비평적 성찰의 중요성을 강조하기 위해 실제로 있었던 일들과 이야기들을 사용하였다. 저자인 우리는 글의 한계를 잘 이해하고 있다. 그래서 우리는 각 장의 마지막에 "더 멀리, 더 깊이"라는 제목으로 한 항목을 만들었고, 추가 질문들과 활동들과 향후 연구를 위한 도서 추천들을 포함했다.

이 책은 약 10개국이 넘는 나라에서 체험한 우리의 국제적이고 타문화적이고 개인적인 교육 경험을 기초로 하고 있다. 우리는 아프카니스탄 카불에서 교육 훈련 프로젝트를 함께 수행하였다. 우리는 기독 교사들이 세계 곳곳에서 이루어 놓은 열매들을 직접 목격하였다.

물론, 우리는 자신에게 맡겨진 일로 인해 고생하거나 제대로 준비되지 않은 기독 교사들도 보았다.

　우리는 이 책이 하나님을 위해 자신의 인생을 타문화권에서 가르치는 일에 헌신한 믿음의 형제자매들을 세우고 돕기를 간절히 희망한다. 우리는 독자 여러분이 삶과 교육에 대해 기독교적으로 그리고 비평적으로 생각하는 기독교 정신을 함양하여, 타문화권의 학생들과 동료 교사들에게 그리스도의 희망과 생명과 빛을 전할 수 있기를 희망한다.

# 제1장

## 신분 위장한 기독 교사

　　기독교인들이 가르칠 목적으로 외국에 가는 것을 결정할 때, 특별히 창의적 접근 지역이나 선교사 입국 제한 국가로 가기 원할 때, 가족과 친구들은 종종 이렇게 묻는다.

　　"선교지의 교실에서 예수님에 대해 말할 수 없다면, 도대체 어떻게 선교 사역을 하려는 거지?"

　　선교에 관심이 많은 북미 복음주의 기독교인들이 이 질문을 하는 것은 당연한 일이다. 이 질문 자체가 잘못된 것은 아니다. 다만 우리를 불편하게 하는 것이 있다.

　　"응, 나는 교사의 신분을 이용해 그 나라에 들어가는 것이고, 당연히 나의 진짜 사역인 전도를 해야지."

　　이런 일상적인 대답이다.

　　이 장에서 우리는 왜 비밀 첩보원과 같은 선교 접근법이 정직하지 못한지 그리고 왜 이것이 교사의 효율성과 신뢰성을 깎아내리는지를 말하고자 한다. 우리는 외국에서 가르치는 것에 대해 기독교인의 동기와 목적과 관련된 우려들을 설명하고자 한다.

　　마지막으로, 정직하고 성실한 기독교인들이 해외 사역에 대한 이러한 이분법적 접근에 대해 재고하도록 하고, 먼 나라의 교실에서 그리스도를 섬기는 건전하고 진정성 있는 비전을 개발하고자 한다.

### 1. 비밀 첩보원

해외에서 가르치는 것은 단순히 다른 어떤 목적을 위해 사용하는 수단이 아니다. 헌신적으로 그리스도를 따르는 사람에게 거룩한 것과 세속적인 것의 구분이 없다. 예수 그리스도 안에 거하는 우리는 무엇을 하든지, 말하든지 간에 주님의 주권 아래 있어야 한다. 따라서 해외에서 가르치는 것이 선교사의 입국이 제한된 국가에 들어가기 위한 수단만 되어서는 안 된다.

> 텐트메이킹은 사도행전 18장에서 사도 바울 및 브리스길라와 아굴라가 외국에서 선교를 위해 자비량으로 그들의 능력과 거래 기술을 잘 활용하고 있음을 묘사하는 용어이다.

어느 선교 관련 잡지에서 피터 앤더슨(Peter Anderson, 2001)은 전문인 선교(tentmaking)에 대해 다음과 같이 자신의 견해를 밝혔다.

> 종교적인 목적을 숨긴 채 특정 전문 영역의 전문가로 활동하는 사람들이 부정직하다고 말하면 안 되나요?
> 정직함과 투명함이 기독교인의 생활과 전도의 필수적인 부분이 아닌가요? 저는 그렇다고 생각합니다(p. 23).

앤더슨의 말이 옳다. 비밀 첩보원 식의 접근은 투명성과 직업적 탁월성이 결여되어 있다. 교육을 오로지 입국의 수단으로만 보는 사람은 잘 가르치지 않기가 쉽고, 좋은 모델이 될 수 없다. 이렇게 선교지에서 거짓 구실로 교육하는 사람은 표리부동한 사람이다. 이것은 그리스도를 영화롭게 하는 것이 아니다.

C. S. 루이스(C. S. Lewis, 1995)는 기독 교사의 가르침에서 정직성과 투명성의 중요성에 대해 이렇게 적었다.

> 기독교인은 문화 또는 교육을 제공하는 것의 대가로 금전을 취하거나, 주어진 기회를 설교와 전도를 제공하는 데 사용해서는 안 됩니다. 이것은 도둑질입니다(p. 221).

자신은 대학교나 교육기관에서 자원봉사하는 것이라는 변명도 비밀첩보원 식의 활동과 태도를 정당화시켜 주지는 못한다. 타문화권에서 가르치는 일에 자원한 성도들은 자신의 사역을 숨겨진 목적을 성취할 기회로 사용해서는 안 된다. 그것은 잘못된 것이다. 우리는 교실의 교탁을 예배당의 강단으로 사용해서는 안 된다.

앤더슨(Anderson, 2001)이 아래와 같이 설명한다.

> 자신의 전문 영역을 사용하며 봉사하기 위해 외국에 가는 사람들은 자신의 직업을 사역을 위한 핑계가 아닌 자신의 생활과 사역의 적법한 통로로 보아야 한다. … 이들은 자신의 전문 영역에 헌신하여야 하고, 이것을 통해 그리스도에 대한 자신의 헌신을 보여주어야 한다(p. 24).

자국이든지 타국이든지 장소와 상관없이 자신의 전문 영역에 헌신하는 것은 자신의 직업을 자신의 소명으로 보는 것이다. 오스 기니스(Os Guinness, 1998)는 소명 의식 없이 전문인 선교를 하려는 기독교인들에 대해 아래와 같이 경고한다.

최악의 경우, 그런 '전문인 선교'는 우리를 좌절하게 하는 사역이다. 왜냐하면, 이것이 성경 공부나 개인 전도처럼 우리가 더욱 중요하게 생각하는 것들에 사용하고 싶은 시간을 빼앗기 때문이다. 대조적으로, 이것이 우리에게 가장 깊숙이 있는 은사들을 사용하기 때문에 소명의 본질이 무엇이든지 간에 우리에게 성취감을 준다(p. 52).

교육은 기독교인의 소명 의식으로부터 흘러나와야 한다. 교육은 단순히 부업이 될 수 없다. 기독 교사에게 외국에서 가르치는 것은 그의 소명의 본질이어야 한다. 이것은 그가 실제로 하는 일이 되어야 한다.

안타깝게도 기독교인들이 다른 문화에서 원래 의도를 감춘 채 가르치면, 이들이 하는 전도도 신뢰를 얻지 못하는 경우들이 실제로 있다. 영국의 경제 주간지 「이코노미스트」는 해외에서 영어를 가르치는 미국인들에 관해 특집 기사를 실은 적이 있다.

여름이 시작될 즈음, 수백 명의 서양 선교사들이 무보수로 몇 주 동안 대학교에서 영어를 가르치기 위해 카자흐스탄으로 몰려간다. 엄청난 영어 학습 수요에 시달리며 채워줄 수 없는 많은 대학교가 이들을 기꺼이 수용한다. 이것은 분명히 편리한 방법이지만 논란거리이기도 하다.

현지 정부는 한편으로는 선교사들을 용인하면서도 다른 한편으로는 교육과 선교의 경계선이 잘 지켜지지 않는다고 의심한다. 수년 전에, 침례교인들이 알마티의 한 대학교에서 '성경 에어로빅 강좌를 개설하였다. 그것이 무엇이었든지 간에, 영어를 가르치는 것은 아니었다(Faith, 2001, p. 37).

교육이 외국에 체류하기 위한 수단이기만 하면, 참된 복음 증거는 불가능하다. 이런 기독 교사는 학생들과 동료들과 현지 문화에 대한 자신들의 복음의 영향력을 희석시킨다. 교육에 대한 이런 접근은 사역에 대한 개념을 복음을 전하고 사람들에게 영접 기도를 시키고 성경을 전달한 뒤에 다음 대상을 찾는 것으로 제한한다. 그 결과, 교육처럼 나머지 다른 일과 활동들도 덜 중요한 것이 된다.

    기독 교사는 진리와 투명성과 정직성으로 학생들의 삶에 영향을 끼치려고 노력하는 기독 교사, 강사, 교수로 부름을 받은 사람들이다. 비밀 첩보원 같은 기독 교사는 어느 정도 영향력을 가질 수 있지만 제한적이다. 이들의 영향력은 순수한 동기의 결과가 아니라 불순한 동기에도 불구하고 만들어진 것이다.

## 2. 동기를 점검하라

    동기는 우리의 목적과 목표와 심지어 행동의 원동력이다. 기독교인은 누구나 하던 일을 그만두고, 가진 것을 정리하고, 해외로 떠나기 전에, 타문화권에서 교육하려는 자신의 동기에 대해 철저히 그리고 정직하게 점검해야 한다. 이것은 타문화권의 교실에서 가르치는 것을 준비할 때에 반드시 필요한 과정 가운데 하나이다.

    존 다입달(Jon Dybdahl)은 『선교 여권』(Passport to Mission)에서 해외로 이주하는 기독교인과 비기독교인들의 동기들의 다양한 예들을 제공하였다(Baumgartner et al, 2002). 그는 모든 사람의 해외 사역의 동기에 종교적인 것과 비종교적인 것이 섞여 있다고 주장했다. 이러한 동기들이 반드시 나쁜 것은 아니지만, 기독 교사들은 왜 해외에서 가르치려고 하는지에 대해 점검하고 시험할 필요가 있다. <도표 1>은 해외 사역을 선택하는 사람들의 다양한 동기를 나열한 것이다.

    처음에는 타문화권에서 사는 것이 낭만적이고 재미있게 보일 수 있다. 분명히 21세기의 선교는 할아버지 시대의 선교와 다르다. 19세기 개척 선교사들은 아프리카 원주민들과 사역하기 위해 고향을 떠날 때 자신의 가족이나 고향을 다시 볼 수 없을 것을 알았다. 그래서 이들은 자신의 짐을 관에 넣어 갔다. 개신교 선교 초기의 대부분 선교사에게 먼 곳에 가는 것은 모험이나 들뜨는 일이 아니었다. 이들에게 이것은 열정적이고 헌신적이고 희생적인 의무였다.

하지만, 오늘날 현대 선교사는 아홉 시간 이내에 해외의 목적지에 도착할 수 있다. 이들은 선교지 국가의 대도시에서 스타벅스 커피를 마실 수 있다. 이들은 맥도널드와 피자헛과 할리우드 영화들이 있는 선교지의 소도시나 마을에서 낯설지 않은 새로운 생활을 시작할 수 있다. 인터넷, 항공기 여행, 위성 방송, 해외 위성 전화, 스카이프 등이 있어서 해외에서의 생활이 그다지 길게 느껴지지 않는다.

<도표 1>. 타문화권에서 가르치려는 이유(존 다입달-바움카트너 외[Baumgartner et al.]), 『하지 않을래요?』(*So why not*, 2002, pp. 32-36)을 수정한 것임.

| 타문화권 교육의 비종교적 동기들 | 타문화권 교육의 기독교적 동기들 |
|---|---|
| 세계를 여행하고 보고 싶은 바람. | 소명을 받았고 은사와 경험들과 함께 오랫동안 준비한 것. |
| 새 직업에 대한 도전 혹은 모험의 필요. | 사람들을 위한 마음을 가지고 있고 이들이 복음을 들었으면 하는 진실한 바람. |
| 학업과 직장으로부터의 일시적 휴식. | 그리스도를 향한 사랑(고후 5:14). |
| 타문화권에서의 교육을 "이타적"으로 보고 타인이 자신을 좋은 사람/영웅으로 생각할 것으로 기대. | 성경의 가르침, "추수할 곳은 많으나 일꾼이 적어서"(마 9:37-38). |
| 이력서에 해외 경험을 넣기 위해. | 대위임령(마 28:18-20). |
| 다른 문화와 언어를 경험하고 싶은 호기심과 바람. | 그리스도를 다른 사람에게 알리고 이들을 설득하고 인도하기 위해(롬 1:18-20). |
| 자신의 직업과 관련해서. | 잃어버린 영혼을 위한 참된 사랑과 마음을 가져서. |

| 타문화권 교육의 비종교적 동기들 | 타문화권 교육의 기독교적 동기들 |
|---|---|
| 부모, 친구, 배우자로부터의 압력. | "나를 따르라. 내가 사람을 낚는 어부가 되게 하리라"(마 4:18-20). |
| 기관으로부터 모집되었고, 더 좋은 무엇을 할 것도 없기에 그냥 하기로 한 것. | 하나님이 주신 내 은사를 사용할 수 있도록 돕는 기관과 함께 일하기 위해. |
| "세상"으로부터 피하고 자신의 문화가 아닌 타문화 속에서 자신을 고립시키기 위해. | 하나님 나라의 복음이 온 세상에 전해질 것이다(마 24:14). |

　세계화의 좋은 점은 선교하기가 쉬워진 것이다. 세계화의 나쁜 점도 선교가 쉬워진 것이다. "가라"는 그리스도의 명령에 순종하는 복음주의 기독교인들이 점점 더 많아지기 때문에 좋다. 구세주이신 예수 그리스도의 복음을 듣는 사람이 미전도 종족들 가운데에서 더 많아지고 있다. 세계화는 선교를 보다 가능한 것으로 만들었고, 지상 대위 임령을 실제로 성취할 수 있는 목표이자 과제로 만들었다. 한편, 편리해진 반면에 단점도 있다.

　풀어서 말하면, 타문화권에 선교사로 가겠다고 결단하는 사람들 가운데 다수가 선교지에서 성육신적으로 사는 희생과 대가에 대해 충분히 이해하지 못한다. 세계화는 선교를 너무 쉽고 단순한 것으로 만들어 버렸다.

　타문화권의 교실에서 효과적으로 그리스도의 진실된 증인이 되려면, 교사의 가는 목적이 그리스도 중심적이어야 하고 그리스도를 드높이는 것이 되어야 한다. 세계화의 여부와 상관없이, 타문화 상황 속에서 시련과 어려움은 발생하기 마련이다.

　외국인 교사들이 직면하게 되는 쉽지 않은 도전들을 대할 때, 우리의 동기들은 여전히 유효할 것인가?

　도전들을 직면할 때가 바로 그리스도의 부르심과 강건하게 하심이 가장 중요하게 느껴질 때이다. 우리는 오해와 혼란스러움과 심지어 위험해 보이는 힘든 시기 중에도 그리스도께서 우리를 그곳에 부르셨다는 것을 의심하지 말아야 한다.

테리(Teri)는 타문화권에서 교육 선교하려는 선교 후보생들을 점검하는 팀의 한 사람으로 국제기독교연구소에서 사역하고 있다. 그녀는 모든 면담에서 다음 질문을 첫 번째로 묻는다.

"당신이 만약 고향과 가족으로부터 멀리 떨어져 살고 있는데 최악의 사태가 당신에게 일어났다면 하나님의 부르심, 말씀 혹은 성경 구절 중에서 무엇을 붙잡겠습니까?"

그녀가 이 질문을 하는 이유가 있다. 단순히 모험하고 싶은 바람, 직업의 필요, 혹은 그냥 어떻게 하다 보니까 그렇게 살고 있다는 것은 타문화권에서 가슴이 철렁 내려앉는 위기를 만날 때 그 위기를 극복할 정도로 강하지 못함을 보여주기 때문이다. 하나님의 부르심이나 성령의 이끄심이나 대위임령에 대한 확고한 확신이 타문화권에서 일하거나 가르치려는 모든 기독교인에게 반드시 필요하다.

향수병, 정부와 대학 당국의 관료주의로 인한 좌절감, 가혹한 생활환경, 거짓말이 아무렇지도 않은 문화. 이것들은 모험심과 쾌감을 기독교인 사역자에게서 없앨 수 있다. 먼지가 가라앉듯이 이런 느낌은 사라지고 남는 것은 그리스도와 그의 부르심에 근거를 두는 동기들이다. 이것들만이 타문화권 사역의 폭풍의 바다에서 닻이 되어 줄 수 있다.

상황이 나빠질 때, 특권, 모험, 직업과 같은 동기들을 의지하며 버티기는 어렵다. 다국적 기업들과 국제 기구들 구성원의 이직률이 이를 잘 말해준다. 제록스(Xerox)는 직원의 이직률이 63퍼센트이다(Wederspahn, 2002). 미국 평화 봉사단의 자원 봉사자의 중도 탈락율은 평균 30퍼센트이고 네팔과 같은 국가의 경우 50퍼센트까지 올라가기도 한다(Tarnoff, 2002). 평화 봉사단원 가운데 30퍼센트에서 60퍼센트는 자신의 계약 기간을 채우기 전에 고국으로 돌아간다.

**프랭크 P.(Frank P.) | 물리학 박사 | 아일랜드 코크**

우리 부부는 타문화권 선교에 대해 늘 마음이 열려 있었습니다. 우리 부부는 내가 물리학 박사 학위로 할 수 있는 일에 대해 고민했습니다. 선교 단체들을 알아보는 한편, 대학교 교수직에 응시하기 시작했습니다. 이런 가운데 하나님께서는 놀랍게도 이 둘을 하나로 묶어서 내게 주셨습니다. 해외의 어느 일반 대학교에서 내가 좋아하는 전공을 가르치는 동시에 그리스도를 알릴 기회였습니다.

캘리포니아에서의 우리의 삶은 안락했습니다. 나는 크고 아름다운 집과 좋은 직장을 가지고 있었습니다. 우리 다섯 아이는 학교 생활을 잘 하고 있었습니다. 우리 부부는 다양한 기독교 사역에 참여하고 있었고 우리 지역에서 복음을 전하고 있었습니다. 하지만, 어느 오랫동안 사역한 선교사의 조언을 떨쳐버릴 수가 없었습니다.

"성도님의 사역을 대신할 수 있는 사람들이 주변에 있다면, 그런 사람들이 없는 곳으로 가세요."

이것이 시작이었습니다. 우리 가족은 함께 어디로 갈 것인지에 대해 기도할 때, 우리는 줄곧 중동이나 중국을 생각했습니다. 하지만, 하나님은 내 이력서를 고스란히 복사해 놓은 것 같은 아일랜드대학교의 교수 임용 공고를 내게 보여주셨습니다.

우리 가족은 기꺼이 그곳으로 갔지만, 아일랜드에서의 생활이 힘들었습니다. 엄청난 문화적 차이 때문에 우리 아이들은 때때로 적지 않은 고통을 겪곤 했습니다. 아일랜드에는 영적 어둠도 있었습니다. 이곳의 문화는 후기 기독교적이며, 나의 많은 학생과 동료 교수들은 기독교에 대해 "다 아는 얘기인데 … 뭘" 하는 태도를 보였습니다.

나의 첫 학기 수업이 마쳐갈 즈음에 내가 속한 물리학과로부터 우리 대학교와 그다지 관련없는 연구소에서 책임 있는 일을 감당할 것을 제안받았습니다. 내가 이끌어야 할 연구는 나의 박사 논문에 기초한 것이라는 것에 사람들이 많이 놀랐습니다. 그 연구 주제의 초기 연구들 가운데 많은 일을 내가 한 것이라는 것을 사람들은 알고 좋아했습니다. 아마도 이 사람들이 세상에서 내 연구를 읽은 유일한 사람들이 아닌가 싶은데, 하나님은 나를 그들에게 정확히 보내신 것입니다.

이런 이유로 나는 바로 존경과 신뢰를 얻을 수 있었습니다.

자신들이 존경하는 과학자가 그리스도를 따르는 사람이라는 것을 나의 동료들이 매일 같이 생각하는 영향력을 상상해 보았나요?

아마도 이들은 그저 우연의 일치라고 생각했겠지만, 적어도 이것에 대해 생각해 본 것은 사실입니다.

물리학과 소속 교수로 2년째 근무할 때에, 나는 큰 규모의 연구비를 신청할 수 있도록 준비해 달라는 부탁을 받았습니다. 이것을 하는데 몇 주가 걸렸습니다. 이 연구비가 있어야 우리가 하던 중요한 연구들의 필요한 재정을 감당할 수 있었고 우리 학과를 알릴 수 있었습니다. 수개월 동안의 준비와 기다림 끝에, 우리는 연구비를 수주했다는 결과 통보를 받았습니다.

이 소식은 우리 학과뿐 아니라 우리 대학교 전체에 아주 큰 뉴스였습니다. 우리의 기도와 간구를 들으신 하나님께 감사할 뿐입니다. 이 모든 것이 내가 속한 곳의 사람들로부터 듣고 배우는 과정의 하나였습니다.

하나님은 이웃과의 관계, 좋은 집을 빌리고, 학생과 동료와의 대화 속에서 우리를 이곳 아일랜드로 부르심과 우리를 향한 하나님의 신실하심을 보여주셨습니다. 물론, 아일랜드에서 복음을 전파하는 것은 어렵습니다. 우리는 기도하고, 우리는 묻고, 우리는 기대하고, 그리고 무엇보다도 우리는 휴식합니다. 왜냐하면, 우리를 부르신 이가 신실하시고 하나님이 하실 것이기 때문입니다.

우리가 해야 할 것은 열린 마음을 가지고 늘 기도하며 우리에게 주시는 기회들에 대해 민감해하는 것입니다. 다른 이가 나를 대신하여 물리학 교수직을 얻었을 수도 있지만, 하나님이 우리를 이곳에 오게 하신 것을 감사하게 생각합니다. 하나님의 일을 하는 것은 힘들고 더디고 때로 낙심되지만, 참으로 가치 있는 일입니다.

**대니 M.(Danny M.) | 신약학 박사 | 나이지리아 조스**

나는 오늘 아침 6시 45분에 존으로부터 전화를 받았습니다. 그는 새벽 2시 30분에 자신의 집에 강도가 들었다고 내게 말해주었습니다. 두 명의 강도가 먼저 경비원들을 제압하고 그들의 휴대 전화를 빼앗은 다음, 존(John)의 집 앞쪽 철창을 뜯은 것 같습니다. 그런 뒤에, 이 강도들은 창문을 통해 집안으로 들어와 존과 그의 아내가 자는 안방으로 들어가 이들의 얼굴에 손전등을 비추었습니다. 그때야 이들 부부는 자신의 집에 도둑이 든 것을 알았습니다. 이들은 미화(美貨)를 요구했습니다. 이들은 원화로 60만원이 넘는 돈을 빼앗고, 노트북 컴퓨터 세 대를 가져갔습니다.

감사하게도 이들 부부는 아무 일 없이 무사했습니다. 존은 이 강도들이 불과 4-5분 정도 자신의 집에 있었다고 추측했습니다. 이 강도들은 귀중품이 어디에 있는 것을 아는 것으로 보아 이런 일에 익숙해 보였다고 합니다. 이들은 총신이 짧게 절단된 총을 존의 얼굴에 겨누었습니다. 이들은 집을 나가면서 총을 쏘았습니다. 대학교의 경비원들은 어떤 무기도 소지하지 않았는데, 아마도 따라오지 말라는 경고였던 것 같습니다.

이들 부부는 이 일로 마음의 큰 상처를 입었습니다. 하나님의 일이 종종 힘들고 고통스러운 환경 속에서 이루어지는 것이 안타깝지만 현실입니다. 이번 일로 존과 그의 아내는 학생들과 나이지리아의 미래 지도자들을 희생적으로 섬기느라 대가를 치러야 했던 다른 교직원들처럼 존경받는 위치에 오르게 되었습니다.

우리는 하나님께서 이들을 위로하고 치유하실 뿐 아니라, 이들이 도난당한 것들을 대신할 수 있는 것들을 속히 얻게 되기를 기도합니다. 우리는 이 부부가 자신들이 소유한 것을 도둑맞았을지언정, 이들이 나이지리아에서 사람들을 섬기며 경험한 기쁨을 도둑 받지 않기를 기도합니다.

## 3. 과연 나는 타문화권에서의 교육에 부르심을 받았는가

기독교 사역에 부르심을 받았다는 말은 무슨 뜻인가?
기네스(Guinness, 2002)는 부르심을 이렇게 설명했다.

> 부르심은 하나님의 부르심과 섬김에 대한 응답으로 우리 존재의 모든 것과 우리가 하는 모든 것과 우리가 소유한 모든 것을, 특별한 헌신과 역동성과 함께, 삶 속에서 살아낼 정도로 하나님께서 우리를 너무나도 분명하게 부르신다는 진리이다(p. 4).

하나님께서 우리 모두를 섬김의 자리로 부르신 것을 의심할 여지가 없다. 하지만, 아마도 우리 모두가 타문화권 사역에 부르심을 받은 것은 아닐 수 있다.

그러면 하나님은 사람들을 언제 장기 타문화권 사역으로 부르시는가?
우리가 타문화권 선교의 부르심을 받았는지 어떻게 알 수 있는가?
어떤 이들은 말한다.
"만약 가지 말라는 말을 듣지 않았다면 가라."
성경도 우리에게 가라고 격려한다. 예수님께서 우리에게 가라고 명령하셨기 때문에 선교도 존재한다.

너희는 온 천하에 다니며 만민에게 복음을 전파하라(막 16:15).

하지만, 선교는 우리 자신을 위한 것이 아니고 우리가 기분이 좋아지려고 하는 것도 아니다. 선교는 자아 성취하는 것이나 삶의 목적을 찾는 것이나 어떤 엄청난 모험을 떠나는 것도 아니다.

간단히 말해서, 선교는 순종이다. 선교는 하나님과 예수 그리스도에게 영광을 돌려 드리는 것이다. 선교는 절실한 필요를 가진 이들에게 진리와 소망을 나누는 것이다. 선교는 열방 가운데 하나님의 이름을 드높이는 것이다. 선교가 하나님과 예수 그리스도를 위한 것임을 멈추는 순간, 이것은 우리 자신을 위한 것이 되고 불순한 동기들이 개입하게 되어 문제들이 발생하게 된다.

마이크(Mike)는 많은 젊은이와 상담하며 그들의 말을 들을 기회가 많았다. 그의 학생 중에는 자신들이 해외 선교지로 부르심을 받았다고 믿는 이들이 있었다. 그런데 이들은 먼 나라에서 가르친 경험이 자신의 이력서를 돋보이게 할 것이라는 말을 했다. 이것을 들으면서 그는 뭔가 문제가 있다고 생각했다. 젊은 대학생들이 타문화권 사역을 반드시 해야 할 의무라고 느낀다면 좋지 않은 징조이다. 마이크는 늘 학생들에게 자기 자신에게 솔직하라고 권면하며 다음과 같이 묻는다.

"진정 왜 나는 타문화권에서 가르치려고 하는가?"

우리가 "왜" 타문화권으로 가려는지를 분별할 수 있도록 돕는 질문들을 다음과 같이 마련했다.

### 4. 동기와 관련된 질문들

① 왜 해외에 가려고 하는가?
② 해외에서 내가 성취하기 바라는 것은 무엇인가?
③ "그곳이 마음에 들지 않으면, 나는 언제든지 집에 갈 수 있어"라고 스스로 말한 적이 있는가?
④ 해외로 가면 내가 죽으리라는 것을 사전에 알아도 나는 여전히 가고자 하는가?
  이 일을 위해 나의 목숨을 내어놓을 의향이 있는가?
⑤ 내가 해외로 가는 것으로 인해 다른 사람들의 나에 대한 생각에 어떤 영향을 미칠 것인가?
  나에 대한 주변 사람들의 의견이 내가 해외로 가는 것에 어떤 영향을 미칠 것인가?
⑥ 특정 국가에서 가르치는 것이 훗날 고국에서 직업을 찾는데 힘들게 되더라도 나는 여전히 가려고 하겠는가?

### 5. 교육과 관련된 질문들

① 나는 가르칠 자격을 갖추었는가?

만약 아니라면, 자격을 갖추기 위해 나는 무엇을 해야 하는가?

② 내가 좋은 교사라고 말하는 사람들이 있었는가?

③ 나는 가르친 경험이 있는가?

만약 그렇다면, 가르치는 것을 좋아하는가?

④ 모국에서 가르칠 자격을 갖추지 못한다면, 해외에서는 가르칠 자격이 어떻게 생기는가?

⑤ 목회자나 성경 공부 지도자나 믿는 친구들 가운데 내가 해외에서 가르치는 것이 잘 어울릴 것이라고 말한 사람이 있는가?

## 6. 어떻게 갈 것인지에 대한 질문들

① 어떤 종류의 선교 단체를 고려 중인가?

② 내가 선택한 단체는 높은 기준과 요구 사항들을 가지고 있는가?

③ 이 단체는 재정과 관련하여 좋은 청지기인가?

이 단체가 재정과 관련해서 내게 요구하는 것은 무엇인가?

④ 이 단체는 타문화권 훈련과 준비를 적절히 제공하는가?

⑤ 이 단체는 내가 해외에 있을 때 어떤 정서적이고, 영적인 지원을 제공하는가?

⑥ 이 단체는 특정 종족 집단을 위해 분명한 비전을 가지고 이들을 섬기는 데 집중하는가? (이 단체와 관련 있는 여러 사람과 대화를 나누고 이 단체가 나에게 맞는 단체인지 결정하라.)

⑦ 나는 자국에 튼튼한 기도 후원자들이 있는가? (특별한 기도 제목들을 위해 중보 기도할 뿐 아니라 사역과 부르심에 있어 효과적일 수 있도록 기도하는 튼튼하고 신실한 기도 후원자들이 반드시 있어야 한다.)

⑧ 나는 섬기게 될 지역에 책무(accountability)를 나눌 수 있는 사람이

있는가?
⑨ 내가 함께 예배하고 교제할 수 있는 교회와 성도들이 있는가?

하나님은 우리의 가장 좋은 것을 주님께 드리기를 원하신다. 해외에서 가르치려고 할 때, 기독교인들은 높은 기준을 유지하려고 해야 하고, 자신의 분야를 잘 준비해야 하고, 잘 가르치는 것에 진실로 헌신 되어야 한다. 정직한 삶과 뛰어난 가르침은 타문화권 사역을 효과적으로 하는 데 있어서 매우 중요한 토대들이다. 만약 학생들과 동료들이 우리의 교육을 존경하지 않거나 우리의 실력이 부족하다고 느낀다면, 우리가 집에서 인도하는 성경 공부에 참여하거나 기독교에 관해 관심을 보이지 않을 것이다.

프랭크 호위스(Frank Hawes)와 다니엘 키일리(Daniel Kealey)의 『엘머』(El-mer, 2000)가 타문화권에서의 생활에 대해 연구한 결과, 다음 두 개의 일반화 된 개념이 사실이라는 것을 발견했다.

**첫째**, 이 세상의 대부분 사람은 자신과 자신이 하는 일을 구분하지 않는다.

**둘째**, 만약 어느 현지인이 어느 외국인의 일을 긍정적으로 평가하면, 또한 그 현지인은 그 외국인을 좋아한다.

나(테리)는 유네스코가 아프카니스탄의 수도 카불의 대학 교수 연수를 위해 초청한 강사들 가운데 한 명이었다. 아프카니스탄 고등 교육부는 초청 받은 사람들에게 현지의 법을 준수해야 한다는 점을 분명히 하였다. 이 말은 전도가 안 되고, 개종도 안 되고 어떤 감춘 의도를 실현하려고 해서는 안 된다는 것이다. 우리는 우리의 신앙을 나눌 기회가 없을 수도 있다는 것을 감수하고 카불에 갔다.

예수님의 이름이 언급되지 않더라도 그곳의 교수들과 함께 워크숍과 세미나를 하며 교제하는 것이 사역이라고 생각했기에, 우리는 주저하지 않고 갔다.

고등 교육에 관해 워크숍을 주관하고 있을 때, 어떤 사람이 일어나 이렇게 말했다.

"테리 박사님, 무함마드(Muhammad)를 믿으십니까?"

나는 잠시 가만히 있으며 윈-윈(win-win) 할 수 있는 대답을 찾았다.

"물론이죠. 그는 역사적인 인물로서 ….''

이 남자는 내 말을 끊으며 이렇게 말했다.

"아니요. 내 말은 박사님께서 그가 알라의 선지자인 것을 믿느냐는 것입니다."

나는 더 이상 피할 길이 없었다. 참석자들은 머리를 푹 숙이고 있었고, 두리번거리는 사람도 없었다. 나는 마치 나와 그 사람 단 둘만이 강의실에 있는 것처럼 느껴졌다.

"선생님이 그렇게 믿을 권리를 인정합니다."

이렇게 대답한 나는 대화를 민주주의와 발언의 자유라는 주제로 대화를 이끌어 가려고 시도했다. 하지만, 이 남자는 집요하게 물었다.

"무함마드와 예수님 중에 누구를 따르십니까?"

나는 망설이다가 대답했다.

"예수님입니다."

그 사람이 크게 대답했다.

"무함마드가 예수보다 위대하십니다."

나는 그를 바라보았다. 그 사람이 소리쳤다.

"말하세요. 무함마드가 예수보다 위대하다고 말하세요."

물론 나는 그렇게 할 수 없었고 조용히 하나님께 지혜를 구했다. 아프카니스탄 사람들이 가족을 소중히 여기는 것을 알고 있던 나는 이렇게 대답했다.

"내가 만일 그렇게 말한다면, 우리 할머니의 마음을 상하게 하는 일이 될 것입니다. 선생님은 내가 할머니에게 수치를 주고 할머니의 마음을 상하게 하기를 원하십니까?"

이 남자는 이 대답에 당황했고 잠시 주춤거렸다. 그때, 어느 연로한 존경받는 교수가 자신의 손을 들었다.

"테리 박사님, 내가 말을 해도 될까요?"

강의실에 있던 모든 사람이 안도의 한숨을 쉬었다.

"무함마드는 우리에게 예수님이 위대하고 훌륭한 교사라고 가르치셨습니다. 우리는 테리 박사님이 예수님을 따르는 분이신 것을 압니다. 왜냐하면, 박사님도 위대하고 훌륭한 교사이기 때문입니다. 솔직하게 말해서, 우리의 선지자 무함마드조차도 테리 박사님께 그런 말을 하라고 시키지 않으셨을 겁니다. 하나님을 찾는 이에게 자신을 보여주실 것이라고 코란은 가르칩니다. 모스크에 있던지, 교회에 있던지, 사원에 있던지 말입니다."

그 교수는 잠시 쉰 뒤에 이렇게 말했다.

"테리 박사님, 내가 그 구절을 칠판에 적어도 되겠습니까?"

나는 그에게 분필을 건네주었다. 바로 그때, 종이 울렸고 모두 점심을 먹기 위해 나갔다. 네 사람은 모두 교실에서 나가는 것을 기다리고 있었다.

모두 나가자고 이들은 내게 말했다.

"테리 박사님, 우리는 오랫동안 예수님에 대해 더 알기를 원했습니다. 우리를 도와주시겠습니까?"

"우리가 예수님에 대해 이해할 수 있고 더 배울 수 있는 책이나 글 같은 것을 혹시 가지고 있지는 않으신가요?"

물론 나는 이들이 원하는 것을 주었다.

우리는 예수님을 교실로 모시고 들어갈 필요가 없다. 예수님은 이미 그곳에 계신다. 하나님을 신뢰하고 기도하며 순종하며, 주님께 하듯 우리에게 맡겨진 일을 한 우리는 아프카니스탄의 법을 어기지도 않았고 숨긴 의도를 취하려고 억지를 부리지도 않았고 강의실 예절을 무시하지도 않았다. 하지만, 이런 가운데에서도 하나님은 드러나셨다.

정직한 삶을 사는 것은 진실 되고 참되게 살 뿐 아니라 맡겨진 일을 잘 하는 것이다. 이것은 수업 준비와 교실 수업에 최선을 다하는 것을 의미한다. 좋은 교육을 제공하지 못하면, 이것은 전도와 그리스도를 위한 우리의 수고에 나쁜 영향을 끼친다.

가까운 친구들과 가족이 묻는다.

"만약 교실에서 예수님에 대해 말하지 못한다면, 어떻게 선교를 한다고 할 수 있어?"

우리는 진심 어린 대답을 할 수 있다.

"예수님의 이름으로 예수님의 영광을 위하여 가르치는 우리의 진짜 일을 통해서 할 수 있지."

## 7. 더 깊이, 더 멀리(심화 학습)

### 1) 고려할 만한 질문들

① 타문화권에서 가르치려는 나의 동기가 무엇인가?
　목록을 만들고, 언급된 동기들을 종교적인 동기와 비종교적인 동기로 나누라.
　어느 것이 더 강한 동기인가?
② 하나님께서 지금까지 어떻게 인도하셨는지 생각해 보라.
　하나님께서 이 부르심을 위해 나를 어떻게 준비시키셨는가?
③ 내게 있는 여러 개성과 특징들 가운데 타문화권에서 성공적으로

생각하며 교육하는 데 도움을 줄 수 있는 것은 무엇인가?

④ 타문화권에서 생활하며 교육하는 것과 관련하여 나의 목표는 무엇인가?

## 2) 활동들

■ **부르심을 점검하기**(Lee, 1996)

타문화권에서 가르치는 일에 부르심을 받았는가?
아래 단계들을 통해 이 부르심을 점검하라.

1단계: 열린 마음과 열린 생각으로 시작하라.
2단계: 아래의 선교 소명과 관련 있는 성경 구절을 읽으라.
　　　 에베소서 3:1-13, 마태복음 28:18-20, 출애굽기 3장
　　　 예레미야 1장, 요나 1장
3단계: 열린 마음으로 성령께 귀를 기울이라.
4단계: 선교사 전기(傳記), 국가 정보, 세계 기도 정보와 같이 타문화권에 대해 이해를 돕는 도서들을 읽으라.
5단계: 지혜로운 조언을 구하라.
6단계: 타문화권 경험을 가진 사람들과 대화를 나누어라.
7단계: 명확한 인도를 위해 기도하라.
　　　 하나님의 부르심은 감정이 아니라 조언과 사실과 격려와 순종과 길이 열리는 것에 대한 균형에 기초해야 한다.

## 3) 추천할 만한 책들과 유익한 웹사이트

### ① 소논문

Jay Budziszewski, "The Academic Witness: Research and Scholarship As Unto the Lord," *The Real Issue*, September/October, 2001.

Steve Rundle, "Ministry, Profits and the Schizophrenic Tentmaker," *Evangelical Missions Quarterly* 36, no.3 (2000), pp. 292-300.

Charles Malik, "The Two Tasks," *Journal of the Evangelical Theological Society* 23, no.4, December, 1980.

### ② 서적

Dan Gibson, *Avoiding the Tentmaker Trap*.
Jonathan Lewis, *Working Your Way to the Nations: A Guide to Effective Tentmaking*.
John Stott. *Your Mind Matters: The Place of the Mind in the Christian Life*.

### ③ 인터넷 주소

http://www.adventistvolunteers.org/Forms/Passport.pdf.
http://www.iics.com.
http://www.godisatwork.org.
http://www.tentmakernet.com.

# 참고 문헌

Anderson, P. Is tentmaking dishonest? *World Christian*, 14, pp. 23-24, 2001.

Baumgarter, E. W., Dybdahl, J. L., Gustin, P., & Moyer, B. C. *Passport to mission* (2nd ed.). Anderson University, Berrien Springs, MI: Institute of World Mission, 2002.

Elmer, D. Trust: A good start on crosscultural effectiveness. *Trinity World Forum*, 25(2), pp.1-4, 2000.

Faith in politics. *The Economist*, 359, p. 37, 2001, August 25.

Hetrick, J. Wildlife, politics and policies. *Journal of Research and Creative Activity*, 21(3), pp. 20-23, 1999.

Johnstone, P., & Mandryke, J. *Operation World*. Carlisle, UK: Paternoster, 2001.

Lee, D.T.W. Cross-cultural servants. In J. Lewis (Ed), *Working your way to the nations: A guide to effective tentmaking* (pp. 27-40). Downers Grove, IL: InterVasity Press, 1996.

Lewis, C.S. Christian reflections. Grand Rapids: Eerdmans, 1995.

Tarnoff, C. *The Peace Corps: USA Freedom Corps initiative*. CRS Report for Congress, 2002, March 8.

Wederspahn, G.M. Making the case for intercultural training. *International Human Resource Management Journal*, 9(2), pp. 309-31, 2002.

# 제2장

# 세계관과 교육의 관계

기독교 세계관의 중요한 전제는 모든 진리가 하나님의 진리라는 것이다. 위대한 화란 개혁주의 교회의 지도자이자 전 화란 수상이기도 했던 아브라함 카이퍼(Abraham Kuyper)는 이렇게 말했다.

> 인간 삶의 모든 영역에서, 유일한 주권자이신 예수님이 '내 것이다'라고 선언하지 못할 곳은 온 우주에서 1인치도 없다(Vanden Berg, 1978, p. 255에서 재인용함).

타문화권 교육자로서 기독교적 세계관을 실천하려고 시도할 때, 우리는 우리의 교육과 우리의 전공 분야가 그리스도에게 중요하다는 것을 반드시 알아야 한다. 예수님께서 우리 각자의 삶에 대해 "이것은 내 것이야"라고 말하는 것의 뜻을 탐구해야 한다. 보다 구체적으로, 교사인 우리는 예수님께서 교육에 대해 "이것은 내게 속한 것이야"라고 말하는 것의 뜻을 이해해야 한다.

아프리카, 아시아, 남미, 혹은 유럽 어디에서 가르치던지, 교육자들은 자신이 살고 있는 세상을 어떻게 보고 해석해야 할지에 대해 올바른 이해를 개발할 필요가 있다. 우리의 교수 방법은 알게 모르게 우리가 세상을 어떻게 바라볼 것인지에 영향을 받는다. 교육은 교사의 세계관에 기초한다. 교사의 세계관은 자신의 교육 철학, 학생과의 관계, 효과적인 교육, 심지어 수업준비의 작은 것까지 영향을 끼친다. 교육과 학습에 대한 기독교 세계관을 이해하는 것을 통해, 우리는 우리가 누구이고 무엇을 어떻게 왜 가르칠지에 대해 알게 된다.

이 장에서 우리는 우리의 세계관을 형성하는 요소들을 살펴볼 것이다. 그리고, 세계관이 우리 인생의 질문들에 어떻게 대답하고, 세계관이 우리 주변을 어떻게 보고 해석할지에 영향을 끼치고, 세계관이 교수-학습 과정에 어떤 영향을 끼치는지 등 세계관의 역할에 대해 살펴볼 것이다.

## 1. 교육은 수업 계획과 교수법에 국한되지 않는다

좋은 가르침은 가르치는 기술만으로 될 수 없다. 좋은 가르침은 교사의 정체성과 정직함에서 비롯된다(Palmer, 1998, p. 10).

너무나 자주, 경험이 부족하거나 충분히 교육받지 못한 교사들이 자신도 모르게 교육의 가치와 믿음의 근거들을 무시한 채 교육을 실용적인 것이나 기술적인 것으로 치부한다.

교사가 단순 기술자이면 어떠한가?

문화와 교육의 중요한 측면들을 등한시한 채 정보의 효과적인 전달에만 관심을 가지는 사람이 된다(Giroux & McLaren, 1996, p. 304).

교육을 단순히 정보 전달로 축소하는 기독 교사는 기독교적으로 가르치는 것의 중요성을 이해하지 못한다. 단순히 교육 기능인의 역할만을 감당하면, 우리는 '그리스도께 대하듯' 학생들을 섬길 수 없다. 이것은 참된 교사-학생 관계를 만드는 것과 효과적으로 가르치는 것을 방해한다.

그 내용이 경영학이든지 영어학이든지 공학이든지 상관없이, 교육을 단순히 지식 전달로 축소하면, 삶의 모든 영역과 배움 속에서 하나님께 영광 드리는 것을 추구하는 그리스도의 주되심의 총체적이고 포괄적인 본질을 제대로 드러내지 못한다. 교수 과정이 지나치게 단순화되고, 교수와 교육에 대한 중요한 질문들이 별 의미 없는 것으로 묘사되었기 때문에 이런 문제가 발생한다.

기술자들은 학생들에게 도전과 영향력을 주어 "기본적인 문화 조직들과 믿음 체계들의 많은 것을 변혁"(Purpel, 1989, p. 3)하기보다는 정보에 숙달하고 다듬는 것에 더 관심을 가진다. 타문화권에서 가르치는 기독 교사를 향한 그리스도의 제자로서의 부르심 중의 하나가 문화와 사회의 변혁의 대리자가 되는 것이다. 타문화권에서 가르치려는 우리의 동기는 변화를 일구어 내는 것이다.

우리의 가르침을 단순히 기능적인 생산으로 축소하는 덫에 빠지면, 우리는 핵심 목표를 놓치게 된다. 기독교적으로 가르치는 것을 숙고하지 않은 채 기존의 영어 교육 교과 과정을 선택해서 가방에 넣고 타문화권으로 가는 것은 교육의 고귀함과 목적을 단순히 기능적인 것으로 축소하는 것이다. 그리고 이것은 우리를 단순 기술자로 전락시킨다.


### 2. 내면의 모습

교사의 정체성과 정직성은 파머가 말했던 '내면의 모습'(the inner tarrain, p. 5)에서 나온다. '내면의 모습'은 강의실과 세미나와 타문화권 훈련 프로그램들에서는 거의 언급되지 않는다. 이것은 교사의 어린 시절의 경험과 성인으로서의 경험들, 우리가 좋아하거나 싫어하는 것들, 우리의 믿음과 가치와 궁극적 관심들을 포함해 우리가 누구인지를 형성하는 엄청나게 많은 사건을 아우른다. 이것은 우리의 성향과 신앙과 도덕심과 자기 이해에 관한 것이다. 우리는 내면의 모습에 대해 생각하면서 우리 자신이 인간과 교사로서 누구인지를 보다 잘 이해할 수 있다.

교육은 우리가 어떻게 세상을 보는지와 세상이 어떻게 보여야 하는지에 관한 것이다. 우리의 내면의 모습은 우리가 교실에서 장난이 심한 학생이나 시험에서 부정 행위를 한 학생에게 반응하는 모습에서 겉으로 드러난다. 내면의 모습은 수업 계획과 강의 목표에서 나타난다. 이것은 학생의 필요에 초점을 맞추기보다 어떤 현안을 밀어붙이려는 마음에서 찾아볼 수 있다.

우리가 이것을 인지하지 못해도, 이것은 자신을 드러내어 보여 준다. 기독교적 교육은 기독교 세계관을 통해 모든 것들을 걸러내는 것이다. 우리의 내면의 모습은 성경에 충실하고 그리스도 중심적인 관점을 반영해야 한다.

> **교수법(pedagogy)**: 학생들을 교육하는 예술이자 과학이다. 이 용어는 가르치는 것과 동의어로 종종 사용된다. 교수법은 교사가 학습을 촉진하기 위해 사용하는 전략이고 기술이고 접근법이다.

교육은 "무엇이 나의 자아성에 필수적인지, 즉 무엇이 내게 어울리고 무엇이 그렇지 않은지"(Palmer, 1998, p. 13)에 대해 진솔하게 분별하는 것을 요구한다. 왜냐하면, 교육은 단순히 우리가 가르치는 것에 관한 것이 아니라 우리가 누구인지에 관한 것이기 때문이다. 우리는 반드시 성령을 우리 삶 속으로 초대하고, 자아-발견, 질문, 반성, 그리고 궁극적으로 깨달음과 변화하는 과정에서 성령의 도움을 구해야 한다.

이 과정은 질문하는 것으로 시작한다.

만약 내가 누구인지를 가르치고 있다면, 다음과 같은 질문을 해야 한다.

"나는 누구인가?"

만약 교사들이 정말로 믿음을 기초로 해서 가르친다면, 우리는 다음과 같이 물어야 한다.

"내가 무엇을 믿는가?"

만약 우리의 편견이 교육에 영향을 끼친다면, 이 편견들을 인식해야 한다. 그리고 이 편견들이 그리스도에게 영광 돌리는 것과 합치하는지를 분별해야 한다. 우리는 우리의 동기들과 교육 스타일과 교수 방법과 교사-학생 관계를 심사숙고하며 점검한다. 그리고 다음 사항에 질문해야 한다.

"나는 왜 이것들을 이렇게 하는가?"

모든 교사가 자기 '인생의 경험들'을 교실로 가져오는데, 이것은 놀랍지 않다. 이것은, 긍정적으로든지 부정적으로든지, 우리의 교수법에 강한 영향을 미치고 학생들에게도 직접적인 영향을 끼친다. 편견과 오해와 고정 관념이 들어있는 인생의 경험들은 교실에서 해로울 수 있다. 이것들이 점검받지 않은 채 방치되면, 이것들은 배움의 과정을 방해할 뿐 아니라 우리 학생들에게 강력한 메시지와 해로운 원칙들을 전달한다.

한편, 기독 교사가 자신의 인생 경험들을 제대로 이해하고 적절히 다루면, 이것들은 자산이 될 수 있다. 만약 그리스도가 교실에 가치를 더하시고 하나님의 관점이 진리인 것을 우리가 믿는다면, 우리 인생의 경험들을 교실 안으로 가져가는 것이 꼭 나쁜 것이 아니다. 물론 안전 장치들이 필요하다.

기독교적 세계관은 교실에서 개인 전도를 위한 기회를 인위적으로 강요하는 것처럼 교실에서 우리의 믿음 체계를 다른 사람에게 강요할 권리가 우리에게 있다는 것을 의미하지는 않는다.

우리는 과목이나 수업 내용과 관련 없는 성경 주제의 대화들을 하도록 학생들을 조종하지 않도록 조심해야 한다.

자기 분석과 반성은 기독 교사가 자신의 교수 방법과 학문 영역과 교사-학생 관계 속에서 그리스도께 영광 돌리는 것을 배울 수 있도록 돕는다. 자기 분석은 학습과 교수에 관한 문화적 가정들을 배제하고 새롭고 다른 교수 방법들에 마음을 여는 것이다.

### 3. 교사의 내적인 삶-우리의 감추어진 세계관 발견하기

가르치는 것은 교실에서 명시적으로 그리고 암시적으로 의사소통되는 개인적 가치들과 믿음들로 가득 찬 복잡한 과제이다. 가르치는 것은 평가와 해석의 어떤 형태를 요구하기 때문에, 교사들은 끊임없이 자신의 관점을 기초로 선택과 결정해야 한다. 따라서, 가르치는 과정은 가치판단의 영향을 받지 않거나 중립적이지 않다. 진리라고 믿고, 가치 있다고 믿고, 중요하다고 믿고, 옳고 그르다고 믿고, 실재라고 믿는 것들로 구성된 교사의 세계관이 모든 교실 활동의 바탕이 된다.

예를 들어보자.

'작문 1'이라는 학부 과목을 가르치는 교수가 맞춤법을 틀리는 학생들 때문에 낙심해 있다. 이 교수는 맞춤법 때문에 힘들어한 적이 없을 뿐 아니라 중학교에 다닐 때는 맞춤법 경연대회에서 상을 받기까지 했다. 이 교수의 부친은 칭찬에 인색했지만, 맞춤법에서 만큼은 늘 딸을 칭찬했다.

그 결과, 이 교수에게 맞춤법은 개인적으로 큰 의미가 있었고, 이것은 교실에서 두 가지 모습으로 드러났다. 이 교수는 과제에서 맞춤법 틀린 것이 두 개 이상 발견될 경우 낙제 점수인 F를 줄 정도로 매우 엄격한 방침을 가지고 있었고, 맞춤법을 계속 틀리는 학생들에 대해 과도하게 반응하고 낙심하는 것이 보일 정도였다.

'작문에서 맞춤법이 필수적인 것인가?'

그렇다. '하지만, 이 교수는 맞춤법에 과도하게 집착한 것은 아닐까?' 아마도 그런 것 같다. 이 교수의 맞춤법에 대한 과도한 관심은 그의 내면의 모습에서 나온 것이고, 맞춤법과 관련된 개인적인 경험의 결과이다. 아직 스스로 감지하지 못 했을 수도 있지만, 이것은 이 교수의 인생 경험들의 일부이다. 그리고 이것은 학생들의 배움에 영향을 미친다. 이것은 작문 1과목에 대한 학생들의 생각과 감정에 부정적으로 영향을 끼친다. 무엇보다도, 이것은 교수인 그를 바라보는 학생들의 관점에 영향을 미친다.

기독 교사는 반드시 성찰적이어야 한다. 우리의 인생의 경험들이 기독교적 세계관을 올바르게 제시하는 교육을 가로막지 않기 위해 우리는 자기분석과 비평적인 평가가 필요하다. 이것을 위해서, 기독 교사들은 교육 이슈들에 대해 중요한 질문들을 제기할 뿐 아니라 자신의 가르침과 교실 활동들에 대해 비평적인 시각을 개발하는 것이 필요하다.


### 4. 세계관의 구성 요소들

우선, 세계관의 구성 요소들을 살펴보자.

제임스 사이어(James Sire, 2004)는 세계관에 대한 종합적이고 통찰력 있는 정의를 다음과 같이 제안했다.

> 실재의 기본 구성에 대해 우리가(의식적으로든지 또는 무의식적으로든지, 지속적으로든지 불연속적이든지) 가지고 있는 이야기 또는 일련의 전제(진리, 일부분 진리, 혹은 모두 거짓일 수 있는 가정들)로 표현될 수 있고, 우리가 생활하고 이동하고 우리 존재를 가지는 토대를 제공하는 마음의 헌신 혹은 궁극적인 지향이다(p. 122).

이 정의는 타문화권에서 가르치는 일에 관해서 몇 가지 중요한 요소들을 소개한다. 사이어는 세계관이 우리 정체성의 가장 핵심을 구성하는 실재에 대한 우리의 믿음들을 담고 있다고 지적한다. 이 믿음들 가운데 일부는 우리의 문화와 성장 과정에 기초하고 있다. 이렇게 강한 믿음들은 사람에 따라 다르다. 실재에 대한 우리의 믿음들은 가족 관계, 신앙 공동체, 개인의 삶을 바꾸는 사건들, 그리고 무엇보다도 문화와 같은 요소들에 의해 영향을 받는다.

대부분 사람에게, 이렇게 강한 믿음들은 무의식적으로 이루어진다. 대개 우리는 이것들이 우리의 행동과 동기에서 어떻게 표출되는지 인지하지 못 한다. 종종 세계관들은 다른 문화에 속한 사람들이 만날 때 충돌한다. 예를 들어 설명하면 이렇다.

미국인 부부인 트로이와 제인은 미국에서 대학원 과정을 공부하기 위해 유학 온 중국인 부부와 함께 자신의 집에서 살았다. 이 부부는 중국인 유학생 부부를 자신의 집에서 지내게 된 것에 대해 기대가 많았다. 이들은 먼 나라에서 온 중국인 부부를 환대하고 싶었다. 미국인 부부에게 스누디라는 개가 있었다. 이 개는 부부와 함께 자고 식탁 근처에서 밥을 먹었을 뿐 아니라, 부부가 집을 오랫동안 비우면 종종 사고를 일으켰다.

중국인 유학생 부부인 리와 장은 개고기를 즐겨 먹는 사람들이 사는 중국 북동부 지역에서 자랐다. 이 부부의 고향에는 개고기 요리로 유명한 식당들이 있었다. 공산 정권의 법령과 과밀한 인구 밀도 때문에, 중국 정부는 개를 애완동물로 키우는 것을 금했다. 게다가 이 중국인 부부는 개가 더럽다고 생각했다. 이들은 농장에서 일하는 개나 이따금 무서운 경비견만을 실외에서 보았기 때문이다. 이들은 개가 무섭고 애완견을 기르는 사치를 경험하지 못했다.

미국인 부부의 집에서 살게 되었을 때, 이 중국인 유학생 부부는 자신들이 더럽게 생각하는 동물이 집 안에서 사는 것을 보며 충격을 받았다. 이들은 짐승이 사람들의 식탁 옆에서 먹는 것이 이해가 되지 않았다. 이들은 개가 주인들과 함께 자는 것이 역겨울 정도였다. 개가 집안 카펫에 대소변이라도 보면 이들은 정말 깜짝 놀랐다.

도착한 지 얼마 되지 않아, 중국인 부부는 다른 곳으로 이사하기로 했다. 중국 사람들은 전통적으로 대립을 회피한다. 이들은 왜 이사 나가는지에 대해 명확하게 설명하지 않았다. 중국 문화를 경험한 적이 없는 트로이와 제인은 중국인들이 괴상하고 무례하다고 생각하게 되었다. 리와 장은 미국인이 사람보다 동물을 더 사랑한다고 생각했다.

미국인 부부와 중국인 부부는 세계관을 가지고 있었고, 이 세계관들은 각각 실재의 기초에 대해 확고한 믿음이 있었다. 이 사람들의 내면의 모습 속에 이것들이 숨겨져 있었다. 두 부부 사이의 문화적 갈등은 상대편 세계관의 타당성은 물론이고 존재마저 인지하지 못 할 정도로 깊이 배어든 두 개의 다른 세계관들을 가지고 있었기 때문이었다. 이런 일이 타문화권 교육 현장에서 종종 일어난다.

이러한 기본적인 믿음들 혹은 확신들이 항상 일관되지는 않는다. 개인은 자신이 말한 세계관과 자신의 실제 행동 사이의 모순을 발견하지 못할 수 있다. 우리는 이런 예를 '미국독립선언문' 초안을 작성한 사람들의 삶 속에서 찾을 수 있다. 이들은 다음과 같이 작성했다.

> 모든 사람은 동등하게 창조되었고, 창조주는 이들에게 생명, 자유, 행복 추구의 권리와 같은 양도할 수 없는 권리는 주었다.

하지만, 벤자민 프랭클린과 존 아담스를 제외하고, 독립선언문을 작성한 사람들은 모두 노예 소유주였다. 이들이 말한 세계관과 이들의 행동에 모순이 분명히 발견된다.

세계관은 대개 의식할 수 없다. 사이어가 밝혀 지적했다.

우리는 이것을 가지고 생각하지만, 이것에 대해 생각하지 않는다(2004, p.130).

우리의 세계관은 우리가 이것이 무엇이라고 말하는 것과 정확히 일치하지 않는다. 이것은 우리의 행동에서 드러나는 것이다. 우리는 세계관과 함께 살아가는 데, 그렇지 않은 것은 우리의 세계관이 아니다(2004, p. 133).

집안에서 개를 키우는 것이 괜찮다고 믿었던 미국인 부부 트로이와 제인처럼, 개인은 종종 무비판적으로 자신의 세계관이 사물들을 보는 '정상적인' 방법이라고 생각한다. 이들은 자신들의 개에 대한 사랑을 중국 사람인 리와 장이 손님의 편안함보다 중요하게 여기는 것으로 볼 수 있음을 헤아리지 못했다.

흔히 우리는 우리 세계관의 요소들에 대해 의식적으로 성찰하지 않는다. 오히려 우리는 우리의 전제들과 삶에 대한 강한 믿음들이 우리의 사고와 행동에 영향을 끼치는 것을 허용한다.

타문화권에 노출되지 않으면, 우리는 우리의 세계관을 가지고 안락하게 생활할 수 있다. 하지만, 우리가 다른 문화에 들어가면, 삶에 대한 우리의 전제들이 도전을 받는다. 만약 세계관의 차이들을 이해하지 못하면, 우리는 교만하고 융통성이 없는 사람으로 보일 수 있고, 우리가 섬기도록 부름 받은 문화와 우리 사이의 커다란 간격을 만들어 낼 수 있다.

## 5. 세계관 질문들

가르치는 것을 기독교적으로 이해하려면, 우리는 기독교적 전제에 기초한 준거 기준이나 세계관을 개발하는 것이 필요하다.

'이 전제들은 무엇인가?'

'그리고 기독교 세계관은 어디에서 시작되는가?'

사이어는 모든 사람이 고의로든지 자동적으로든지 대답하는 근본적인 질문들을 제기한다. 그 질문들은 아래와 같다(p. 20).

① 정말로 진정한 궁극적인 실재는 무엇인가?
② 외부의 실재, 즉 우리 주변의 세상의 본질은 무엇인가?
③ 인간은 무엇인가?
④ 사람이 죽으면 어떻게 되나?
⑤ 무엇을 안다는 것이 과연 가능한가?
⑥ 우리는 옳고 그름을 어떻게 알 수 있나?
⑦ 인간 역사의 의미는 무엇인가?

이 질문들은 세계관의 출발점이다. 이 질문들에 대한 개인의 응답들은 그 사람의 사건들과 경험들에 대한 이해인 세계관의 기초가 된다.

> 세계관은 한 개인이 소유하는 것이 아니라 문화 속에서 공유되는 것임을 유의할 필요가 있다(Walsh & Middleton, 1984).

우리가 속한 문화 속에서 다른 사람들과 교류할 때이다.

흔히 이런 전제들은 의심받지 않고, 주변 사람들도 이것에 대해 말하지 않는다. 하지만, 다른 이념적 세계에서 온 외부인에 의해 도전받을 때, 우리는 비로소 이러한 전제들을 인식하게 된다(Sire, 2004, p. 20).

타문화권에서 살 때, 외국인들은 세상을 보는 다양한 방법들을 접하게 된다. 식탁 예절, 대화 주제, 시선 마주침과 같은 간단한 것들도 본능적이고 자연스러운 행동에서 문화적으로 무례한 행동으로 바뀔 수 있다. 이것은 옳고 그름과 할 것과 하지 말 것에 대한 인식을 도전하는 것뿐 아니라, 외국인의 정신을 쏙 빼놓을 수도 있다. 현지 문화와 다르게 사고하는 방법들을 접하면, 그곳에 방문하거나 거주하는 외국인들은 종종 왜 자신의 문화는 현지의 방법들을 사용하지 않았는지를 생각하고 묻게 된다.

이들은 자신의 세계관 기초에 대해 살펴보아야 할 뿐 아니라 자신의 세계관이 무엇인지를 명확히 표현하고 이것의 배경이 되는 논리와 타당성을 설명할 수 있어야 한다. 이런 이유로, 자기 성찰과 분석은 수업뿐 아니라 삶의 전 영역에 걸쳐서 이루어질 필요가 있다. 인생과 소명에 대해 잘 개발된 기독교 세계관을 구축하기 위해서는, 우리의 인생 경험 중에 무엇이 하나님의 것이고 무엇이 단순히 우리 문화적인 것인지를 평가하는 것도 필요하다.

### 6. 우리의 삶을 안내하는 세계관

세계관은 단순히 삶에 대한 이해(a vision of life)가 아니라 인생관(a vision for life)이다(Walsh & Middleton, 1984). 이 둘 사이의 차이는 매우 크다. 삶에 대한 이해는 우리가 무엇이 되어야 하는 것을 말하지만, 인생관은 우리가 어떻게 살아가 할지를 결정한다.

인생관은 "무의식적으로 하는 행동과 생각한 뒤에 있는 행동 모두를 통제한다"(Sire, 2004, p. 99).

따라서, 세계관들은 행동과 사고를 인도하는 정교한 일련의 믿음들에 기초한 지각의 틀들이다. 의도적이든 아니든지 간에, 이것들은 사적인 삶과 공적인 삶에 섞여 들어간다. 이것들은 우리가 일상생활에서 자동으로 설정해 놓고 모든 결정을 내리는 것과 같다. 따라서 우리가 무엇을 믿고 그것을 왜 믿는지에 대해 아는 것이 꼭 필요하다.

성찰과 자기 분석을 통해, 우리는 우리의 세계관을 조심스럽게 평가할 수 있고, 잘못되고 해로운 것은 제거하고, 참되고 유익한 것은 추가할 수 있다. 이럴 때, 우리의 세계관은 하던 대로 사는 것에서 선택하며 사는 것으로, 우리의 정체성과 우리가 믿는 것을 성실히 반영하는 것으로 옮겨갈 수 있다.

타문화권에서 살며 가르치는 사람들은 우리가 믿는 것과 우리가 행동하는 것 사이의 일관성을 반드시 개발해야 한다. 믿음과 행동 사이의 불일치는 우리 세계관의 전제들을 인지하지 못 하거나 파악할 수 없을 때 발생한다. 신앙이 없는 평범한 사람은 이런 불일치들을 가지고도 생존할 뿐 아니라 잘 살 수도 있다.

하지만, 타문화권에서 살며 가르치려는 기독교인에게 이것은 용납될 수 없다. 학생들은 이 모순을 쉽게 발견할 뿐 아니라, 우리가 의도한 메시지가 아닌 다른 메시지를 받을 수 있다.

학생들이 과제를 기한 내에 제출하는 것이 교사에게 존경심을 표현하는 것이라고 강조하기 원한다면, 기독 교사도 공정하게 채점한 과제를 제 때에 돌려주는 것을 통해 학생들을 존중하고 있음을 표현해야 한다. 가르칠 때, 우리의 행동과 믿음들이 학생들에게 큰 영향을 끼친다. 우리가 말하는 것과 행동하는 것 사이의 불일치들은 진정성이 부족한 것으로 해석될 수 있다.

## 7. 우리의 세계관에 영향을 미치는 것들

세상을 어떻게 볼지와 관련해서 북미 사람들에게 영향을 미치는 요소들이 많다. 왈시와 미들턴(Walsh & Middleton, 1984)는 교육, 가족, 정치, 법적 제도들, 환경에 대한 관심, 의료보험 제도, 종교 기관들, 예술 등 우리의 세계관에 영향을 주는 요소들을 나열하였다. 인종, 사회적 계층, 대중 매체, 성별들도 세계관에 엄청난 영향력을 가지고 있는 요소들이다. 세계관과 궁극적으로 교사의 교육법을 형성하는 데 가장 중요한 역할을 하는 다섯 가지 요소들에 대해 이제부터 다루어 보고자 한다.

**첫째,** 세계관은 사회화와 사회적 교류를 통해 배운다.

세계관은 평생토록 문화와 사회를 통해 지속해서 강화된다. 개인이 특정한 사회 경제 계층 혹은 인종 집단에 속하면, 이들은 그 특정 집단으로부터 그들만의 정체성을 띠는 여러 특성을 얻는다. 예를 들어, 미국인의 세계관의 핵심 요소 중 하나가 개인의 자유가 삶의 한가운데에 있다고 믿는 것이다. 대부분의 미국인은 민주주의 개념을 바탕으로 세상을 바라본다. 이들은 민주주의 사회는 우방이고, 비민주주의 사회는 적국이라고 생각하는 등 다른 사회들과 문화들과 비교하는 것을 통해 정체성을 형성한다.

그뿐만 아니라, 개인들은 자신의 세계관이 깊게 물들어 있는 사회적 역사와 개인사들을 가지고 있다. 사회적 역사는 사회 경제적 구조가 개인의 삶과 세상에 대한 개인의 관점에 어떤 영향을 끼치는지를 보여준다. 예를 들어, 펜실베니아주의 윌크스바(Wilkes-Barre) 인근의 가난한 근로자 가정에서 성장한 마이크(Mike)의 사회적 역사는 그가 교실 안팎에서 불우한 환경에서 사는 학생들을 이떻게 보고 대할지에 영향을 미쳤다. 그의 사회적 역사는, 그가 중국에서 가르칠 때 그의 행동에 영향을 끼쳤다.

중국에서 살 때, 나는 소위 평등 사회라는 곳에서 존재하는 카스트 혹은 위계적인 체제에 대해 마음이 불편했다. 중국에서 소외된 사람들에 대한 편견과 차별이 너무 노골적이어서, 내가 수용하기 힘들었다. 많은 중국인이 미국인 교수 같은 지식인이 물을 배달하는 젊은이나 과일을 파는 아주머니나 길거리의 노동자나 쓰레기를 줍는 여자와 기꺼이 대화를 나누려는 것에 대해 놀랐다. 우리 가족이 이들에게 성탄절 선물을 주었을 때, 이들은 충격을 받았고, 그들 중의 일부는 불쾌하게 생각했다.

나는 내가 어렸을 때 받았던 것처럼 이 사람들에게 돌려주기를 원했다. 나의 어릴 적 가난했던 삶, 열등감의 기억들, 부유한 국가에서 가난한 사람으로 살았던 나의 개인적인 경험들과 그 결과에 대한 기억들은 저소득 계층을 어떻게 대할 것인가에 대한 나의 세계관에 분명히 영향을 미쳤다.

사회적 역사의 복합성은 사회 계급에만 국한되는 것이 아니라 성별, 피부색, 나이, 인종도 포함한다. 이러한 범주들은 서로 얼기설기 엮여있다. 가난한 아프리카계 미국 여성이 세상을 보고 경험하는 것이 부유한 영국 백인 남성의 관점과 경험과 많이 다를 것은 자명하다. 공산주의 교육 제도에서 교육받는 중국인 학생들은 스위스의 비싼 사립 기숙 학교의 학생들과 다르게 세상을 바라볼 것이다.

사회 경제적 경험들과 뒤섞여 있기는 하지만, 개인사는 개인의 성격, 대인관계, 가족 경험들을 바탕으로 한다는 점에서 다르다. 우유부단함, 통제 혹은 지배하려는 마음, 성취 중심, 완벽주의 등과 같은 성격적인 특징들은 우리가 어떻게 세상을 보고 어떻게 사람들과 관계를 형성하는지에 영향을 미친다. 우리의 개인사는 여행, 대인관계, 교우관계, 사건들, 좋고 나쁜 경험들, 성장 과정, 신앙 공동체들을 거의 포함한 제한할 수 없을 정도의 다양한 영역을 아우른다. 이 모든 것들이 우리 인생의 역사를 형성한다.

**둘째**, 세계관은 한 문화 속에서 공유된다.

문화와 이념은 사람들의 삶 속에 깊이 새겨져 있으며 세계관을 형성하는 데 매우 중요한 역할을 한다. 해외 여행과 해외 교육 경험을 통해, 우리 저자들은 미국의 세계관이 심지어 이웃 나라인 캐나다를 비롯한 다른 나라의 세계관과 엄청 다르다는 것을 깨달았다. 세계 최강국 중 하나인 미국 국민의 관점에서 그리고 자본주의적이고 민주주의적이고 개인주의적인 관점에서 세상을 보는 것이 중요한 이슈들과 일상적인 활동들을 이해하는 방법에 분명히 영향을 끼친다.

마이크(Mike)의 학생 중 한 명이 재미있는 이야기를 했는데, 이 이야기는 문화가 사람들이 세상을 바라보는 방법에 어떤 영향을 끼치고 이러한 관점들이 어떻게 다른가를 잘 보여준다.

어느 선생님에게 네 명의 학생이 있었습니다. 한 명은 서유럽에서, 한 명은 아프리카에서, 한 명은 중국에서, 그리고 마지막 한 명은 미국에서 왔습니다. 선생님은 학생들에게 과제를 하나 내주었습니다. 다른 나라의 식량 부족에 대해 자신의 의견을 적어 오는 것이 과제였습니다.

이 과제가 어려웠던 학생들은 선생님에게 질문을 하나씩 했습니다. 유럽에서 온 학생이 물었습니다.

"부족이 무슨 뜻이죠?"

아프리카 학생은 "식량"의 의미가 무엇인지 물었습니다. "의견"이 무엇인지 몰랐던 중국인 학생은 선생님에게 더 자세히 설명해 달라고 요청했습니다. 미국인 학생은 물었습니다.

"다른 나라가 뭐예요?"

한 가지 분명한 것은 어느 문화의 사람이든지 타문화권 상황에 처하면 고생한다는 사실이다. 미국인의 세계관들은 미국인들이 사물들을 보는 방법들에 영향을 미치는 몇 개의 주요 사상들로 젖어 있다. "열심히 일하면 누구든지 바라는 것을 할 수 있다"는 자수성가 사상은 수십 년 동안 미국인의 사고를 지배했다.

"부나 대인 관계가 아닌 개인의 능력과 결심이 성공과 신분 상승의 열쇠"(1999, pp. 15-16)라는 문화를 자신들이 형성했다고 미국인들이 믿기 때문에, 오크스와 립튼(Oaks & Lipton)은 이 사상은 미국을 자랑스럽게 생각하는 것의 원천이 되었다고 주장한다.

이 사상은 사람들에게 "자신의 부와 행복은 자수성가라는 도덕적 기반 위에 서 있는 것을 믿는 특권을 부여한다"(1999, p. 18). 개인의 성공을 오로지 자수성가라는 측면에서 보는 것은 개인의 동기와 야망과 믿음과 실행과 인생에 대한 전반적인 관점 등에 영향을 끼칠 수 있는 경제, 사회 계급, 개인의 위기, 심지어 재앙의 역할에 대한 논의를 배제한다.

동시에 미국인들은 '분주함의 철학'이라고 부르는 것에 큰 영향을 받고 있다. 문화적으로 미국인들은 휴대 전화, 휴대용 컴퓨터, 활동들, 근로, 자원 소비로 가득 찬 과도하게 분주한 삶을 살고 있다. 기독교인을 포함해 많은 미국인이 자신의 가치를 자신의 실적과 활동들로 판단한다. 미국문화는 행동가의 문화(a culture of doers)이다. 우리가 무엇을 하는가에 따라 우리가 누구인지를 결정한다고 미국 사람들은 믿는다.

이처럼 중독적인 분주함은 미국 문화의 모든 영역에서 발견되며, 이것은 대인관계 활동을 대체한다. 당연히 이 분주한 사상은 미국인이 세상을 어떻게 보는지에 영향을 미친다.

"자면, 진다"라는 익숙한 표현을 생각해 보라.

중국인들이 낮잠을 즐긴다는 말을 미국인이 들으면, 많은 미국인은 이것이 게으름의 증거라고 생각한다. 흔히 미국 사람들은 중국 사람들이 낮잠 잔 시간을 보상하기 위해 연장 근무 하는지를 궁금해한다. 미국인들은 낮잠은 비효율적이며 그 시간을 더욱 잘 사용하여 일하면, 훨씬 많은 것들을 성취할 수 있다고 생각한다. 이러한 사상들은 우리가 세상과 학생과 학습을 바라보는 방법에 영향을 끼친다.

**셋째**, 기관들이 개인의 세계관 형성에 커다란 역할을 감당한다.

북미에서 헐리우드 영화, 매체, 가족, 교회, 기업체, 정부 기관들은 사람들의 자기 이해와 세상에 대한 이해에 영향을 준다. 미국은 여성을 비현실적으로 아름답고 날씬하게 묘사하는 영화들로 유명하다. 이것은 젊은 여성의 자기 이미지에 영향을 끼치고, 일부 여성들이 생존을 위해 몸부림칠 정도의 끔찍한 섭식 장애를 유발하기도 한다.

히틀러 치하의 독일처럼, 삐뚤어진 애국주의를 조장하는 정부 기관들이 개인의 세계관을 형성시키기도 한다. 모든 나라와 문화들은 구성원들의 세계관에 영향을 주는 요소들이 있다.

**넷째**, 교육은 개개인들이 세상을 보는 방법에 영향을 준다.

교사의 삶과 가르침을 통해, 교육은 학생들의 사고와 타인과 교류하는 것과 자기 자신과 세상을 보는 방법에 대해 영향력을 가진다. 교사들은 학생들의 인생과 세계관에 자신들의 흔적을 남긴다. 교육은 사람들의 생각하는 방법을 변화시키고, 이들의 삶을 인도하는 세계관을 바꾸고 도전케하고 강하게 만든다.

이것은 한 대학 교수에 의해 자신의 세계관이 근본적으로 바뀌었다고 말한 오사마 빈 라덴(Osama bin Laden)의 인생에서 쉽게 찾아볼 수 있다. 같이 공부한 친구들에 따르면 빈 라덴은 수줍음이 많고 비종교적이었다고 한다. 이랬던 그가 사우디아라비아의 한 대학에서 공학을 공부했다. 그가 수강했던 어느 과목의 담당 교수는 팔레스티인 출신의 이슬람 급진주의자였다.

이 교수가 빈 라덴에게 종교적 열심을 불어넣었고 그가 극단의 이슬람 근본주의의 길을 가도록 했다고 빈 라덴이 말했다. 이 교수의 코란에 대한 열심, 단순한 삶, 이슬람에 대한 열정이 젊은 빈 라덴을 변화시켰고 그의 인생과 온 세상을 바꾸었다. 교육은 좋든 나쁘든, 세계관의 전달 매체이다.

**다섯째**, 세계관들은 신앙 혹은 일종의 종교적 믿음 체계에 기초한다.
무신론적인 문화에서조차도 사람들은 자신들의 세계관을 형성하는 신앙 고백이라고 할 수 있는 일련의 가정들을 바탕으로 생활한다. 기독교인의 삶을 사는 우리에게 기독교 신앙은 삶의 의미와 방향을 제공한다. 이것은 세상을 바라보는 관점과 윤리 의식에 영향을 미치고, 우리의 결정들과 행동을 인도한다. 혹은 최소한 그렇게 하려고 해야 한다. 기독 교사인 우리는 성경과 기독교 철학을 토대로 교육에 대해 기독교적 세계관을 형성할 수 있는 매우 효과적인 출발점을 가지고 있다.

### 8. 세계관의 역할과 교육에 대한 믿음들

세계관들은 교사들이 알아야 하는 필수 요소들이다. 왜냐하면, 세계관은 교사가 물리적 그리고 사회적 실재들을 어떻게 정의하고 이해하는지에 영향을 미치기 때문이다. 세계관은 관점을 조성하고, 궁극적으로 교실에서 교수 되거나 누락된 지식과 섞이게 된다. 교사는, 의도하든 안 하든, 자신의 세계관에 기초해서 교육 내용과 교과 과정을 선택하거나 빠뜨리며 재구성한다.
가치들은 우리의 가르치는 내용뿐 아니라 우리의 가르치는 방법을 통해 교실에서 학생들에게 전달된다. 따라서, 교육에 대한 기독교적 세계관은 모든 교육 활동들이 학생들을 변화시키는 가치와 생각을 지니고 있다는 것을 이해해야 한다.
C. S. 루이스(C. S. Lewis, 1944-1996)는 1940년대 영국의 교사들에게 '가

습이 없는 사람'을 만들지 말라고 경고했다. 다른 말로 하면, 가치 체계와 옳고 그름의 분별 능력이 결여된 학생들을 만들지 말라는 것이다. 그가 하고자 한 말은, 영어를 가르칠 때도 좋은 가치들이 반드시 전달되어야 한다는 것이다.

> 마치 우주적인 것이 있고 인간적인 것이 있는 것처럼, 특정 태도들은 정말로 진실 되고 나머지는 거짓이라고 하는 것은 객관적 가치의 교리 혹은 믿음이다(p. 31).

루이스의 기독교적 세계관은 영어 교재에 담겨있는 상대주의를 반대하는 처지를 취하도록 했다. 그는 생각들은 결과들을 낳으며, 학생들의 세상에 대한 관점에 교사가 영향을 주기 때문에, 교육은 큰 책임을 수반한다고 잘 설명했다.

루이스는 교사들에게 자신이 무엇을 가르치는지를 고민하도록 도전하였다.

1980년대, 중국의 천안문 사태보다 이 원리를 잘 보여주는 예는 없다. 1979년 덩샤오핑의 개방 정책 시행 이후, 문자 그대로 수천 명의 기독 영어 교사들이 중국으로 갔다. 그 결과, 영어 교실에서 제시된 가치와 생각은 명백히 친 서구적이고 친 민주주의적인 것이었다. 이 문제를 해결하려고 덩샤오핑은 중국적인 사고를 사용하면서 영어 단어들을 학습할 수 있다고 발표했다.

당의 고위 간부들도 이 생각을 지지했다. 중국 공산당은 학생들이 정말 필요했던 영어를 배워도 이들의 공산주의 사상에 부정적인 영향을 주지 않으리라고 믿었지만, 이것은 착각이었다. 이들의 구호는 "영어를 가르칠 때 마오쩌둥의 사상을 가르쳐라"이었다.

한편, 서양에서 온 영어 교사들은 간단한 영어 회화 연습과 미국의 민속 음악을 배우는 것을 통해 중국의 영어 교실에 전염성이 강한 민주주의와 자유를 소개했다. 이것의 결과는 1989년 학생 민주화 운동이었고, 안타깝게도 천안문 사태로 끝이 났다.

도브링(Dovring, 1997)은 이렇게 설명한다.

> 민주주의와 평등의 깃발과 미국 자유의 여신상의 사진을 들었던 젊은 지식인들과 노동자들의 시위는 학생들에게 중국 공산주의를 외국어로 말하라고 명령하면 무슨 일이 발생할 수 있는지를 유혈 사태를 통해 권력층에게 알려 주었다. 이들의 생각은 역효과를 낳았고, 외국의 생각과 가치들이 언어의 옷을 입어 그 자리를 대신했다(p. 16).

도브링은 교육이 가치 중립적이지 않다는 루이스의 생각을 동의한다. 역사, 수학, 언어를 가르칠 때 다른 부분도 가르쳐진다. 이것은 피할 수 없다. 가치 중립적인 교육이 불가능하기 때문에 교사들은 가치들과 믿음들과 세계관들이 교실에서 지식과 교수 전략에 영향을 끼치는 과정을 반드시 이해해야 한다. <그림 1>은 세계관에 영향을 끼치는 요소들과 세계관이 교사의 교수법에 어떻게 반영이 되는지를 보여준다.

교사는, 자동적으로든지 계획적으로, 자신의 세계관을 인생관(a vision for life)으로 사용하고, 교육 철학을 개발한다. 그런 뒤에, 교사의 철학은 교실에서 교육 방법과 교과 과정과 기타 교육 활동들을 통합하는 것을 통해 실천적인 영역으로 옮겨가게 된다. 실천적인 영역에서 교수 방법들과 교과 과정과 교수-학생 관계가 만나고, 학생들은 믿음과 가치와 지식을 배울 기회를 얻는다.

그림 1. 세계관의 영향들과 교육(Romanowski, 1998을 수정함)

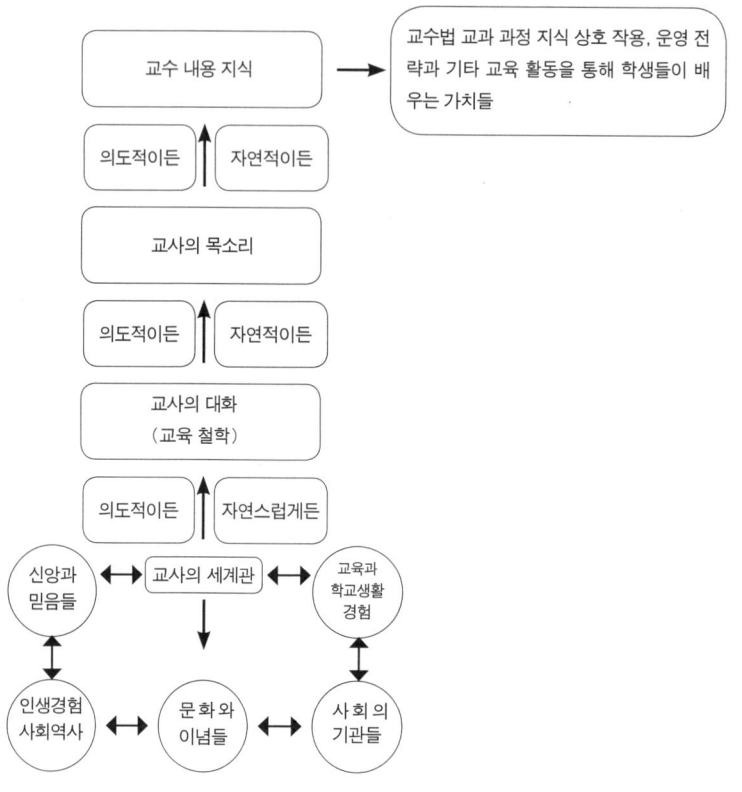

## 9. 기독교인의 정신, 성경적 세계관과 교육

해리 블래미레스(Harry Blamires, 1963-2005)는 40년 전에 다음과 같이 언급하였다.

기독교적 사고란 더이상 없다. … 생각하는 존재로서, 현대 기독교인은 자신을 세속화에 내어주었다. 현대 기독교인은 종교의 도덕성, 예배, 영적인 문화를 받아들인다. 하지만, 현대 기독교인은 인생에 대한 종교적 관점, 즉 영원의 문맥에서 이 세상의 모든 문제를 보는 관점과 사회적, 정치적, 문화적인 모든 인간의 문제들을 기독교 신앙의 교리적 기초와 잇는 관점을 거부한다(pp. 3-4).

철학자 윌리엄 해스커(William Hasker, 1992)는 신앙의 통합을 다음과 같이 주장했다.

기독교 신앙과 다양한 학문 영역에서 표현된 인간 지식 사이에 존재하는 통합적 관계들을 찾아내고 발전시키는 것을 목적으로 하는 학문적 프로젝트이다(p. 231).

기독 교사들은 신앙과 지식 사이의 통합적 관계들에 대해 관심을 깊이 가져야 하고, 자신의 학문 영역에 대해 성경적 세계관을 개발해야 한다. 프랭크 개블린(Frank Gaebelein, 1968)이 지적했듯이, 신앙과 학습의 통합은 교사 자신과 교육 내용과 학생과 학교와 수업을 포함한다.

**첫째**, 기독 교사들은 성경적 세계관의 원리들을, 학문 영역과 상관없이, 자신의 전공 영역에 적용시켜야 한다.

물리학, 역사, 정치학, 인문학, 경영학, 법학 등 모든 학문이 예수 그리스도가 주되심을 고백해야 한다. 만약 모든 진리가 하나님의 진리라면, 모든 학문 영역도 하나님의 것이다.

예를 들어, 기독교인 교수 폴 깁슨(Paul Gibson)은 토양학과 씨 유전학을 우크라이나의 한 대학에서 가르쳤다. 깁슨 박사의 토양학이 하나님의 나라를 위해 별로 안 중요하다고 보는 선교회가 있을 수도 있다. 하지만, 이 전공은 농업 분야의 발전이 더디고 국민이 먹을 식량이 부족한 이 나라에서 정말로 중요한 주제이다.

깁슨 박사는 곰팡이에 내성이 강한 콩을 개발했고, 이것은 그의 제자들이 기독교를 이해하는 데 영향을 주었다. 깁슨 박사는 그의 제자들이 처음 만난 기독교 신앙을 가진 지식인이었다. 공산 정부에서 자란 이들은 '기독교 학자'는 모순이라고 생각했다.

하지만, 곡물 생산에 엄청난 공헌을 한 깁슨 박사의 곰팡이 내성 씨앗을 의심할 사람은 없었다. 그의 연구는 부름 받아서 섬겼던 그의 제자들과 대학교와 나라에 유익을 주었다.

일부 북미 기독교인들은 오직 교회 개척만이 타문화권 사역에서 중요하다고 믿는다. 하지만, 예수 그리스도는 교회 개척이 아니라 토양학과 다른 학문 영역들을 통해서도 드러날 수 있다. 폴 깁슨 같은 기독교인 교수가 자신의 재능과 은사와 능력을 사용하여 하나님을 영화롭게 하고 대학교 교실에서 다른 사람들을 섬길 때 참된 그리스도의 계시가 일어난다.

그리스도는 우리의 학문 영역들을 소중히 여기신다. 우리의 전문 분야들은 그리스도를 우리 학생들의 삶과 심지어 우리가 섬기는 나라 구석구석에 소개할 수 있다. 예를 들면, 기독교적 세계관을 가지고 영어를 가르치는 것은 신약을 가르치는 것만큼이나 중요하다.

개발 도상 국가에서 극심한 빈곤 속에서 사는 소외 계층의 여성이 영어를 배우는 것을 통해 자신의 경제적 그리고 사회적 지위의 상승을 경험하는 것을 연구들이 보여 주었다(Snow, 2000). 훌륭한 영어 구사 능력을 배양한 이 여성들은 자신의 외국어 능력이 필요한 국제 상업과 무역 분야에 취업할 자격을 갖추었다.

이 여성들이 취업하여 생활비를 벌게 되자, 이들과 이들의 자녀는 가난에서 벗어났을 뿐 아니라 이웃으로부터 존중을 받게 되었다. 이들은 가난과 실업의 악순환의 고리를 끊을 수 있었고, 이들의 자녀는 좋은 교육을 받고 배고프지 않고 의료 혜택을 받을 수 있게 되었다. 참으로 이것은 하나님을 영화롭게 하는 것이다.

영어 교사는 단순히 영어만을 가르치지 않는다. 영어 교사는 학생들을 구속하고 있는 이 세상의 자연환경으로부터 해방시킨다. 이것들로부터 학생들을 해방하는 것은 그리스도를 영화롭게 하는 것이다. 우리가 기독교적 관점으로 영어를 가르치는 것이 하나님 나라의 사역이라는 것으로 이해하고 그리스도의 이름으로 가르칠 때, 타문화권에서 가르치는 것은 하나님의 도구가 되어 포로 된 자를 자유롭게 할 수 있다.

기독 교사들은 자신의 신앙과 학문적 영역을 통합시켜야 한다. 모든 피조물 가운데 그리스도의 주되심이 이것을 요구하기 때문에, 이것은 반드시 필요하다. 윌라드(Willard, 1999)는 예수님이 이 땅에 살았던 모든 인간 가운데 가장 똑똑한 분이라며 다음과 같이 말했다.

> 우리가 예수님을 인류의 최고 지성이라고 생각한다면, 그리고 예수님 말고 누가 또 있겠는가, 우리는 예수님이, 우리의 전문 분야가 무엇이든지, 우리의 전문 영역에서 가장 많이 아는 분으로 존중하고 우리가 해야 하는 모든 일을 예수님께서 함께 하시고 도와주시기를 간구해야 한다(p. 611).

**둘째**, 기독 교사들은 자신의 세계관이 자신의 교육과 교실 환경과 교실 내의 상호 작용 속에서 들어있는 많은 메시지에 어떤 영향을 주고 있는지에 대해 고려해야 한다.

이 통합 과정은 원리와 실천에서, 그리고 철학적으로 교수법적으로 실천되어야 한다(Gangel, 1983). "교사는 정직한 기독교인이자 열정적이면서도 진지한 학자이며, 이 둘을 구분시키지 않고 통합적으로 사고하기"(Holmes, 1975, p. 83) 때문에, 앞서 언급한 모든 것이 중요하다.

기독 교사의 초점은 하나님께 영광 돌리는 데 있다. 요한복음 15:5의 "나는 포도나무요"와 관련하여 마틴 루터는 아래와 같이 글을 남기었다.

> 성도가 이룬 성과와 불신자가 이룬 성과 사이에는 이들이 아무리 똑같은 일을 하더라도 아주 큰 차이가 있다. 불신자가 이룬 성과는 포도나무인 예수님으로부터 나온 것이 아니다. 그렇기 때문에 하나님을 기쁘시게 하지 못한다. 이들의 성과는 기독교적인 열매가 아니다. 하지만, 성도가 이룬 성과는 그리스도를 믿는 믿음에서 나온 것이다. 그리고 이것들은 모두 참 열매들이다(Galvin에 의해 재인용됨, 1998, 24:231).

만약 루터가 옳다면, 성도의 교수법과 불신자의 교수법 사이에는 차이가 있기 마련이다. 성도에게는 성스러움과 세속적인 것 사이에 괴리가 없기 때문에, 기독 교사들은 하나님께 영광을 돌려 드리려는 목적으로 교실에서 탁월하려고 노력한다. 기독교인들은 하나님의 영광을 위해 최선을 다하라고 권면한다.

> 또 무엇을 하든지 말에나 일에나 다 주 예수의 이름으로 하고 그를 힘입어 하나님 아버지께 감사하라. … 무슨 일을 하든지 마음을 다하여 주께 하듯 하고 사람에게 하듯 하지 말라. 이는 기업의 상을 주께 받을 줄 아니니 너희는 주 그리스도를 섬기느니라(골 3:17, 23-24).

## 10. 결론

성도에게는 세속 세계와 성스러운 세계가 구별되어 있지 않고 하나님이 창조하신 하나의 세계만이 있을 뿐이다.

교사의 종교적 확신과 윤리적 확신이 그의 교육에 영향을 주지 않는다면, 과연 무엇이 그럴 수 있는가?

기독교 신앙은 매일 같이 바쁜 삶에 아무런 영향을 주지 않는 개인적이거나 사적인 문제가 아니다. 기독교인들은 자신의 세계관과 다른 사람의 것과 비교하고 대조할 수 있어야 한다.

사이어(Sire, 1990)는 세계관 분석을 다음과 같이 설명한다.

> 이것은 사람이 모든 학문적 이론과 모든 학문 영역의 내재되어 있는 전제들을 발견하고 점검하도록 돕는다. … 이것은 기독교인이 올바른 학문을 떠받치고 있는 성경적 전제들을 발견하도록 돕고 … 학제간 연구의 기초를 제공한다(pp. 155-157).

기독 교사인 우리는 우리의 세계관을 명확히 설명할 수 있어야 하고, 우리가 설명한 세계관과 우리 행동 사이의 관계를 이해할 수 있어야 한다. 우리의 가르침과 결정들과 행동들은 우리가 정말로 무엇을 믿는지를 보여준다. 학생들과 동료들은 관찰을 통해, 우리가 삶에서 가장 중요하게 생각하는 것이 무엇인지를 배울 것이다. 좋든 싫든 간에, 우리는 학생들과 동료들의 삶에 영향을 끼친다.

스토트(Stott, 1972)는 하나님이 창조하신 것을 다음과 같이 말했다.

> 생각하는 존재들이여! 하나님은 언어로 우리와 대화하는 것을 통해 우리를 생각하는 존재들로 대하신다. 그는 우리를 그리스도 안에서 새롭게 하셨고

우리에게 그리스도의 마음을 주셨다. 그는 우리가 가진 지식에 대한 책임을 우리에게 지우신다(p. 26).

우리의 목표는 기독교 교육 철학을 추출할 수 있는 기독교 세계관을 형성하는 것이다. 성경적 믿음과 세계관을 가지는 목적은 단순히 성도들을 위로하기 위한 것이 아니라 세상을 변화시키기 위한 것이다.
우리는 콜슨(Colson, 1999)의 말을 이해할 필요가 있다.

우리가 세상을 어떻게 보는지에 따라 세상을 바꿀 수 있다(p. 13).

기독 교사들은 학생들이 기독교인의 관점에서 세상을 볼 수 있도록 이들의 사고를 변화시키라는 부름을 받았다. 따라서 우리는 우리의 사적인 삶과 교실에서의 삶 사이에 일관성이 있는 확고하고 성숙한 성경적 세계관을 형성하려고 노력해야 한다. 교실 안팎에서의 우리의 영향이 사람들을 구세주께로 이끌기 위해서는, 기독교 선교로서의 교육은 탁월함과 그리스도를 닮은 행동에 초점을 둔다. 결국, 우리가 진정 누구이고, 무엇을 믿으며, 세계관의 기초를 보여주는 것은 우리가 무엇을 믿는다고 하는 말이 아니라 우리의 결정들과 행동들과 태도들이다.

<도표 2>

| | 당신의 기독교 세계관 | 당신이 가르게 될 타문화권의 세계관 |
|---|---|---|
| 사회의 악과 고통의 원인은 무엇인가? | | |
| 사회의 모든 구성원이 음식, 주거지, 교육, 의료에 대해서 동등한 권리를 가지는가? | | |
| 개인과 사회 중 어느 것이 더 중요한가? | | |
| 왜 가난이 존재하는가? | | |
| 계급 없는 사회가 바람직한가? | | |
| 남녀가 평등하게 대우받는가? | | |
| 죽음 뒤에 개인의 정체성이 지속되는가? | | |
| 결혼을 앞두고 지참금을 주는 것은 어떻게 생각하는가? | | |
| 중매 결혼을 어떻게 생각하는가? | | |

**빌 B.(Bill B.) | 법학 박사 | 구(舊)소련**

내가 타문화권에서 법을 강의해 달라는 초청을 받기 전의 일이니까 아주 오래 전의 일이다. 그때, 나는 다음과 같은 질문들을 공부하고 있었다.

갈등이란 무엇인가?
우리에게 갈등이 왜 있는가?
우리는 갈등 속에서 어떻게 행동할 것인가?
갈등 속에 있는 사람들을 어떻게 도울 수 있는가?
정의는 무엇인가?
우리는 어떻게 정의를 얻는가?
인간 제도는 정의를 어떻게 증진시키는가?

연구하는 가운데, 나는 몇 가지 결론에 도달할 수 있었다. 내가 발견한 것들 가운데 원리는 이렇다. 갈등이 없다면, 우리 사전에 "정의"라는 단어는 필요 없을 것이다. 정의는 하나님으로부터 그리고 하나님에게서만 나온다. 따라서 우리는 하나님의 인도하심―고백, 용서, 희생적으로 부담을 감당하기―을 따라 갈등을 해소해야 한다.

1993년 말 구(舊)소련에서 법을 강의해 달라는 초청을 받았을 때, 세계는 갈등으로 가득찬 혼란 그 자체였다. 제1차 걸프 전쟁, 구소련의 붕괴, 중동 전역에서의 큰 소요, 급진주의자들에 의해 "괴수 중의 괴수"로 명명된 미국. 내가 보기에는 미국이 소비주의와 "무책임한 민주주의"의 주 수출국인 시대에 우리가 접어들었다고 보였다. 이것은 외부 세계에서 미국을 들여다보았을 때, 개인의 자유가 제멋대로 주장되고 보편적인 도덕률이 짓밟히는 것의 결과였다.

나를 초청한 내용은 매우 구체적이었다.

"서양 법의 이론과 실천을 이것의 성경적 기초와 함께 가르칠 수 있는 분이 오는 것을 러시아는 원합니다. 왜냐하면, 러시아 정부와 국민들은 도덕적 기초 없이는 법은 무의미하다는 것을 알기 때문입니다."

수년에 걸쳐, 나는 내가 이것을 효과적으로 가르치고 있다고 느끼고 내가 고용된 목적의 일을 할 수 있는 세 가지 영역들을 개발하였다.

1. 서양 법의 유대-기독교와 다른 철학적 기초들을 보여주고 "어떻게 하면 법을 선하게, 악하게, 보기 흉하게 다룰 것인지"를 성경적으로 갈등을 어떻게 다룰지와 병치하여 소개하는 것을 통해 서양과 동양 사이의 법 발달의 큰 격차의 요점들을 정리하기.
2. 헌법 아래 법치의 모습은 어떤 모습일까?
3. 마음의 깊숙한 곳을 보여주는 질문을 어떻게 듣고, 이것을 갈등과 법과 정의와 정부에 대한 성경적 관점에서 온화함과 존경심으로 어떻게 응답할 것인가?

왜 나는 15년이 지난 지금도, 나이 들고 건강이 그다지 좋지 않음에도 불구하고, 비행기를 타고 가서 이것을 다시 하려고 할 때 활력을 되찾는가?

어떻게 내가 만나는 사람들에게 법의 제정자(성부 하나님)과 법의 완성자이자 완벽한 모범(그리스도이자 주이신 나사렛 예수)과 법이라는 죽은 활자에 생명을 불어넣으시는 분(성령)을 소개할 기회를 외면하겠는가?

오늘날 법치를 배제한 채 의미 있는 삶을 조성하려는 구소련 대부분의 노력은 마음의 갈망을 만족하게 할 수 없다. 일부는 법학 교수가 되기도 한 내 제자들 속에서 보았던 법과 정의에 대한 이해 결핍은 내게 법과 정의와 평화 속에서의 생활에 대한 성경적 분석을 가르치는 일을 계속하도록 촉구한다. 그래서 나는 가르치기 위해 간다.

**테드 T.(Ted T.) | 문화와 종교 박사 | 체코공화국**

미켈라는 내가 강의한 세계관 비교 과목의 학생이었다. 그녀는 어렸을 때, 테니스에 몰두해 있었다. 그녀는 열심히 연습했지만, 종종 험한 욕을 입에 담고 라켓을 집어 던지며 버럭 화를 내곤 했다. 결국, 그녀는 테니스를 그만두었고 그녀의 분노는 자기 혐오로 이어졌다. 그리고 그녀는 자살을 몇 번이고 시도했다.

그녀는 스쿠터를 타기 시작했을 때 헬멧을 착용하는 습관을 배워야만 했다고 내게 말했다. "저는 죽고 싶지 않다는 생각에 적응해야 했어요."

봉사 활동을 통해 사람들의 삶을 개선하는 데 목적을 둔 "인본주의 운동"에 참여하게 되면서 그녀의 삶은 나아지기 시작했다. 그녀는 케냐의 어린이를 돕는 일에 참여하였다. 이것은 그녀가 자신을 싫어했던 자신의 과거를 보도록 도왔다.

그녀는 자신이 타인을 정말로 사랑할 뿐 아니라 자신 안에 무엇인가 선한 것이 있다는 것을 발견했다. 하지만, 그녀의 무신론적 성장 배경은 그녀에게 영적 자원을 제공하지 않았고 사람이 다른 사람에게 선하게 해야 할 이유를 설명해 주지 못했다. 그녀는 내 수업의 과제로 글렌 틴더(Glenn Tinder)의 소논문 "우리는 하나님 없이 선할 수 있는가?"를 읽게 되었을 때 무척 기뻐했다.

이 글에서 그는 어떻게 인권이 역사적으로 기독교의 아가페 사랑의 가르침에 기초하고 있는지를 설명했다.

미켈라(Michaela)는 그때 자신이 찾던 것을 기독교에서 찾았다고 확신하게 되었다. 하지만, 그녀에게 하나님의 존재에 대한 생각이나 하나님을 위해 산다는 것은 너무 생소했다. 그녀는 기독교 신앙에 대해 거의 알지 못했다. 내가 교실에서 기도를 언급했을 때 그것이 무슨 말인지 모르겠다고 내게 말했다. 그녀의 부모와 친구들은 그녀가 기독교에 관심을 보이자 미쳤다고 생각했다. 그리고 이것은 전형적인 반응이다. 많은 체코 사람들은 머리가 손상되지 않고서야 기독교에 관심을 가질 수 없다고 생각한다.

우리는 점심을 같이 하면서, 내가 기독교와 죄와 십자가와 하나님의 용서에 대해 조금 더 설명을 하였고 성령께서 우리가 하나님을 위해 살도록 어떻게 능력 주시는지를 말해 주었다. 그녀는 자신이 무엇을 정말로 믿는지를 알아내기 위해 학교를 휴학하고 여행할 계획이다. 체코 사람들에게는 이것이 가능한 일이다. 한편, 그녀는 자신이 케냐와 아르헨티나에 갈 때 가져갈 수 있도록 책 몇 권을 빌려달라고 부탁했다.

미켈라는 내가 하고 있는 일을 왜 하는지를 잘 보여준다. 그것은 사람들에게 도전을 주고 해답을 제공하고 기독교에 대해 왜곡된 지식들을 청산하고 사람들을 예수님께로 인도하는 대인관계를 만드는 것이다. 나는 그녀와 그녀처럼 소망과 해답이 필요한 학생들을 위해 기도한다.

## 11. 더 깊이, 더 멀리(심화 학습)

### 1) 고려할 만한 질문들

① 당신 개인사의 어느 측면이 세상과 교실을 이해하는 데 영향을 주었는가?
② 어떤 면에서 '한국인인 것'이 세상을 이해하는 데 영향을 주었는가?
③ 당신이 생각하기에 자신의 세계관의 어떤 영역들이 학생들과 공통점을 가지고 또 다른 점을 가진다고 생각하는가?
④ 이러한 유사점들이 당신의 교육에 어떻게 도움을 줄 수 있고, 차이점들이 당신의 교육에 어떤 장애를 초래할 수 있는가?

### 2) 활동들

세계관은 매우 복잡하고 변화한다. <도표 2>는 당신의 세계관과 당신이 함께 살며 가르치게 될 사람들의 세계관에 대해 도움을 주기 위한 간단한 활동이다.

인터넷과 도서들을 사용하여 할 수 있는 대로 최대한 해 보라.

당신의 세계관을 설명할 때에는 성경을 사용하라.

# 참고 문헌

Blamires, H. *The Christian mind: How should a Christian think?* Reprint. Vancouver: Regent College Publishing. (Originally published 1963), 2005.

Colson, C., & Pearcey, N. *How now shall we live?* Wheaton, IL: Tyndale House Publishers, 1999.

Dovering, K. *English as lingua franca: Double talk in global persuasion.* Westport, CT: Praeger, 1997.

Gaebelein, F. E. *The pattern of God's truth: Problems of integration in Christian education.* Chicago: Moody Press, 1968.

Gangel, K. O. *Toward a harmony of faith and learning: Essays on Bible college curriculum.* Famington Hills, MI: William Tyndale College Press, 1983.

Giroux, H. A., & McLaren, P. Teacher education and the politics of engagement: The case for democratic schooling. In P. Leistyna, A. Woodrum & S. A. Sherblom (Eds.), *Breaking free: The transformative power of critical pedagogy*, (pp. 301-31). Cambridge, MA: Harvard University Press, 1996.

Hasker, W. Faith-learning integration: An overview. *Christian Scholars Review*, 21(3), pp. 231-48, 1992.

Holmes, A. F. *The idea of a Christian college.* Grand Rapids: Eerdmans, 1975.

Lewis, C. S. *The abolition of man.* (5th ed.). New York: Touchstone. (Originally published 1944), 1996.

Luther, M. *By faith alone.* Grand Rapids: World Publishing (Gen. Ed. James C. Galvin), 1998.

Oakes, J., & Lipton, M. *Teaching to change the world.* Boston: McGraw-Hill, 1999.

Palmer, P. (1998). *The courage to teach: Exploring the inner landscape of a teacher's life.* San Francisco: Jossey-Bass, 1998.

Purpel, D. E. *The moral and spiritual crisis in education.* Granby, MA: Bergin & Garvey, 1989 (Spring).

Romanowski, M. H. Teachers' lives and beliefs: Influences that shape the U.S. history curriculum. *Mid-Western Educational Researcher*, 11(2), pp. 2-8, 1998.

Sire, J. W. *Discipleship of the mind: Learning to love God in the ways we think.* Downers Grove, IL: Intervarsity Press, 1990.

Sire. J. W. *Naming the elephant: Worldview as a concept.* Downers Grove, IL: InterVasity Press. 2004.

Snow, D. *English teaching as Christian mission: An applied theology.* Scottdale, PA: Herald Press, 2000.

Vanden Berg, F. *Abraham Kuyper.* Grand Rapids: Eerdmans, 1978.

Walsh, B. J., & Middleton, J. R. *The transforming vision: Shaping a Christian worldview.* Downers Grove, IL: Intervasity Press, 1984.

Willard, D. Jesus the logician. *Christian Scholar' Review*, 28(4), pp. 605-14, 1999.

# 제3장

# 교육 철학 기초

어느 날, 마이크(Mike)가 미국의 어느 대학교에서 교육 철학 수업을 하고 있을 때였다. 한 학생이 상기되어 말했다.

"제가 왜 철학이랑 이런 것들을 배워야 하는지 잘 모르겠어요. 저는 그냥 교사가 되어서 아이들을 돕고 싶은 것뿐 인데요."

마이크는 화가 치밀어 올랐고, 이 학생의 말에 답하려고 할 때, 문득 이 학생의 생각과 동료 교수들의 생각이 그다지 차이가 없음을 깨달았다. 사실, 이 학생은 이 세상의 많은 교사가 생각하는 것을 말했다.

"교육 철학은 나와 나의 교육 현장에서 별로 필요 없다."

하지만, 이것은 잘못된 생각이다.

교육 철학은 교육 활동에서 엄청난 역할을 감당한다. 교육 철학은 교사에게, 그가 이것을 알든지 모르든지 상관없이, 길을 인도하는 나침반이다. 이것은 교사의 모든 활동을 위해 저변에 깔려 있는 상하수도 배관과 비슷하다. 이것은 교사가 수업 계획서를 계획하고, 교수 목표와 목적을 세울 때 방향을 잡고 나아가도록 돕는다. 이것은 교사가 시험을 준비하거나 과제를 내 줄 때에 지침이 되어 준다.

교사는 자신이 교육 철학을 가졌는지조차 모를 수도 있지만, 이것은 교사가 무엇을 어떻게 가르치고 학생들을 어떻게 대할지에 영향을 끼친다. 마이크의 학생이 "저는 그저 아이들을 돕고 싶을 뿐이에요"라고 한 말에 이미 그의 교육 철학이 담겨있다. 이 학생의 말에서 어린이를 돕겠다는 교육의 목적을 발견할 수 있다. 이 말에 교육 철학 일부분이 들어있다. 어린이를 도우려는 이 학생의 바람은 그의 교실 수업에 영향을 주는 믿음이다.

타문화권에서 가르치려는 사람들은 두 가지 이유로 제대로 된 교육 철학을 가져야 한다.

**첫째**, 교육 철학은 분명한 목적들과 필요한 자료가 무엇인지와 어떤 주제들을 다룰지를 발견하도록 돕는다. 교육 철학은 강의와 수업 계획과 학생과의 관계와 성적 산출과 교과 과정과 교재 선택에 있어서 지침이 되어 준다.

**둘째**, 아무리 경험이 많은 교사라도 타 문화권에서 새롭고 익숙하지 않은 도전들을 직면하게 된다. 교사가 가지고 있는 교육에 대한 전제들이나 접근법 중 일부는 타 문화권 상황에서 적절하지 않을 수 있다. 분명히 명시된 교육 철학을 가진 교사는 타 문화권에서 무엇이 현지 문화와 갈등을 일으키고 무엇이 현지에 적합한지를 잘 분별할 수 있고 필요한 협상을 할 수 있다.

이 장은 다음 두 가지 질문들에 대해 대답하고자 한다.
"교육 철학이란 무엇인가?"
그리고 "나는 어떻게 이것을 만들 수 있는가?"
우리의 목적은 여러분이 기독교적인 관점에서 교육 철학을 이해하고 개발할 수 있도록 돕는 것이다.

## 1. 교육 철학에 대한 단상

교육 철학을 아는 것은 교사들이 경험과 이론에서 배울 수 있도록 도와주는 성찰적 태도를 격려한다. 북미 문화는 그다지 성찰적이지 않다. 우리는 이론보다는 실용적인 행동들과 결과들에 더 관심을 둔다. 우리의 관심은 '왜'가 아니라 '어떻게'에 있다. 우리는 교실에서의 모든 활동에 철학적 측면이 있다는 점을 종종 잊는다. 어느 과목의 교과 과정에 무엇이 포함되어야 할지 혹은 특정 내용을 어떻게 하면 가장 잘 가르칠 수 있는가에 대해 교사들이 토론할 때, 교사들의 반응과 생각들은 자신이 저변에 가지고 있는 철학적 확신으로부터 나온다.

교육 철학의 중요성을 이해하고 자신의 교육을 조직적으로 성찰하는 교사들은 학생들의 학습을 개선하는 것에 더욱 잘 갖춰져 있다. 교육 철학에 대한 인식은 자기 자신과 자신의 교육과 믿음과 가치들과 학생들보다 잘 이해할 수 있도록 돕는다. 이런 교사들은 무엇을 가르치고 그것을 어떻게 가르칠까에 대해 더욱 신중해진다. 교육 철학을 이해하는 것은 교사들이 다양한 이슈들에 대해 더욱 명확하고 단호하게 생각할 수 있도록 돕는다. 교육 철학과 이론에 대한 이해가 없다면, 교사들의 반응은 임의적이고 근시안적이기 쉽다.

> 교육 철학은 교육, 교육 목적, 교육과정, 아는 것의 본질, 인간의 본질에 대한 질문들을 연구하는 것이다. 이것은 교육과 사회, 교육과 문화, 그리고 교육과 정부의 관계를 다룬다. 교사의 교육 철학은 교육의 이상, 교사의 역할, 무엇이 어떤 교수법을 통해 교수 되어야 하는지에 대한 질문들에 대답한다.

교사들은 교육에 대한 자신들의 생각을 이끌어 줄 수 있는 일관성 있는 이론을 반드시 가지고 있어야 한다. 철학은 교육의 목적들을 세운다. 철학은 교사들이 교육 목적을 성취할 방법들을 제시한다. 한 마디로, 철학은 교육적 활동과 결정에 방향을 제공한다.

덧붙여서, 교육 철학은 어떻게 질문할지와 무엇을 질문할지를 가르친다. 철학은 교사들이 중요한 질문을 제기하도록 돕는다. 교사들은 교육적 활동 저변에 깔린 이슈들과 자신들의 반응이 교육과 학생들에게 어떻게 영향을 미치는지에 대해 지적으로 사고할 수 있어야 한다. 지식을 전달하고 학생들과 교류할 때에, 교사들은 자신의 교육 철학에 관한 질문들을 말과 행동으로 매일같이 고려해야 한다.

그리고, 교육적 활동은 교육 철학 없이 진행될 수 없다. 모든 정책과 과정은 교육이 어떤 것이며 교육의 목적은 어떻게 달성되어야 할지에 대한 가정들로 가득 차 있다. 만약 교사들이 이것에 대해 더욱 인지하고 있으면, 교사들은 자신의 교육을 더욱 잘 평가할 수 있다. 따라서 교사들은 교육 철학과 자신의 교육 사이 관계를 밀접하게 유지해야 한다.

기독 교사들에게 교육 철학은 필수적이다. 왜냐하면, 기독교와 교육 철학은 인생의 의미, 도덕, 지식의 가치 등 모두 동일한 기초적 질문들에 대한 답을 제공하기 때문이다. 교사는 이 질문들을 어떻게 대답하는지에 따라 고유한 관점을 만들고 교육에 영향을 준다.


## 2. 교육 철학과 문화

교육 철학은 3단계의 질문들을 요한다.

① 첫 번째 단계는 인생의 의미, 인간의 상태, 실재의 본질, 선악의 문

제, 심지어 신의 존재와 같은 큰 그림의 질문들에 대답하려고 노력한다.

② 두 번째 단계는 교육에 있어 정부의 역할, 정치적 영향들, 사회 경제적 구조들, 성별과 인권에 대한 믿음들과 같은 이슈들을 살펴보며 첫 번째 단계에 대해 고려한다. 이러한 질문들이 고려되고 구체적인 대답들이 만들어진다.

③ 세 번째 단계는 교육의 실용적인 측면으로 나아간다.

여기서는 다음과 같은 질문들을 묻는다.

'무엇이 교수 되어야 하는가?'

'교사의 역할은 무엇인가?'

그리고 학습과 평가와 교육의 전반적인 목표들을 다룬다.

<그림 2>. (Peterson, 1986을 수정하여 사용)

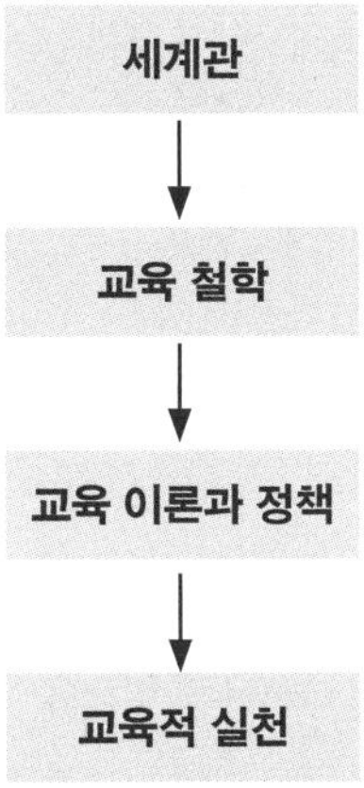

```
세계관
  ↓
교육 철학
  ↓
교육 이론과 정책
  ↓
교육적 실천
```

지나치게 이론적으로 들릴지 몰라도, 다른 문화와 세계관을 가진 교사가 자신의 기존 교육 방법들을 타문화권 교실에서 사용하려고 할 때, 두 개의 세계가 충돌할 수 있다. 한 사회의 교육 철학은 그 문화의 세계관과 그

문화가 가장 중요하게 여기는 것에서 나오는 것이다. 그리고 이러한 교육 철학에서 정책과 최종적으로 교실 활동이 나온다. <그림 2>는 세계관에서 교육적 활동으로의 진행을 보여주는 표이다.

이제부터 정부의 이념과 문화가 교육 철학에 어떻게 영향을 주는가를 보여 주는 예들을 살펴보자.

**첫째**, 옛 소련의 세계관은 사회주의적인 사고에 기초했다.

이 세계관의 주요 요소들 가운데 하나는 농민이 노동자 무산 계급 사회의 근간이라는 점이다. 그 결과, 협동 농장에서 한 달 동안 감자 캐는 것이 대학교 2학년 교과 과정에 포함되었다. 과거에 소련의 모든 대학교의 2학년 학생들은 10월 한 달이 감자 캐는 시기라는 것을 알았다.

이 한 달 동안, 수업은 휴강이었고 학생들은 자유롭게 집에 가는 것이 허락되지 않았다. 학생들은 작은 짐을 꾸려 농촌에 가서 농부들과 함께 지냈다. 이 활동의 목적은 특권을 누리고 있는 모든 대학교 2학년 학생들에게 농부의 일이 힘들지만 고결한 것이라는 일깨워주는 것이었다. 이 거대한 사회주의 국가의 국민들은 이 사실을 결코 잊어서는 안 되었다.

정부의 세계관은 교육 철학에 영향을 미쳤고, 이것은 다시 교육 활동에도 영향을 주었다.

**세계관**: 농부는 사회주의 체제의 근간이다.
**교육 철학**: 학생들은 농부들을 잊어서는 안 된다.
**교육적 활동**: 학생들은 농부의 삶을 이해하기 위해 감자 수확을 돕는다.

**둘째**, 아시아의 한 공산국가는 평양에서 6개월에 한 번씩 범죄자들을 처형했다.

정부는 전국 도읍에서 시행되는 공개 처형에 고등학생과 대학생들이 반드시 참석하도록 했다. 이 공산 정권은 범죄는 용인될 수 없다는 점을 시민들에게 각인시키기를 원했다. 공산 독재 정부의 세계관의 일부분은 국민에게 법을 어기거나 정부에 대항하는 것에 대한 공포심을 일으키는 것이었다. 이 정부의 세계관은 국가의 교육 철학에 영향을 주었고 이것은 다시 교실 활동에서 드러났다.

젊고 감수성을 지닌 고등학생들과 대학생들은 국가 교육 과정의 일부로 시행되는 범죄자 처형을 보며 정부가 철저히 통제하고 있음을 상기했다. 1985년 이후로는 공개 처형이 중지되었지만, 이 원리는 여전히 이 나라의 교육 철학의 필수적인 부분이다.

> 세계관: 사회는 생존하기 위해 전제주의 체제가 필요하다.
> 교육 철학: 학생들은 정부에 항상 복종할 것을 배워야 한다.
> 교육적 활동: 정부에 복종하지 않았을 때의 결과를 학생들이 알게 한다.

**셋째**, 이슬람 국가인 아프카니스탄의 학생들은 어른과 높은 자리에 있는 사람들을 존경하는 것을 배우며 자랐다. 그래서 학생들은 진심으로 교사들이 자신들보다 우월하다고 믿는다. 그 결과, 아프카니스탄의 학생들은 교사에게 존경을 표하는 뜻으로 질문하거나 대답할 때 반드시 일어나서 교사에게 말한다.

> 세계관: 연장자는 최고의 존경심을 가지고 대해야 한다.
> 교육 철학: 교육의 일부는 학생들에게 연장자를 존경하는 것을 가르친다.
> 교육적 활동: 학생은 교사에게 질문하거나 대답할 때 반드시 일어선다.

한 국가의 세계관은 교육 활동에 엄청난 영향을 끼친다. 우리가 타문화권의 교실에서 가르칠 때, 우리 교육의 효율성은 현지 국가의 교육 철학을 얼마나 많이 아는지와 우리 교육 철학을 얼마나 잘 준비했는지에 달려 있다.

테리가 중국에서 가르쳤을 때의 일이다. 그녀는 처음에 교사가 교탁 뒤에 가만히 서 있으면 안 되고 교실을 다니며 가르쳐야 한다고 생각했다. 이렇게 해야 학생들이 수업에 집중할 수 있다고 믿었다. 그녀 자신이 학생이었을 때 항상 그렇게 배웠다. 그녀가 좋아했던 교사들은 교탁 뒤에 머무르지 않고 학생들과 함께 직접 무엇인가를 하며 신체적으로 접촉했던 선생님들이었다.(그녀의 교육 철학은 교사의 역할과 학생들이 어떻게 배우는지에 대한 자신의 믿음들을 알려주었다.)

테리는 자기 때문에 중국 학생들이 수업 시간에 거의 집중하지 못한다는 것을 알지 못했다. 중국 학생들은 교사가 교실에서 왔다 갔다 하는 것을 불편해한다. 그녀는 학생들과 교감을 이루고 있지 못하는 것을 느꼈고, 학생들의 얼굴에서 겁먹은 표정들을 보았다.

그래서 그녀는 중국인 동료에게 그의 수업을 참관할 수 있는지 물었다. 중국인 동료의 수업을 참관하면서 그녀는 중국인 동료가 교단을 떠나거나 교탁 앞으로 나오거나 학생들과 신체적 접촉을 하지 않는다는 것을 알게 되었다. 테리가 좋은 교육 방법이라고 믿었던 것이 실제로는 학생들의 배움을 저해하고 있었다. 자신도 모르게 가지고 있었던 그녀의 미국식 교육 철학은 중국 교실에서 효과적이지 못했다.

중국식 교육 철학은 시험에 바탕을 두고 있다. 학생들은 여러 시험에 합격하기 위해 학교에서 반복 학습과 암기식 학습으로 배운다. 교사들은 학생들이 시험을 잘 통과할 수 있도록 암기할 정보와 지식을 주는 것에 초점을 둔다. 중국인 교육가들은 이것을 "오리 입에 채워 넣기"라고 부른다. 이 교육법은 학생들에게 필요한 사실들과 요점들을 주입하고, 학생들은 국가 시험을 볼 때 자신들에게 주입된 것을 끄집어내어 시험을 통과한다.

"오리 입에 채워 넣기 철학"에는 창의적 사고나 문제 해결 기술이 들어갈 여지가 없다. 하지만, 테리는 21세기의 지구촌 사회를 살아갈 학생들에게 비평적 사고 기술이 필요하다는 교육 철학을 마음속에 가지고 있었다. 그녀는 자신의 목적과 목표들을 재정립해서 학생들이 수용할 수 있는 교육법으로 가르쳐야 했다.

그래서 그녀는 자신의 수업은 전통적인 수업과 조금 다를 것이라고 학생들에게 설명하며, 점차 학생들을 "오리입에 채워 넣기오리" 학습 방식에서 벗어나게 했다. 조심스럽게 그리고 충분한 설명을 하면서, 테리는 교사 중심적인 수업보다는 더욱 학생 중심적인 환경으로 이끌어 갔다. 이것을 위해, 그녀는 자신의 목적들이 무엇이며 자신이 어디를 향해 가고 있으며 학생들이 졸업 후에 무엇을 할 수 있게 되기 원하는지를 알아야 했다. 이 이야기는 교육 철학이 실제로 어떻게 적용되는지를 잘 보여준다.

**윌리암 W.(William W.) | 기독교 및 비교종교학 박사 | 아시아**

나는 유대교와 기독교를 중국인 교수와 함께 가르쳤다. 그는 수업 시간에 때때로 전문 용어나 익숙하지 않은 개념들을 나를 위해 통역해 주었다. 그는 공산당원이었고 나의 세계관을 수용하지 않는다고 솔직히 말해 주었다. 한편, 그가 나의 고향 친구들에게 아래와 같은 말을 하라고 했을 때 나는 적잖이 놀랐다.

"혹시 친구들이 죄의 결과를 보고 싶다면, 이곳으로 오라고 하세요. 여기서는 모든 사람이 타인에 대해 배려하지 않고 자기가 하고 싶은 대로 합니다. 모든 사람이 기독교인이 되었으면 좋겠네요."

그는 무신론자였지만, 나의 일을 열정적으로 도왔다.

## 3. 교육 철학 개발하기

교육 철학을 개발하는 것은 교육에 관한 주요 질문들에 대해 교사들이 익숙해질 수 있게 한다. 이것은 교사들이 이런 질문들에 대해 생각하도록 하고, 교실 현장에 대해 어떻게 고민할지를 돕는다. 교사가 이런 질문들에 대해 고민하고 대답하고 나면, '이론적'인 답들을 교실 수업에 적용하는 과제가 남아 있다. 이것을 테리가 중국에서 경험했다. 다음은 그녀와 모든 교사가 교육 철학을 만들기 위해 물어볼 필요가 있는 질문들이다.

① 지식과 진리의 기초는 무엇인가?
② 교육의 목적, 목표, 지향점은 무엇인가?
③ 교사들은 학생들을 어떻게 보아야 하는가?
④ 교과 과정 내용은 무엇이 포함되며 어떻게 구성할 것인가?
⑤ 학생의 학문적 그리고 영적/도덕적 성장은 교육에서 어떤 역할을 감당하는가?
⑥ 교사의 본질과 역할은 무엇인가?
⑦ 어떤 교수법이 사용되어야 하는가?
⑧ 교육에서 정부의 역할은 무엇인가?
⑨ 교육에서 부모의 역할은 무엇인가?
⑩ 교육에서 학생의 역할은 무엇인가?

이와 같은 이론적인 질문들은 교육의 기본적인 성과들을 실제로 명확히 설명하고 계획하도록 돕는다. 교육 철학을 분명하게 정의하면, 교육자들은 교육의 목적을 선택할 수 있고, 교육 내용과 교수법(혹은 교수 기술)을 효과적으로 고를 수 있다. 모든 교육 철학은 교육 현장의 힘든 현실을 만나는데, 교육 철학이 이 힘든 현실을 견디어 내는지 아닌지는 인간의 경험에 달려 있다. 이것은 전 세계의 모든 교육 현장에서 동일하다.

## 4. 아는 것과 가르치는 것

본질적으로 교육은 어떤 것에 대해 '아는 것'을 발전시키려고 한다. 교육의 기초는 지식의 본질과 범위를 이해하는 것이다. 그렇기 때문에, 인식론은 교육자들에게 매우 큰 관심거리이고, 이것은 교육 철학을 개발할 때에 중요한 역할을 한다. 인식론은 지식의 질문들에 대답하는 것을 시도한다.

① 무엇이 진리인가?
② 지식의 원천이 무엇인가?
③ 어떻게 지식이 결정되는가?
④ 안다는 것은 무슨 의미인가?
⑤ 지식은 어떻게 진작될 수 있는가?
⑥ 지식의 기원은 어디인가?
⑦ 신적 계시, 논리, 직감, 경험적 증거 또는 주관적 개인의 경험은?

지식은 대개 어떤 형태의 권위, 연구 또는 실재의 개념들을 토대로 한다. 예를 들면, 많은 이슬람 국가에서 코란(Quran)은 하디스와 함께 모든 지식에 대한 권위를 가진다. 따라서 무슬림(이슬람을 믿는 자)의 인식론은 코란적인 진리라고 믿는 것으로부터 시작된다. 코란은 여성은 지능이 부족하고 (Hadith, 1:181-182), 여자 두 명의 가치는 남자 한 명과 같다고 가르친다.

이슬람 법정에서 여성의 증언은 남성 증언의 절반 정도의 가치를 가지는 것이 이것을 증명한다(Parshall, 1994, p. 179). 여성들은 남성만큼 지적이지 못하다고 믿기 때문에 여성 교육은 시간과 자원을 부적절하게 사용하는 것으로 본다. 보다 온건한 무슬림 국가에서 여성 교육을 찾아볼 수 있지만, 여성 교육이 남성 교육만큼의 우선 순위를 가지지는 못한다. 무슬림인식론에 기초한 이들의 교육 철학은 여성 교육을 크게 변화시켰다.

교육자와 교육 제도가 가지고 있는 인식론적 가정들은 교수 목적들과 방법들을 형성한다. 왜냐하면, 교육과 학습의 방법들은 "우리가 어떻게 아는가"와 밀접하게 관련 있기 때문이다. 따라서, 만약 어떤 이가 지식과 생각들은 원래부터 머릿속에 존재한다는 인식론적 가정하고 있다면, 그는 인지의 차원을 끌어올리기 위해 헬라철학과 교육자 소크라테스에 기초하여 자극적인 질문들을 하는 소크라테스식 방법의 교수 전략을 사용할 것이다.

만약 배움이 인간과 환경 사이의 상호 작용이라고 믿는다면, 미국의 교육가 존 듀이(John Dewey)가 주장한 대로, 가장 효과적인 교수법은 문제 해결과 경험 기반의 교육(다시 말해서 실습 교수법)이다.

만약 지식이 더욱 지혜롭고 명철한 전문가에게 있다면, 그것은 교사가 학생에게 지식을 나누어 주는 공자의 가르침에 기초한 중국의 믿음인데, 강의만이 선택 가능한 교수법일 것이다.

우리의 인식론적 가정들과 철학과 교수법을 형성한 다양한 요소들이 서양에 사는 우리에게 영향을 주었다. <도표 3>은 지식과 학습에 대한 서양과 동양의 접근법들을 비교하고 대조할 뿐 아니라 문화적 요소들이 교육과 학습에 어떻게 영향을 끼치는지를 보여준다.

타문화권에서 가르치는 교사들은 이러한 차이들을 절대 과소평가해서는 안 된다. 해외에서 가르치는 교사들은 자신이 가르치는 곳의 문화를 반드시 알아야 한다. 이들은 학생들이 자신의 사고방식을 교실에 가지고 들어오는 것을 인지해야 한다. 교사가 학생들의 지식의 방법들을 이해하면, 더욱 잘 가르치고 영향을 끼칠 뿐 아니라 때때로 학생들의 사고와 학습에 도전을 주는 것이 가능하다.

그리고 이것은 행정 직원과 교사와의 관계, 학생과 교사와의 갈등과 오해기 줄이도록 돕는디. 이것은 디문회권에서 기르치는 기독 교사의 현지 학생 사이의 문화적 차이를 좁히는 데 도움을 준다.

<도표 3>

| 서양 | 동양 |
|---|---|
| 직선적 | 순환적 |
| 아리스토텔레스/소크라테스 | 브라만/공자 |
| 문제 해결 | 단순 암기 |
| 학생 중심 | 교사 중심 |
| 과제 중심 | 시험 중심 |
| 멘토링 | 위계 질서적 |
| 실용적 | 고전적 |
| 소명적 | 역사적 |
| 토론(대화/논쟁) | 의심 없이 받아들이고 |
| 학생이 감지하고 | 학생이 부여받고 |
| 개인주의적 | 공동체적 |
| 지식의 끝없는 변화 | 지식의 핵심은 불변 |
| 감각적 | 심미적 |

### 스콧 & 크리스티 G.(Scott & Christy G.) | 법학 박사 및 교수 | 루마니아

대부분 일이 그러하듯이, 선교사에게 좋은 날도 있고 나쁜 날도 있고 그저 그런 날도 있다.

'과연 이것이 의미 있는 것일까?'

이렇게 스스로 묻는 때도 있을 수 있다. 미국의 법률대학원에서는 최대한 소크라테스식의 교육법을 사용한다. 강의를 통해 학생들의 머리에 정보를 단순히 넣어주기보다는 학생들이 질문을 통해 이해할 수 있도록 노력한다. 우리는 학생들이 스스로 사고하는 방법을 배울 수 있도록 일련의 질문들을 통해 학생들이 논리적 결론에 이를 수 있도록 시도한다. 이것은 루마니아 사람들의 방법이 아니다. 때때로 우리에게 도전이 될 수 있다.

어느 월요일 수업에서 소크라테스식의 수업이 너무하다 싶을 정도로 잘 진행되었다. 우리는 선악을 선택할 수 있는 우리의 능력인 자유 의지의 개념을 다루면서 '자유 의지'와 '하나님과 참된 사랑의 관계'를 가지기 위해 인간이 창조된 목적을 연관시키려고 하고 있었다. 스코트는 인간의 자유 의지 선택과 관련된 고통과 시련이 있음을 인정하면서 왜 주권을 가지신 하나님이 우리에게 이러한 능력을 주셨는지에 대해 약간은 투정하는 투로 이해할 수 없다고 말하였다. 바로 그때, 테오도라(Teodora)라는 학생이 아주 진지하게 말했다.

"교수님, 모르시겠어요?"

"만약 우리에게 하나님을 사랑하지 않는 선택을 할 수 있는 능력이 없다면, 우리는 결코 하나님을 진실로 사랑할 수 없지 않습니까?"

이것은 어떻게 값을 매길 수 없는 완벽한 소크라테스식/교수/선교사의 순간이었다.

## 5. 교육 철학에 영향을 주는 것들

문화는 한 국가의 교육 철학에 영향을 준다. 이 세상의 모든 교육 제도는 각 나라와 사회 문화와 정부 제도와 (종교적 혹은 비종교적) 가치 체계에 기초한 교육 철학을 가지고 있다. 또한, 문화는 세계관과 정치 안건과 사회경제적 요인들에 의해 영향을 받는다. 일반적으로, 미국의 교육 철학은 다음의 내용처럼 정리할 수 있다.

모든 사람은 자신의 성, 피부색, 종교, 성 지향성, 출신 배경, 사회 경제적 지위, 신체적 혹은 정신적 장애와 상관없이 교육을 받을 권리를 가지고 있다. 교육은 사람에게 능력을 부여해 주고 직업, 사회, 문화, 도덕, 경제, 심리, 신체적 복지를 위한 도구를 제공한다.

교육은 사람이 자신의 생활과 가족, 정부, 경제, 사회, 문화를 포함하는 모든 수준의 사회에 기여하는 데 필요한 결과물들을 생산할 수 있도록 돕는다. 이 결과물은 전문적으로 훈련받고 인증된 교사 혹은 교육자에 의한 어떤 형태의 행동 혹은 결과를 통해 평가할 수 있고 뒷받침될 수 있다.

우리는 위에서 묘사된 미국 교육 철학이 공립 학교의 본질과 교과 과정과 교육에 어떻게 영향을 미치는지를 쉽게 볼 수 있다. 누구나 교육받을 권리가 있다는 믿음은 무상 공교육으로 표현된다. 이러한 공평성에 관한 관심을 바탕으로, 학교들은 정신 지체인들을 위한 특수교육이 제공될 수 있도록 하고, 포용[1]과 같은 이슈들이 교육 담론으로 다루어지도록 보장한다.

학교들은 '좋은 시민들'을 배양하기 위해 정치와 사회 과목들을 개설한다. 사회를 개선하기 위해 학교는 10대 임신과 마약 복용과 같은 사회적 문제들에 대한 교육 과정도 도입한다. 성과 중심의 교육을 지향하는 강한 움직임은 모든 학년에서 평가하는 것을 중요하게 만들었다. 이것들은 미국 교육에 대한 단순화된 묘사이지만, 교육 철학에 문화적 믿음이 교육 철학에 어떻게 영향을 미치는지를 잘 보여주고 있다.

한 국가의 신학 역시 그 나라의 교육 철학에 영향을 미친다. 예를 들어, 아프리카 신학의 대부분은, 기독교인이든지 무슬림이든지, 하나님의 초월적인 측면에 초점을 맞추고 있다. 또 사탄의 활동과 영적 전쟁과 초자연적 현상들에 대해 많은 강조가 있다. 아프리카 신학에서 하나님은 사람이 느낄 수 있고 때로는 볼 수 있는 하나님이다.

아프리카 신학은 직관적이고 구전을 통해 생생하며 현상과 경험에 초점을 맞춘다. 아프리카 신학은 섭리를 믿으며 하나님은 엄격히 가르치시는 분이며 고통은 종교의 일부이다. 종교 지도자는 최고의 권위를 가지고 있다고 생각하고 이들을 의심하지 않고 이들의 권위에 무조건적으로 순종한다.

따라서 아프리카 국가들은 전통적으로 종종 자신들의 신학을 반영하는

---

[1] 포용(Inclusion)은 학생들에게 관용과 용납을 가르치고 도전하기 위한 목적으로 신체적 그리고 정신적 장애 특수 학생들이 일반 교실에 참여하도록 하는 활동이다.

교육 철학을 가지고 있다. 교사들은 학생들의 편안함을 중요하게 여기지 않는다. 고통은 학습의 일부이다. 학습은 재미있거나 여가 활동 같아서는 안 된다. 학생들은 교사들을 절대로 의심하거나 질문해서는 안 되는 최고의 권위를 가진 자로 이해한다. 구전과 이야기는 교실에서 중요한 역할을 감당한다. 교재가 부족해서이기도 하지만 문화적으로 당연하기 때문이기도 하다. 나쁜 성적은 악령이나 다른 초자연적 요소들의 영향을 받은 게으름의 결과로 비친다.

이들에게 하나님은 사람이 느낄 수 있는 신이다. 따라서 교육은 전적으로 사실과 과학적 정보에 기초하고 있지 않고 직관과 개인적 경험과 민속 이야기에 기초한다. 대부분의 아프리카 국가들에서 학생-교사 관계는 부족적 전통에 기초하고 있으며 학생들은 종종 자신의 교사를 아버지 혹은 어머니라고 부른다.

문화와 신학이 우리 개개인의 교육 철학에 미치는 영향의 정도는 다르지만, 기독교 교육 철학을 만들어야 하는 우리 기독교인은 이 장 앞부분에서 제기한 질문들을 고려해야 한다. 문화는 국가 철학과 세계관에 영향을 미친다. 전 세계적으로 문화는 교실을 운영하는 교육 철학에 마치 스며들 듯이 영향을 끼친다. 타문화권에서 가르치는 교사인 우리는 이미 너무 우리 자신의 문화적 우선 순위들이 배어있어서 어떤 것들은 우리가 인식하기조차 못 하는 것들도 있다. 우리의 교육 철학은 다음 항목들에 대한 우리의 태도 속에서 표출된다.


1) 교실에서의 삶

① 부정행위.
② 시한이 지나 제출된 과제.
③ 수업에서 토론.

④ 성(性)의 역할.

⑤ 교사-학생 관계.

⑥ 학생들의 기대.

⑦ 수업과 학기 일정.

⑧ 출석부.

⑨ 수업 관리.

⑩ 시험.

### 2) 학과 내의 삶

① 인간관계들(학과장, 동료, 행정 직원).

② 학과 회의.

③ 저임금과 노동의 동료와의 관계.

### 3) 문화 속에서의 삶

① 역사에 대한 인식.

② 절대적인 것들에 대한 믿음.

③ 인권에 대한 이해.

④ 개인주의적 접근 대 집단주의적 접근.

⑤ 인간이 환경을 통제해야 한다는 믿음.

이것들은 교사의 교육 철학의 한 부분이고 기독교 교육 철학의 필수적 요소이다. 다양한 교육적 이슈들에 대해 성경적 관점을 반영하는 균형 잡힌 응답들을 개발하는 것은 기독교 교육자에게 너무나도 중요하다.

## 6. 교실에서의 기독교적 교육 철학

기독 교사는 어떻게 견실한 교육 철학을 개발할 수 있는가?

기독교인인 우리는 현대 철학에 전적으로 의존해서는 안 된다. 우리는 성경과 그리스도의 모범을 통해 우리의 교수와 학습에 대한 전제들을 점검해야 한다. 기독 교사들이 모든 세속적 교육 철학들을 버려야 하는 것은 아니다. 오히려 기독 교사들은 이 철학들을 성경의 관점에서 보고 어느 요소들이 기독교적 사고와 병립할 수 있는지 판단해야 한다.

근본적 믿음들과 가정들을 발견하려면 각각의 개념과 아이디어를 거르는 철학적 분석이 필요하다. 그런 뒤에 우리는 이 철학들의 구성 요소들이 기독교 세계관과 부합하는지를 결정해야 한다.

이 과정을 거친 뒤에 기독 교사는 다음 질문을 만나게 된다.

> 어떻게 하면 기독 교사가 하나님 앞에서 일하는 것처럼 될 수 있을까?
> 어떤 종류의 교육이 교사가 교육과 신앙이 최대한 일치하도록 도울 것인가?(Smith, 1993, p. 37)

기독 교사들이 강단에서 자신의 신앙을 통합하려고 할 때 고려해야 할 탐구적 질문들이 무엇인가?

앞에서 제시한 기초적 질문들에 덧붙여서, 우리는 다음 질문들을 물어야 한다.

① 성경적으로, 교육은 학생들이 어떤 기본적 기술들을 함양할 수 있도록 도와야 하는가?
② 기독 교사들이 그리스도를 높이면서 학생들을 양육할 방법은 무엇인가?

③ 성경적인 진리들은 우리에게 교수와 학습에 대해 무엇이라고 말하는가?
④ 성경적으로, 교사의 본질과 역할은 무엇인가?
⑤ 성경은 탐구, 시험, 학생 참여와 같은 교육적 방법들에 대해 무엇이라고 말하는가?
⑥ 성경은 강의, 암기, 비평적 사고, 소그룹 활동, 시각 자료, 질의응답 등 방법론을 구성하는 주요 요소들에 대해 어떻게 보는가?
⑦ 평가에 대한 성경적 관점은 무엇인가?
⑧ 평가는 주관적, 객관적, 시험 보기, 집단 평가, 조형적 또는 누계적이어야 하는가?

이에 덧붙여서, 우리는 우리의 전공 분야와 이것이 기독교 세계관과 어떻게 부합하는지를 반드시 살펴보아야 한다. 해스커(Hasker, 1992)는 이론적 학문들 안에 통합의 네 가지 주요 영역들을 설명했다.

**첫째**, 기독교인들은 기독교 세계관에 바탕을 둔 근본적인 이해들과 확신들이 자신의 학문 영역에 어떻게 관련되는지를 질문해야 한다.

**둘째**, 기독교인들은 학문적 기초들을 고려해야 한다. 이것들은 학문의 가장 기초가 되는 방법론적 그리고 현상학적 이슈들처럼 근본적인 가정들이다. 기독교인은 기독교 신앙의 관점에서 이것들이 특별히 중요한 것인지 혹은 문제가 되는지를 반드시 물어야 한다.

**셋째**, 학문적 실천은 역사가, 물리학자, 교사와 같은 자신의 직업을 실제로 매일 매일 실천하는 가운데 발생하는 이슈들과 관련이 있다. 이 측면은 윤리, 가치, 태도에 관한 것이다.

**넷째**, 마지막으로, 해스커는 이 학문이 실제로 기독교적 관점에서 어떻게 구체적인 공헌을 하는지를 묻는다. 해스커는 이 학문이 하나님의 나라를 어떻게 확장하는지를 연구하라고 기독교인들에게 도전을 준다.

앞에서 나눈 이야기들과 질문들을 바탕으로 정리된 아래의 내용은 교사에게 기독교 신앙이 그의 교수법의 이론적 그리고 실제적 측면에 어떤 도움을 주는지를 보여 줄 수 있는 예이다.

**질문: 교사는 학생을 어떻게 이해해야 하는가?**

**1) 성경적 답들**

① 하나님의 형상으로 지어졌기에 모든 인간은 가치가 있다.
② 모든 인간이 가치 있기 때문에 존중과 존엄으로 대해야 한다.
③ 인간은 지식과 이해를 추구하는 경향을 선천적으로 가지고 있다. 교사들은 적절하고 흥미로운 교육에 초점을 맞춤으로 이런 경향을 발견하여 사용해야 한다.
④ 하나님은 인간을 다양한 성향과 다른 학습법을 가지도록 만드셨다.

**2) 성경적 답을 교육 실천에 적용**

① 학생들은 존중받아야 하고, 수업 운영 전략은 존중을 기초로 해야 한다. 학생들이 면박을 당하거나, 이들에 관해 다른 사람들에게 험담해서도 안 되고 모두 공정한 대우를 받아야 한다.

긍정적인 교사-학생 관계를 조성하라.
② 교육자들은 다른 학습 스타일을 가진 학생들을 가르치기 위해 다른 교수 전략을 수용해야 한다.
③ 교사들은 학생 개개인을 존중하고 적절한 기대치를 세워야 한다.

이것들은 모든 기독교인 교육자들이 대답해야 할 수많은 이슈와 질문들 가운데 몇 개에 불과하다. 우리는 기독교 교육 철학이 어떻게 개발되고 실천되는지 보여주기 위해 이것들을 사용했다. 특별히, 교사의 본질과 역할에 대한 질문은 모범이 되기, 교실 환경 조성하기, 학문 영역들의 지식, 의사 소통 기술들, 학습 친화적인 환경 조성하기, 수업 운영의 이슈들, 동기의 역할, 평가 기술들에 대해 함의하고 있다.

이것이 기독교 교육 철학 개발의 시작이다. 교육적인 이슈들에 대해 성경적 관점을 갖추고 있는 다양한 응답들이 있을 수 있다. 우리가 삶과 강의실에서 주님과의 동행을 경험하는 동안, 우리의 세계관과 교육 철학은 교수법처럼 언제나 변화하고, 적응하고, 더욱 강하고 성숙하게 성장하는 진행 중인 작업이다.

교사인 우리는 교육 활동의 기초들을 파악하는 것이 중요하다. 왜냐하면, 교수는 직, 간접적으로 학생의 삶에 영향을 주기 때문이다.

이론과 실제 사이의 연속성을 유지하는 것이 좋은 교수의 핵심이다. 따라서 교사들은 자신이 무엇을 믿고, 이것이 교수법 결정에 어떻게 영향을 주는지를 의식적으로 이해해야 한다.

## 7. 결론

　　모든 교사는 교육 철학과 이론이 교육에서 무슨 역할을 하는지를 반드시 이해해야 한다. 어느 교사도 이런 영향들로부터 예외일 수 없다. 따라서 모든 교사는 반드시 자신의 세계관을 알고 교육 철학을 마련해야 한다. 교사는 자신의 교육과 학생들에 대한 함의를 반추하고 재고하고 심사숙고해야 한다.

　　교사는 자신이 인생과 교육에 대해 무엇을 믿는지에 대해 인식할 필요가 있다. 교사는 기초적인 가정들과 믿음들과 가치들과 이론들과 방법들과 지식에 대해 질문할 철학적 분석 기술들을 반드시 배워야 한다.

　　이것을 통해 교사들은 교육과 교육 용어들에 대한 자신의 다면적인 이해들을 해체하고, 새로운 자기 지식(self-knowledge)을 유의미한 용어들로 변환시켜야 한다. 그리고 이것은 일관성 있고 효과적인 교실 활동 속에서 명확히 표현될 수 있다.

　　또한, 이것은 기독 교사들에게 도전되는 과제이다. 우리는 전문가처럼 철학적인 질문해야 하고, 성경적인 관점에서 건전한 대답을 만들 수 있어야 한다. 물론 이것은 충분히 가치 있는 과업이다.

　　그리스도에게 영광을 돌려 드리며 하나님이 우리를 부르신 타문화권 교실에서 그리스도를 높이기 위해, 그리고 결정적이고 의식적이며 의도적으로 다른 사람들에게 가르치고 함께 살며 교제하는 것은 타문화권에서 가르치는 기독 교사들에게 매우 중요한 것이다.

**글렌 T.(Glen T.) | 비교종교학 박사 | 중앙아시아**

국립대학교에서 강의하는 첫날, 나는 수업이 시작하기 30분 전에 철학과 학과장 교수실에 들렸다. 따뜻한 인사말과 미소로 나를 환영한 학과장 교수는 그 문화의 전통대로 차를 대접하였다. 그러면서 그는 갑자기 진지해졌다. 머리를 약간 앞으로 숙이며 목소리를 낮추어 내게 말했다.

"T 박사님, 박사님과 제가 해야 할 중요한 과제가 있습니다. 동양과 서양, 기독교인과 무슬림사이의 가교를 찾아야 합니다. 우리는 서로의 이해를 발전시킬 수 있는 열쇠를 찾아야 합니다. 그 열쇠는 아브라함입니다. 아브라함은 세 유일신 종교의 아버지입니다."

그는 몸을 움직여 자리에서 일어났다. 책장으로 가서 책 한 권을 가져왔다. 책상 위에 올려놓고 그 책을 펼쳤다. 책의 앞부분을 펴더니 창세기 12: 3을 찾았다. 그리고 그는 말했다. 창세기의 이 부분이 말하기를 아브라함을 통해 이 땅의 열방이 복을 받을 것이다. 이것이 열쇠입니다. 나는 내 귀를 의심하지 않을 수 없었다.

나는 이 무슬림을 제대로 알지도 못했다. 그리고 그의 아버지는 이슬람 종교 지도자인 물라(mullah)였다. 내가 무슬림 친구들에게 그토록 설명하려고 했지만, 이들이 잘못 이해하거나 너무 더디게 이해했던 것을, 그는 너무나도 빨리 알아챘다. 그는 계속 말했다.

T 박사님, 우리가 책을 같이 씁시다. 박사님은 기독교의 관점에서 쓰시고, 저는 무슬림의 관점에서 쓰겠습니다. 우리가 어떻게 평화와 상호 이해 안에서 살 수 있는지를 배울 수 있도록 우리 민족을 위한 아브라함의 축복의 의미에 대해 충분히 설명해야 합니다. 기쁨과 충격이 섞인 가운데, 나는 이렇게 대답했다.

"나 역시 동감합니다. 이런 프로젝트는 많은 사람에게 유익할 것 같습니다. 교수님이 맞습니다. 아브라함의 축복이 열쇠입니다."

그 뒤로 우리는 함께 책을 저술하고 있다. 또한, 우리는 예수를 찾는 사람들에게 주시는 변화에 대해 정기적으로 대화를 나누고 있다.

## 8. 더 깊이, 더 멀리 (심화 학습)

### 1) 교육 철학 모형

① 교육의 목적은 _____ 하기 위해서이다.
② 교육을 통해 가르치는 가치들은 _____ 이다.
③ 학생들은 특정 조건 하에서 교육받고 학습이 조장되는 환경 속에 있을 때 가장 잘 배운다. 이것들을 개발하기 위해, 교사는 반드시 _____ 해야 한다.
④ 모든 교과 과정은 학생의 사회적, 정서적, 지적, 영적, 도덕적, 신체적 개발에 도움을 주는 특정 "기초들"을 포함해야 한다. 이 기초들은 _____ 이다.
⑤ 교육 체계의 성과는 _____ 이어야 한다.
⑥ 대학 졸업과 동시에 학생은 반드시 _____ 할 수 있어야 한다.
⑦ 이 목표들은 _____ 통해 이루어질 수 있다.
⑧ 내가 생각하는 교사의 중요한 자질은 _____ 이다.

### 2) 생각해 볼 질문들

① 87쪽의 지식과 학습에 대한 서양과 동양의 접근법들의 간단한 비교와 대조를 토대로, 여러분이 동양의 학습자 필요를 채우기 위해 자신의 가르침에 적용할 수 있는 몇 가지 실제적인 방법들을 제시하라.
② 교수와 학습에 관한 여러분의 근본적인 믿음들을 다섯 가지를 열거

하라. 현재 이것들이 여러분의 교수에서 어떻게 나타나고 있는가? 여러분은 이것들이 건전한 기독교 교육 철학에 기초한 것이라고 어떻게 설명하겠는가?

③ 기독 교사의 역할은 무엇인가?

④ 여러분이 가르칠 때 학생들이 배우기 원하는 다섯 가지 '내용'들을 열거하라.

여러분은 이것을 어떻게 가장 잘 성취할 수 있는가?

⑤ 여러분의 믿음은 여러분의 교수(가르침)에 어떻게 영향을 주는가? 다음 영역들과 연관 지어 생각해 보라. 수업 운영, 교수 전략, 교사-학생 관계, 평가.

### 3) 추천 도서

Richard Niebuhr, *Christ and Culture*, Richard Niebuhr.

Werner Lumm, "A Christian Perspective on John Dewey," available at http://www.bjupress.com/resourcesarticlesbalance/a-christian-perspective-on-john-dewey.php.

Gordon Clark, *A Christian Philosophy of Education*.

Stephen Perk, *The Christian Philosophy of Education Explained* (this is a heavy read with technical vocabulary).

John Dewey, *Democracy and Education: An Introduction to the Philosophy of Education*.

Michael Peterson, *Philosophy of Education: Issues and Options*.

Edward Power, *Philosophy of Education: Studies in Philosophies, Schooling, and Educational Polices*.

Ed Miller, *Questions That Matter: An Invitation to Philosophy*.

E. C. Moore, *What is Education?*

Michael Peterson, *With All Your Mind: A Christian Philosophy of Education*.

Mary Belenky et al., *Women's Ways of Knowing: The Development of Self, Voice and Mind*.

## 참고 문헌

Sahih Bukhari ed., *The Hadith*.

Hasker, W. *Faith-learning integration: An overview*. Christian Scholar's Review, 21(3), pp. 231-48, 1992.

Parshall, P. *Understanding Muslim teachings and traditions*. Grand Rapids: Baker Books, 1994.

Smith, D. *Can modern language teaching be Christian?* Spectrum, 25(1), pp. 25-38, 1993.

제4장

# 교과 과정의 다면성

테리가 중국에서 외국어로서의 영어(EFL: English as a Foreign Language)를 가르쳤을 때, 그녀는 미국에서 이미 만들어진 외국어로서의 영어(EFL) 교과 과정을 가지고 갔다. 이것은 그녀가 속한 선교 단체가 이미 선정한 것으로 카세트 테이프와 학생용 실습 교재와 영어 강독을 위한 도서와 비디오 테이프들로 구성되었다. 이렇게 이미 만들어진 교과 과정은 사용하기 쉽고, 수업 준비에 많은 도움을 주었고, 학생과 교사 모두에게 두 학기의 영어 교육 과정을 이해하는 데 유용했다.

교안은 문법 시제와 문장 구조와 통사론을 잘 연습할 수 있도록 도왔다. 이 교육 과정은 학생들이 어떻게 질문하고 대답할지를 가르쳤고, 역할극과 작문과 강독을 통해 자신들이 배운 것을 적용할 기회를 제공했다.

한편, 테리는 영어 교육은 교재를 가지고 가르치기만 하면 되는 것이 아님을 깨닫기 시작했다. 예를 들어, 어느 수업 내용은 점성술과 운세를 읽는 법을 담고 있었다. 이 수업 내용에는 학생들에게 특정 별자리의 운세를 작문하라는 연습 문제도 있었다. 다른 수업 내용은 말하고 싶지 않은 사람들과의 대화에서 어떻게 빠져나갈지를 가르쳤.

이 수업 내용에는 도시로 이주한 지 얼마 되지 않는 청년이 대화를 원하는 노인을 버스 안에서 애써 무시하는 내용이 들어있었다. 또 다른 수업 내용은 데이트에 관한 것이었다. 어떻게 데이트를 신청하고 마칠지, 입맞춤을 할지 말지 등의 내용을 다루었다.

중국 학생들에게 이렇게 이미 만들어진 교과 과정을 가지고 가르칠 때, 엄청난 메시지와 가치관과 믿음들도 동시에 이들에게 전달되었다. 이 교과 과정은 학생들에게 점성술은 해도 괜찮고 적법한 것이라고 가르쳤다. 이 교과 과정은 미국인들이 노인들을 공경하지 않는다고 가르쳤는데, 이 내용에 중국 학생들은 충격을 받았다. 그 당시, 중국은 대학생들의 데이트를 금지하였는데, 데이트를 가르친 수업 내용은 서양은 문란하다는 고정 관념을 학생들에게 고착시켰다. 이 교과 과정은 영어를 가르치기 위해 고안되었으나, 여러 가지 다른 내용도 함께 가르쳤다.

### 1. 교과 과정

교과 과정은 단순히 수학, 영어, 사회, 과학과 같은 과목 그 자체가 아니다. 이것은 단순히 학습 과정이나 무엇을 교수할지에 대한 계획도 아니다. 물론 이것은 교육으로부터 동떨어진 것도 아니다. 교육 과정은 교육 활동의 핵심이다. 왜냐하면, 이것은 우리가 교실에서, 직접적이든 간접적이든, 명시적이든 암시적이든, 말하고 행동하는 모든 것에 영향을 미치기 때문이다.

교과 과정이 교육과 동떨어진 것으로 생각한다면, 교사는 의도하지 않은 메시지들을 교실에서 학생들에게 전달하게 될 것이다. 테리는 자신이 중국에 가지고 갔던 기존의 교육 과정을 동의하지 않았다. 이 교과 과정은 그녀가 매우 좋지 않게 생각하는 가치관과 믿음들을 가르쳤다.

만약 여러분의 세계관과 일치하는 가치관과 윤리와 도덕과 믿음을 가르치기 원한다면, 여러분은 시간을 내어 '내가 무엇을 가르치는가?'라는 질문을 해야 할 것이다.

이번 장에서 우리는 교과 과정의 세 가지 형태들이 교수/학습 과정에서 어떤 역할을 감당하는지를 살펴볼 것이다. 우리는 왜 기독 교사들이 교과 과정의 세 가지 형태들을 기독교적으로 생각해야 하는지를 알아볼 것이다. 그리고 교과 과정이 그리스도를 높이는 가치관과 윤리와 함께 학생들에게 어떻게 영향을 끼칠 수 있는지에 대해 다룰 것이다. 우리는 교과 과정의 세 가지 형태들이 절대 분리되지 않았을 뿐 아니라 어떻게 항상 상호 작용하는지와 학생들에게 메시지를 보내는지를 보게 될 것이다.

## 2. 교과 과정을 어떻게 정의할 것인가

교과 과정을 교육 활동에서 공식적인 가르침의 일부로 사용되는 교재와 교육 자료라고 정의할 수 있다. 이것은 교사가 의도하는 교수 목적을 돕기 위해 선택된 교재와 동영상과 기타 여러 보충 교육 자료들을 의미한다. 엘리엇 아이스너(Elliot Eisner, 1985)는 아래와 같이 말했다.

> 학교들은 의도한 교육 내용보다 훨씬 더 많이 혹은 더 적게 가르친다. 가르치는 내용의 많은 부분이 명시적이고 공적이지만, 한편으로는 정말 많은 내용이 그렇지 않다. 나는 정말 학교에서 학생들에게 하나가 아닌 세 개의 교수 자료를 제공한다고 역설한다(p. 87).

아이스너가 언급하는 교과 과정의 세 가지 형태들은 공적인 형태, 감추어진 형태 그리고 무의미한 형태이다.[1] 교사는 학생이 교과 과정으로부터 무엇을 배울지에 대해 반드시 관심을 가져야 한다. 우리는 교과 과정과 자료의 내용과 이것들이 학생들에게 제시하는 가치관이 무엇인지에 대해 알고 있을 필요가 있다. 타문화권에서 가르치는 교사들인 우리는 비평적인 눈으로 교과 과정을 검토해야 하고 체계적으로 수업 자료들을 평가하고 분석해야 한다. 우리는 물어야 한다.

'이것이 내가 가르치려는 것인가?'
'나는 학생들이 이것을 배우기를 원하는가?'

### 3. 공적인 교과 과정

공적인 교과 과정은 다양한 교재와 수업 자료를 통해 교실에서 의도적으로 그리고 의식적으로 제공되는 지식이다. 이것은 교사들이 자신의 학생들이 배우기 원하는 지식이자, 시험, 과제, 소논문 같은 평가를 통해 학생들이 제대로 학습했는지를 점검하게 되는 지식이다.

테리의 중국에서의 교과 과정 경험은 공적인 교과 과정이 중립적이고 객관적인 지식으로 구성되었다 전제를 교사들이 얼마나 철석같이 믿는지를 잘 보여준다. 속지 말아야 한다. 공적인 교과 과정은 종종 객관적인 것으로 여겨진다. 실제로는 이것도 가치관을 가지지 않을 수 없다. 교실에서 제시되거나 '학교나 어디에서 얻은 지식은 결코 중립적이거나 객관적이지 않고 특정한 방식들로 배열되었거나 구성되었'(McLaren, 1998, p. 169).

지식이 어떻게 구성되거나 제시되는가에 따라 학생들이 소재와 내용과

---

[1] 세 가지 과정은 공적인 교과 과정(the formal curriculum), 숨겨진 교과 과정(the hidden curriculum), 실제 교과 과정(the curriculum-in-use)이다.

주제를 이해하는 방식도 크게 달라진다. 예를 들어, 노인을 공경하지 않는 것이나 첫 데이트에서 입맞춤하는 것 같이 말이다.

<그림 3>. 공적인 교과 과정과 실제 교과 과정

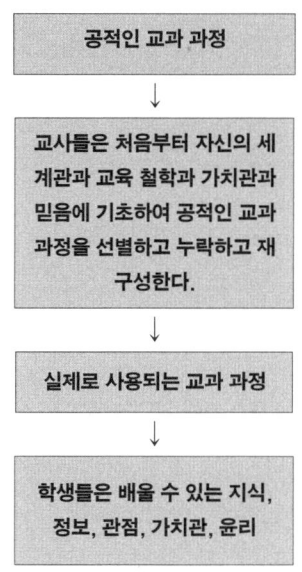

공적인 교과 과정은 교재와 보충자료에서 발견되는 것으로 구성되어 있지만, 교사들은 깨어서 의도적으로 공적인 교과 과정의 내용을 강화하거나 반박해야 한다. 교사가 교수 자료를 어떻게 가르칠지를 결정하면, 이것이 실제 교과 과정이다. 실제 교과 과정은 교사의 세계관과 교육 철학을 통해 한 번 걸러진 것이다.

기독 교사인 우리는 우리의 성경적 가치관과 믿음들을 기초하여 공적인 교과 과정 의도를 가지고 변혁시켜야 한다. 교사들은 자신의 세계관에 따라 교수 자료 내용을 선별하고 누락하고 재구성한다. 그러므로 기독 교사들은 실제 교과 과정을 만들려면 우선 자신이 사용하는 여과지를 이해해야 한다. 왜냐하면, 이것을 통해 학생들이 성장하고 영향받기 쉽기 때문이다.

학생들에게 기독교적 관점을 명시적으로나 암시적으로 제시하려면, 교사들은 반드시 공적인 교과 과정을 심사숙고하여 평가해서 실제 교과 과정으로 바꾸어야 한다.

2005년, 일본 역사 교과서들은 전쟁 범죄 활동을 덮어버린 것에 대해 비판을 받았다(Saalar, 2005). 이 교과서들은 중국과 한국 여성들의 일본군 위안부 피해 사실을 축소하였다. 또 제2차 세계 대전의 사건들에 대한 보고를 삭제하였다. 이 교과서들은 공적인 교과 과정이다. 교사들이 이것들에 대해 의문을 품지 않고 사실인 양 가르쳤다면, 역사에 관한 교과서의 기술은 자신의 정부와 자국의 역사와 제2차 세계 대전 중의 일본군의 역할을 보는 일본 학생들의 관점에 영향을 미쳤을 것이다.

하지만, 일본 교사들은 교과서의 내용에 대해 의문을 제기하고, 학생들이 교과서를 비판적으로 평가하는 질문을 할 수 있도록 돕는 추가 정보와 자료들을 소개함으로써 다른 관점을 제시할 수 있다. 이렇게 한다면, 학생들은 일본 역사에 대한 전혀 다른 관점을 가질 수 있다. 공적인 교과 과정을 실제 교과 과정으로 변화시킬 수 있는 교사들과 교사의 관점은 공적인 교과 과정에 엄청난 역할을 감당한다.

기독 교사들은 자신들이 사용하는 자료들을 기독교적 세계관의 렌즈와 다음과 같은 질문을 통해 반드시 검토하고 평가해야 한다.

'과연 진실인가?'


### 4. 숨겨진 교과 과정

가르침에 대해 비평적 이해를 개발하는 데 있어서, 이미도 숨겨진 교과 과정이 공적인 교과 과정보다 더 핵심적일 수 있다. 학생들이 공적인 교과 과정에서 제시된 내용보다 훨씬 더 많은 것을 배운다는 사실을 숨겨진 교과 과정은 강조한다. 공적인 교과 과정이 의도한 결과물을 만들기 위해 기획된 것이라면, "숨겨진 교과 과정은 학교 교육 과정에서 의도되지 않은 결과물들"(McLaren, 1998, p. 186)을 의미한다.

기루(Giroux)는 숨겨진 교과 과정을 "학교와 교실에서 일상생활과 대인 관계를 구성하는 기초적인 규칙들에 내재하여 있고 전달되는 언급되지 않은 규범들, 가치관들, 믿음들"(Giroux, 1983, p. 47)로 정의했다. 숨겨진 교과 과정은 공적인 교과 과정과 규칙들과 규정들과 의례들과 학교 구조와 일상적인 교류를 통해 매일같이 전달되는 많은 메시지와 규범들과 가치들을 포함한다.

### 1) 기독 교사는 숨겨진 교과 과정을 어떻게 다루어야 할까?

**첫째**, 숨겨진 교과 과정은 예화나 사례 연구나 교육 내용 등을 통해 학생들에게 은연중에 전달되는 긍정적인 메시지와 부정적인 메시지 모두를 포함할 수 있음을 알아야 한다. 예를 들면, 테리가 서양에서 제작된 영어 교수 자료를 중국에서 사용했을 때, 그녀가 노인을 공경하지 않는 내용에 관한 토론을 생략했거나 모른 척했다면, 학생들에 보내진 메시지 혹은 숨겨진 교과 과정은 그녀가 이러한 행위를 지지한다는 내용이었을 것이다.

테리는 미국인 모두가 노인을 공경하지 않는 것은 아니라고 적극적으로 설명해야 했다. 그녀는 숨겨진 메시지를 차단하고 이것을 실제 교과 과정으로 바꾸어야 했다.

**둘째**, 롤 모델이 되기, 학생과의 교류, 교실에서 말한 내용, 교사의 기대치, 교수 전략, 몸동작, 교사의 생활 방식, 교사의 정체성 등 모든 것이 숨겨진 교과 과정인 것을 이해해야 한다. 교실에서 그리스도를 닮아야 하는 기독교인들은 숨겨진 교과 과정이 학생들에게 어떻게 영향을 끼치는지 반드시 깨달아야 한다. 숨겨진 교과 과정은 말보다는 행동으로 전달된다.

2) 기독 교사들은 공적인 교과 과정과 숨겨진 교과 과정을 어떻게 창의적으로 활용할 수 있을까?

**첫째,** 교사들이 교실에서 사용될 교수 자료를 꼼꼼히 파악하는 것이다.

**둘째,** 교사는 기독교적 세계관으로 보았을 때 문제가 있는 요소들을 발견하기 위해 교수 자료를 평가할 필요가 있다.

**셋째,** 이 문제가 되는 요소들은 기독교 세계관과 학생들이 배워야 할 정도로 중요하다고 생각되는 가치관과 믿음들을 반영하는 실제 교과 과정으로 바꾸어야 한다.

**넷째,** 마지막으로 아이디어들이 기독교 세계관과 교육 철학과 일치할 수 있도록 교정하고 향상시켜 설명하는 것이 필요하다. 이것을 위해 학생들에게 보내는 메시지들을 배제하거나 강화할 수 있도록, 교사들은 교수 자료와 학생들과의 교류를 고려해야 하고 전달되는 메시지를 살펴보아야 한다.

예를 들면, 테리의 세계관은 점성술을 다루는 수업 내용과 일치하지 않았다. 그래서 그녀는 문제가 되는 내용을 따로 떼어내어서 분석하고, 의도적으로 점성술이 과연 적절한 것인지를 묻는 내용으로 새롭게 수업 준비를 했다. 이렇게 하고 나서야 그녀는 잘못되고 부적절한 메시지가 제거되거나 적어도 저절히 취급되었다 것을 확신하고 학생들에 그 수업 내용을 가르쳤다.

교수 자료를 평가할 때 사용할 수 있는 질문들을 몇 가지 소개하려고 한다. 물론 전공에 따라 교사가 기독교적 세계관의 관점에서 자신의 전공 지식을 바라보는 것과 교수 내용에 적절한 질문하는 것이 필요하다.

> **숨겨진 교과 과정 질문들**
> ① 내가 사용하는 교재와 보조 자료에 내포된 가치관 메시지들은 무엇인가?
> ② 교과 과정에서 어떤 관점들이 강조되고 있는가?
> ③ 어떤 관점이 누락되어 있는가?
> ④ 이 교재와 보조 자료들은 문화적으로 적절한가?
> ⑤ 고정 관념과 편견이 제시되고 있는가?
> ⑥ 교과 과정의 바탕이 되는 전제들은 무엇인가?
> ⑦ 제공되는 연습과 활동은 사고하는 것을 얼마나 촉진하고 있는가?
> ⑧ 자료들은 학생들을 위한 나의 교육적 그리고 윤리적 목적을 지원하고 있는가?

## 5. 간과되는 교과 과정

간과되는 교과 과정은 누락된 지식과 정보를 말한다(Eisner, 1985). 이것은 공적인 교과 과정에서 배제된 지식과 믿음과 가치관과 관점들로 구성되어 있다. 이러한 누락이 일어나는 배경으로는 정치적 이유, 편견, 의도적 왜곡, 혹은 단순히 간과하는 실수가 있다. 아이스너는 학교에서 가르치지 않는 것이 가르치는 것만큼이나 중요할 수 있다고 주장한다. 그는 학생들이 고려하지 못하거나 안 하는 지식은 이들이 어떤 삶을 살지에 영향을 미친다고 말한다.

누락된 지식은 특정 문제나 사건이나 상황들을 볼 수 있는 시야를 제한시키기 때문에, 결과적으로 이것은 학생에게 영향을 준다.

또한, 이것은 진리와 사실을 발견하는 것을 방해한다. 아마도 가장 심각한 것은 이것이 학생들이 다른 사람의 실수로부터 배우는 것을 막는 것이다. 일본 역사 교과서의 경우에서처럼, 학생들은 언급된 것만큼이나 누락된 것으로부터도 배운다. 특정 주제나 내용이 공적인 교과 과정에서 누락할 경우, 학교와 교사는 학생들에게 그 내용과 관점과 기술은 검토하거나 발전시킬 만큼 중요하지 않거나 언급할 필요가 없다는 엄청난 메시지를 학생들에게 보내는 것이다.

교사들은 타문화권 교실에서 간과되는 교과 과정을 어떻게 다루어야 하는가?

우선적으로 우리는 간과되는 교과 과정을 구성하는 것이 무엇인지를 찾아야 한다. 그런 뒤에 교사는 간과되는 교과 과정을 교육에 포함할 때, 누가, 무엇을, 왜, 언제, 어디서, 어떻게 등의 질문들과 함께 고려해야 한다. 이 질문들은 타문화권 교실의 간과되는 교과 과정에서 무엇을 바꾸어야 할지를 찾아내는 데 도움을 줄 것이다.

**간과되는 교과 과정 질문들**
① 이 이슈는 수업 내용에 얼마나 관련 있는가? (이것은 매우 중요하다.)
② 내가 제시하는 지식이 학생들과 동료들을 불쾌하게 만들 수 있는가?
③ 언급하는 것이 필요하지만, 논쟁 거리로 보이거나 문화적으로 용납되는 지식의 언저리에 있는 지식을 어떻게 소개할 것인가?
④ 만약 그와 같은 지식을 소개하기로 선택한다면, 얼마나 천천히 다른 관점을 소개할 것인가?
⑤ 나는 이 관점을 학생의 이전 지식과 문화적 배경과 어떻게 연결할 것인가?
⑥ 왜 나는 이 이슈를 소개하거나 이 지식을 적절하다고 생각하는가?
⑦ 내가 성취하고자 하는 것은 무엇인가?
　나는 단기 혹은 장기 목적을 가지고 있는가?
⑧ 나는 학생들이 어떤 종류의 비판적 사고와 문제 해결 기술들을 습득하기 원하는가?
⑨ 내가 가진 편견은 무엇인가?
　이들이 주제를 공정하게 다루는 것을 방해할 수 있는가?
⑩ 이 수업을 통해 학생들에게 보내고자 하는 윤리적인 메시지는 무엇인가?

⑪ 이 수업이 학생들을 불편하게 만들 것인가?
  교사는 학생들의 두려움을 줄이고 존중을 표현하기 위하여 무엇을 할 수 있는가?
⑫ 나는 어떤 저항이나 장애물을 만날 수 있는가?
⑬ 이 지식은 위험과 있을 수 있는 결과를 감수할 만큼 가치가 있는가?
⑭ 이것이 교사로서의 나의 명성과 품격에 어떤 영향을 줄 수 있는가?

## 6. 교과 과정의 적응과 통합의 단계들

문제가 되는 교과 과정의 내용을 효과적으로 재구성하려면, 교사는 다음의 단계들을 적용하는 것이 필요하다. 이것들은 교수 자료 범위 내에서 특정 수업 내용을 분석하고 변경할 수 있도록 돕는다.

① **단계 1** - 앞에서 제시한 숨겨진 교과 과정 질문들을 사용하여 모든 교육 자료를 점검한다.
② **단계 2** - 교과 과정에 제시된 내용이나 가치관 중에 바꾸고자 하는 것이 있는지 스스로 질문한다.
③ **단계 3** - 만약 그렇다면, 그 내용을 자세히 분석하고 문제가 되는 부분에 집중한다.
④ **단계 4** - 간과되는 교과 과정 질문들을 사용하여, 문제가 되는 내용을 다룰 수 있도록 수업을 기획하고 수업 계획을 세운다.
⑤ **단계 5** - 교과 과정에 제공된 연습과 활동들을 자신이 변경한 수업 내용에 따라 재구성한다.
⑥ **단계 6** - 학생들이 개정한 수업의 내용과 가치관을 배웠는지를 질문과 응답, 서면 과제, 대화, 구술 보고 등을 통해 평가한다.

여기에 점성술 내용의 수업 예를 소개하면 아래와 같다.

테리는 이미 만들어진 교과 과정을 점검한다. 그녀는 숨겨진 교과 과정 질문들을 묻고 교재에서 자신이 동의하지 않는 수업내용과 가치관을 발견한다. 그녀는 그 수업내용을 자세히 분석하고 문제가 되는 부분에 집중한다(단계 1-3).

그런 뒤에 그녀는 문제가 되는 내용을 다룰 수업 계획을 기획한다. 그녀는 간과되는 교과 과정 질문들을 사용하고 이에 맞추어 수업 계획을 준비한다(단계 4).

점성술을 믿는 학생이 있는 질문하는 것으로 수업을 시작한다. 왜 믿는지 혹은 왜 안 믿는지를 묻는다. 아직은 자신의 견해를 학생들에게 밝히지 않는다. 학생들의 믿음을 긍정적으로 받아주되, 점성술의 실체를 잘 드러내 보이도록 정리한다. 학생들의 의견을 듣고 응답한 뒤에, 그녀는 자신은 점성술을 믿지 않음을 제시하고 사람에게 점성술이 왜 유해한지를 설명한다.

그런 뒤에 그녀는 연습과 활동들인 과제를 재구성한다(단계 5).

학생들은 별자리 운세에 대해 작문을 하지 않아도 된다. 그 대신에 설화의 기원이나 무엇이 자신의 운명을 결정짓는지에 대해 작문하는 숙제를 내어준다.

그런 뒤에 그녀는 학생들이 자기 생각과 가치관을 이해했는지를 평가하기 위해 학생들과 질문과 응답의 시간을 가진다(단계 6).

그녀는 학생들을 짝지어 역할극을 하게 하고, 설화를 바탕으로 해서 대화문을 만들도록 하는 것으로 수업을 마친다.

## 7. 자신만의 교과 과정을 개발하기

모든 교사가 이미 만들어진 교과 과정을 가지고 있는 것은 아니다. 사실, 타문화권으로 가는 많은 교사가 스스로 교과 과정을 개발해야 한다. 많은 경우에, 이것은 교과 과정, 내용 전달, 교재와 보충 자료, 과제, 평가를 포함한다. 특별히 개발 도상국에서 수업 자료가 부족한 것은 흔한 일이다. 모든 교사는 자신이 만든 것을 포함하여 교과 과정을 분석하는 일을 성실히 해야 할 필요가 있다. 교사들이 자신만의 교과 과정과 교재를 개발하는 데 도움을 주기 위해 다음 단계들을 소개한다.

① 자신의 과목 교수 목적과 공적인 교과 과정을 통해 학생들이 무엇을 배우기를 원하는지 고려하라(예, 경제 체제).
② 학생들이 배워야 할 특정 가치관이나 도전받을 이념을 교수 자료 안에서 자연스럽게 통합시킬 접촉점을 찾으라.
경제 체제는 가난한 이를 도와야 할 도덕적 의무가 있는가?
③ 특정한 수업에서 성취하고자 원하는 목표들을 설정하라.
학생들은 경제에 대해 보다 큰 그림을 이해해야 하고 가난한 이들에 대한 관심을 갖게 된다.
④ 이러한 가치관들과 도전들을 학생들에게 제공하는 전달 내용을 기획하고 수업 계획을 세운다.
경제 체제를 통해 가난한 이들이 도움받는 예가 들어 있는 사례 연구를 사용하라.
⑤ 자신의 교수 목표를 성취하는 데 도움 주는 질문들과 적절한 예들을 만들어라.
어떻게 경제 체제는 가난한 이들을 돕는 방법을 개발할 수 있는가?
⑥ 학생들이 배운 가치관들을 적용하고 생각할 기회를 제공하고 교사

가 학생이 수업에서 무엇을 배웠는지를 통찰할 수 있도록 평가 과제를 개발하라.

가난한 이들을 돕기에 가장 적합한 경제 체제를 분석하라.

## 8. 결론

가르치는 데 있어서 교과 과정은 기초이다. 따라서 기독 교사들은 성경적 관점과 개념과 지식을 학생들에게 소개할 때 세 가지 형태의 교수 자료를 어떻게 활용할지에 대해 반드시 고려해야 한다. 기독 교사들은 명시적으로 혹은 암시적으로 기독교적 관점에서 세상을 다르게 보도록 학생들을 도전할 때에 공식적 형태, 숨겨진 형태, 간과된 형태의 교과 과정들을 지혜롭게 사용해야 한다.

이것이 학생들에게 제시되는 다양한 관점들 가운데에서 기독교적 관점을 고려할 수 있도록 도울 것이다. 교실에서 제시하는 지식, 이것을 어떻게 제시하는지, 교재와 보조 자료들을 어떻게 다룰지 충분히 고려해야 하고 계획적으로 이루어져야 한다.

## 9. 더 깊이, 더 멀리(심화 학습)

### 1) 생각해 볼 질문

① 자신의 가르침과 교실에서 그리스도를 들어내는 숨겨진 교과 과정을 의식적으로 사용할 수 있는 방법들은 무엇인가?
② 자신의 전문 영역에서 중요한 기독교적 가치관을 자연스럽게 통합하거나 진척시키는 접촉점은 무엇인가?
③ 교과 과정 속에서 학생들이 믿는 것에 도전하고 이들에게 기독교적 관점을 소개할 수 있는 부분은 무엇인가?

### 2) 추천하는 연습/활동

'자신만의 교과 과정 개발하기'에서 언급한 내용을 기초로 하여 표 4를 만들었다.
이번 장에서 숨겨진 교과 과정과 간과되는 교과 과정을 다루면서 제시된 질문들을 기억하라.

### 3) 추천 도서

Allan C. Ornstein and Francis P. Hunkins, *Curriculum: Foundations, Principles and Issues*.
Michael Romannowski "Excluding Ethical Issues From U.S. History Textbooks: 911 and the War on Terror," *American Secondary Education* 37, no. 2 (2009).
Michael W. Apple, *Ideology and Curriculum* (3rd ed.,).
Stephen A. Stairs, *The Integration of a Biblical Worldview into Curriculum Decisions in the Christian School* (D. Min. project, Grand Rapids Baptist Seminary, 2002).
Michael Romanowski, "Problems of Bias in History Textbooks," *Social Education* 60, no. 3 (1996).

<도표 4>

| 주제,<br>주요 개념과<br>기술들 | 목표:<br>이번 수업 내용에서 성취하고자 하는 것이 무엇인가? | 핵심 질문들 | 교재,<br>보충 자료 | 통합이<br>가능한<br>접촉점들 | 평가의<br>형태들 |
|---|---|---|---|---|---|
| 주제: | 목표: | 목표를 성취하기 위해 학생들에게 물어야 할 주요 질문들 | 주요 자료들 | | |
| 주요 개념: | 전문 용어와 낯선 단어들을 줄여라 | | 문화적으로 적절한 자료들 | | |
| 중요한 기술: | | | | | |
| 문화적으로 적절한 예들, 지식들 | | | | | |

## 참고 문헌

Eisner, E. *The Educational imagination* (2nd ed.) New York: Macmillan, 1985.

Giroux, H. A. *Theory and resistance in education: A pedagogy for the opposition*. Hadley, MA: Bergin and Garvey. 1983.

McLaren, P. *Life in schools: An introduction to critical pedagogy in the foundations of education* (3rd ed.). White Plains, NY: Longman. 1998.

Saaler, S. *Politics, memory and public opinion: The history textbook controversy ad Japanese society*. Munich: Iudicium Publishing. 2005.

## 제5장

## 잘 가르치는 것이 좋은 교육

1991년, 메리(Mary)는 영어를 가르치기 위해 우크라이나의 키에프주립 교육대학교에 갔다. 그녀가 도착한지 며칠 안 되었을 때 소련이 붕괴하였다. 처음 몇 주 동안 그녀는 학생들과 동료 교수들과 이웃들과 가까워졌다.

그녀는 자신의 신앙과 그리스도를 향한 사랑을 나눌 기회도 몇 번 가졌다. 물론 그녀는 전도할 때에 일방적으로 말하거나 억지로 압박하지는 않았다.

메리는 훌륭한 교사였다. 그녀는 항상 수업을 준비했고, 학생들을 위한 따뜻한 마음을 가지고 있었다. 그녀의 우크라이나 출신의 동료이자, 대학교 영어 교수인 마리아는 메리를 좋아했고, 자신의 스케줄이 허락하는 대로 종종 메리의 수업에 참관하곤 하였다. 한번은 마리아가 기독교와 신앙에 대한 질문을 하였다. 메리는 대화를 억지로 끌고 가지 않고 그리스도가 자신의 삶에 어떤 영향을 주었는지를 설명했다.

어느 날 수업이 끝난 뒤, 학생들의 시험 중심의 학습 방법에 지친 메리는 좋은 영어 교사가 되는 데 필요한 중요한 개념들을 학생들이 놓칠까 걱정이 되었다. 그녀는 공동 교수 연구실에 들어 가면서 이렇게 말했다.

"오늘은 뭐가 이렇게 잘 안 풀리지."

메리의 수업을 듣는 마리아도 그곳에 있었지만, 마침 문 뒤에 앉아 있어서 메리는 그녀를 보지 못했다.

그래서 마리아가 "메리 교수님, 오늘 모든 것이 다 잘 되어가는 것처럼 보이던데요"라며 아름다운 우크라이나 억양으로 말을 하자, 메리는 깜짝 놀랐다.

메리는 따뜻한 물로 씻지도 못한 채 옷을 갈아입어야 했던 그다지 달갑지 않았던 아침을 생각했다. 그녀는 학교에 오기 위해 난방도 되지 않는 만원 버스를 타려고 시달리던 생각이 떠올랐다. 그녀는 국가 시험을 통과하는 것에 지나치게 신경 쓰는 학생들 때문에 좌절감을 느꼈던 것이 생각났다. 하지만, 이런 생각들을 접어 두고 마리아에게 조심스럽게 물었다.

"왜 그렇게 말하는 거지?"

마리아가 말을 이어갔다.

"오늘 모든 것이 다 잘 되어가는 것처럼 보인다고 말한 이유는 오늘 아침 교수님의 수업을 참관하면서 저는 예수님을 내 마음속에 영접했어요."

메리는 깜짝 놀랐다. 그녀는 영어를 가르칠 때 예수님을 말하지 않았다. 그녀는 수업 시간에 성경을 인용하지도 않았고 사영리를 가지고 말하지도 않았다. 그녀는 마리아의 말에 정말 흥분되었다. 한편으로는 어떻게 된 일인지 놀랍기도 하고 혼란스러웠다. 그리고 메리가 이렇게 말했다.

"마리아(Maria), 정말 잘 되었다. 그런데 내 수업이 너의 결단에 어떤 도움을 주었지?"

마리아는 설명했다.

"교수님은 아주 훌륭한 교수님이세요. 학생들을 향한 교수님의 사랑이 보이고, 학생들이 배우기를 원하는 아주 강렬한 바람을 가지고 계세요. 저는 오늘 교수님께서 가르치시는 것을 보면서, 교수님의 얼굴에서 사랑과 평안을 보았습니다. 그래서 저는 하나님께 이렇게 말했습니다. '하나님께서 메리 교수님의 하나님이신 것처럼 저의 하나님이 되어 주세요.' 하나님께서 내 마음에 들어오시도록 기도했어요."

마리아의 이야기는 우리가 어떻게 가르치는지가 좋은 쪽으로든지 나쁜 쪽으로든지 다른 사람들에게 엄청난 영향을 미친다는 것을 잘 보여준다. 하나님의 사랑과 진리의 대리자가 되기 위해서, 우리는 잘 가르쳐야 한다. 메리가 우크라이나를 떠나고 5년이 되었을 때, 마리아는 체르노빌 원전 사고로 죽었다. 메리가 잘 가르친 것이 마리아의 인생에 영원토록 영향을 끼쳤다.

이번 장에서 우리는 학생들과 동료들의 인생에 영향을 끼치기 위해 잘 가르치는 것이 왜 중요한지에 대해 살펴보고자 한다. 우리는 예수님의 교육 방법과 학생들과의 관계와 지식과 전문성과 종의 마음 자세와 학생들을 위한 간절한 기도가 우리에게 좋은 모델이 된다는 것을 보기 원한다. 우리의 모델 교사이신 예수님과 함께 우리는 교실에서 예수님을 더욱 닮을 수 있다.

## 1. 예수님은 어떻게 가르치셨을까

복음서에서 예수님은 '교사'라는 호칭을 어느 호칭보다 많이 사용하였다(Friedeman, 1990, p. 13). 많은 문화와 세계 종교들이 예수님을 위대한 교사로 보지만, 많은 학문과 직업 영역들은 해당 분야에서 예수님이라면 이렇게 하셨을 것이라고 보여주는 좋은 모델이 부족하다. 예를 들면, 우리는 성경을 통해 그리스도께서 제자들을 위해 아침을 준비하셨다는 것을 알지만, 예수님이 무슨 음식을 준비하셨을지는 모른다. 예수님이 목수이셨던 것은 알지만 예수님이 어떻게 가구를 제작하셨는지에 대해 자세한 설명은 성경에서 찾을 수 없다.

한편, 성경은 교사로서의 예수님을 잘 묘사하고 있다. 프리드만은 다음과 같이 말했다.

기독 교사로서 우리는 최고의 교사인 예수님께 우리의 눈을 고정하는 것이 지혜롭다. 예수님 안에서 우리는 우리의 교육 목표와 방법론의 기초와 교육 방법들을 찾을 수 있다(1990, p. 13).

프리드만(Friedeman)은 기독교적으로 가르치기 원하는 교사들이 물어야 할 질문을 언급했다.
"예수님이 무엇을 가르치셨는가?"
"예수님은 어떻게 가르치셨는가?"

## 2. 예수님의 방법들

추상적인 개념들을 보다 잘 이해할 수 있도록, 예수님은 제자들의 일상에서 사례와 예화를 찾아 사용하였다.

제자들의 실체를 파고 들어가기 위해, 그들이 알고 있는 것에 도전하고 느끼고, 배워야 할 것에 대한 방법에 가교를 놓으면서 예수님의 말씀은 단순해져야 했다(Friedeman, 1990, p. 167).

예수님은 제자들에게 익숙한 언어를 사용하셨고 이들의 일상생활을 바탕으로 이미지들을 만드셨다.
예를 들면, 마태복음 19장에 소개된 부자 청년의 이야기에서 예수님은 영생을 얻기 위해 무엇을 해야 할지를 묻는 그에게 대답하셨다. 예수님께서 말씀하셨다.

네 소유를 팔아 가난한 자들에게 주라(마 19:21).

이 부자 청년은 이것을 따르고 싶지 않아 근심하며 떠나갔다. 예수님께서 다음과 같이 말씀하실 때 제자들은 깜짝 놀랐다.

내가 진실로 너희에게 이르노니 … 낙타가 바늘귀로 들어가는 것이 부자가 하나님의 나라에 들어가는 것보다 쉬우니라(마 19:23-24).

예수님은 새로운 개념들을 설명하기 위해 주변에서 이미 알고 있는 익숙한 것들을 사용하셨다. '부'가 하나님의 축복 상징이라고 생각했던 제자들은 혼란스러워졌다.

만약 부자가 천국에 들어가지 못한다면, 누가 갈 수 있다는 말인가?

그리고 예수님이 "낙타가 바늘귀로 들어가는 것이 부자가 하나님의 나라에 들어가기보다 쉽다"라고 말씀하셨다. 이것은 좋은 예화이다. 이제 제자들은 자신의 소유물에 집착하는 부자가 천국에 들어가는 것이 불가능하거나 매우 힘들다는 것을 알게 되었다. 제자들은 예수님께서 무엇을 말씀하시는지 알게 되었다.

예수님은 이해하기 힘든 주제를 가르치기 위해 실제 삶의 내용을 사용하셨다. 제자들이 물었다.

"만약 부자가 천국에 갈 수 없다면 누가 갈 수 있습니까?"

예수님의 예화는 질문을 유도했고, 예수님은 "하나님으로서는 다 하실 수 있느니라"고 말씀하셨다(마 19:25-26). 배움이 이루어졌다.

이것은 특별히 우리 학생들에게 적절하고 익숙한 사례를 사용해야 하는 타문화권 교실에서 더욱 의미가 있다. 예수님은 당신의 학생(제자)들의 삶에 대해 큰 통찰력을 가지셨다. 예수님은 학습을 제자들의 일상생활의 일부로 만들었다.

예수님의 가르침의 탁월함은 1 대 1이든지 5천 명이 듣는 수업이든지 효과적으로 가르칠 수 있는 능력에서 잘 드러난다. 예수님은 청중에 따라서 어떻게 자신의 가르침을 조절하셨다. 대형 강의이든지 소그룹이든지, 부자이든지 가난한 자이든지, 남자이든지 여자이든지, 교육을 받았든지 않았든지, 종교성이 있든지 그렇지 않든지, 권력을 가진 자이든지 사회적 약자이든지 말이다.

예수님은 다양한 학습법들을 효과적으로 사용했다. 다른 곳에서 "너희는 나를 누구라 하느냐"(마 16:15)와 같은 질문들을 하면서, 예수님은 때로 산상수훈과 같은 강의도 하셨다.

예수님은 비유 속에 있는 사례들과 같은 실제 생활의 이야기들을 사용하실 때 그 안에 들어있는 개념과 원리들을 학생(제자)들이 발견할 수 있도록 도우셨다. 예수님은 제자들에게 질문하기만 한 것이 아니라 제자들의 질문도 반기셨다.

"내 이웃이 누구니이까?"(눅 10:29b)

이러한 방법들뿐 아니라, 예수님은 적용을 가르치셨다. 예수님의 가르침은 단순히 이론에 그치지 않고, 학습자들이 배운 이론을 적용할 기회들을 제공함으로써 계속 흥미를 느끼도록 하셨다. 예를 들면, 예수님은 제자들을 다음과 같은 지침들과 함께 보내셨다.

> 가면서 전파하여 말하되 천국이 가까이 왔다 하고 병든 자를 고치며 죽은 자를 살리며 나병 환자를 깨끗하게 하며 귀신을 쫓아내되 너희가 거저 받았으니 거저 주라. 너희 전대에 금이나 은이나 동을 가지지 말고 여행을 위하여 배낭이나 두 벌 옷이나 신이나 지팡이를 가지지 말라. 이는 일꾼이 자기의 먹을것 받는 것이 마땅함이라. … 너희는 뱀같이 지혜롭고 비둘기 같이 순결하라(마 10:7-10,16).

매일 제자들은 예수님이 이 원리들을 삶으로 실천하는 것을 지켜보았다. 이들은 예수님의 가르침을 들었고 예수님이 병든 자를 고치고 죽은 자를 다시 살리시는 것을 목격하였다. 모범적 교사로서, 예수님은 제자들이 가서 예수님이 말한 것뿐 아니라 똑같이 모범 보일 수 있도록 구비시키셨다.

예수님은 관심을 일으키는 다양한 교수 방법들을 사용하셨고 당신이 가르치는 사람들의 문화에 맞추어서 적절하게 말씀하셨다. 예수님은 비유와 질문과 토론과 강의를 사용하셨다. 역동적인 방법으로 배우는 사람들에게 도전을 주고 일깨우고 영향을 주는 것이 일부 사람들을 불편하게 만들었다. 하지만, 이것은 듣는 사람들에게 삶 속에서 지킬 중요한 원리들을 제공했을 뿐 아니라, 이들이 자신의 삶과 세상을 어떻게 보고 있는지를 재평가하도록 부축였다.

기독 교사들은 이러한 교육 기술들을 자신의 교육 현장에서 사용할 수 있다. 타문화권에서 가르치는 기독교 교육자들은 다음과 같이 반드시 질문해야 한다.

"어떻게 하면 우리의 전공과 교육을 적절하고 흥미롭게 만들 것인가?"
"어떻게 우리는 학생들이 적용할 기회를 제공할 수 있을까?"

**글렌 T.(Glen T.) | 비교종교학 박사 | 중앙아시아**

나는 매달 한 번씩 '섬기는 전도'에 무슬림이었다가 기독교로 회심한 학생 몇 명씩을 데리고 갔다. 우리는 동네 주변을 다니며 길거리에 떨어져 있는 쓰레기를 주웠다. 이웃들은 궁금해하면서 우리가 무엇을 하고 있는지를 물었다. 처음에 이들은 우리가 미쳤다고 생각했다. 우리는 예수님의 제자들로 예수님이 우리의 마음을 청결케 하기 원하시는 것처럼 우리 동네를 청소하기를 원한다고 대답했다.

하나님은 대개 이럴 때 놀라운 일들을 행하셨다. 예를 들면, 우리가 예수님의 이름을 언급하자마자 한 여인이 말하기를 머리털이 곤두섰다고 말했다. 그래서 우리는 예수님이 함께 하시고 성령님이 그녀를 만지셨다고 설명했다. 혹시 우리가 그녀를 위해 기도할 수 있는지 물었고 그녀는 괜찮다고 했다. '섬기는 전도'를 할 때 이러한 일은 흔히 있는 일이다.

우리는 대개 한 시간 반 정도 청소하는 데 사람들과 이런 식의 대화를 여섯 번에서 열 번 정도 가진다.

최근에 회심한 학생 가운데 한 명은 이 활동에 매우 열심히 참여했는데, 이 활동은 그녀에게 많은 영향을 미쳤다. 참여한 모든 학생은 예수님의 영의 임재와 능력에 대해 간증했다. 이 전도는 학생들에게 예수님이 살아계시고 역사하시고 예수님의 능력과 임재가 사실이라는 것을 보여 주었다.

### 3. 예수님의 제자들과의 관계

예수님은 교사로서 제자들과 관계를 형성하셨다. 예수님은 제자들을 아셨고 이름을 말하며 부르셨다. 기독교적으로 가르치는 것은 학생들에게 관심을 보이는 것을 의미한다. 흔히 이것은 그들의 말을 청취하고 그들에게 인격적으로 관심을 가지고 진심으로 그들의 관심과 행복을 추구하는 것에서부터 시작한다. 예수님은 제자들과 멘토링 관계를 발전시키면서 학생(제자)들의 삶에 투자하셨다.

멘토링은 탁구를 같이 치거나 학술 논문을 점검해 주는 것이든지 간에 학생들과 관계를 형성하고 학생들에게 도움이 되는 것이다. 이것은 학생들과 함께 시간을 보내고 이들을 돌보고 이들의 삶의 방향성을 알려주는 것이다. 모범적인 교사로서 예수님은 제자들을 사랑하셨다. 기독 교사들도 똑같이 해야 한다. 교사로서 예수님의 예를 따른다는 것은 학생들과 이들의 배움이 우리 교수 전략의 핵심인 것을 의미한다.

학생들과 관계를 형성하고 가르치기 위해, 예수님은 당신의 학생(제자)들의 필요를 알았고 이해하셨다. 예수님은 당신의 학생들에 대해 이해할 때 이들의 개별적 필요를 채우는 데 사용하셨다. 예수님은 관심을 일으키고 자신의 교육을 적절하게 만들 수 있었다. 왜냐하면, 예수님은 학생(제자)들을 아셨고 이들을 가치와 존엄성을 지닌 소중한 사람들로 여기셨기 때문이다.

　예수님은 그들이 겪고 있는 어려움과 그들이 주변 세상을 어떻게 이해하는지를 배웠다. 교사들은 모든 교육 활동을 이처럼 계획하고 실행해서 학생들이 성공적으로 배울 수 있도록 도와야 한다.


### 4. 예수님의 전문 분야

　예수님께서 말씀하실 때, 사람들은 들었다. 마태복음은 예수님의 가르침의 영향력을 보여준다.

> 예수님께서 이 말씀을 마치시매 무리들이 그의 가르치심에 놀라니 이는 그 가르치시는 것이 권위 있는 자와 같고 그들의 서기관들과 같지 아니함일러라(마 7:28-29).

　예수님은 권위를 가지고 말씀하셨다. 예수님은 폭넓은 지식과 분별력 있는 지혜를 지니셨고 당신이 가르치는 개념들과 원리들과 생각들로 인도하는 다양한 경로들을 통해 학생(제자)들에게 주제를 효과적으로 전달하고 드러내 보여 주셨다. 예수님은 당신의 학생(제자)들이 놀랄 정도로 지식을 분명하게 소통할 수 있으셨다.
　교실에서 예수님의 모범을 따르는 것은 전문 지식 측면에서 준비되어 있음을 의미한다. 예수님은 지식과 진리를 바탕으로 말씀하셨다.

> 주제에 대해 온전하고 정확한 지시 없이 … 교사는 배움의 과정을 인도하고 지도하고 시험할 수 없다(Gregory, 1884-1982, p. 97).

목적을 가지고 가르치고, 구비하여, 해당 분야의 지식을 가지고 있는 것은 교사로서 그리스도를 따르는 것이 중요한 부분들이다.

타문화권에서 가르치는 기독 교사들은 자신의 분야에 대해 '명확성과 통찰력과 권위'를 가지고 가르칠 수 있어야 한다. 예수님을 본받기 위해, 기독 교사들은 자신의 전문 분야와 교육에 대한 지식과 이해에 있어 지속해서 성장해야 한다. 기독 교사들은 자신의 전문 분야가 어떻게 구성되는지, 다른 학문 영역들과 어떻게 연관되고 실제 상황에서 어떻게 적용되는지를 잘 이해해야 한다. 자신의 전문 분야를 준비하는 것은 복음의 증인으로 사는 삶을 실제로 적용하는 데 있어 매우 중요하다.

**스코트 & 크리스티(Scott & Christy) | 법학 박사 및 교수 | 루마니아**

매 학기마다 수업이 끝나면 우리는 학생을 더욱 잘 알기 위해 이들과 점심을 같이 먹었다. 우리는 항상 기도하면서 언제, 어느 학생을 점심으로 초대할지 보여 달라고 성령께 간구했다.

룰리아(Lulia)는 어릴 때 아버지를 여의었다. 아버지의 추도 일에 너무나 슬펐던 그녀는 "돌아가신 아버지와 피자를 같이 먹든지 아니면 무엇을 하든지 정말 무엇인가 같이 하고 싶다고" 하나님께 기도했다.

크리스티와 나는 이것을 전혀 몰랐는데, 우리가 누구에게 점심을 같이하겠냐고 물었는지 짐작할 수 있겠는가?

그렇다. 룰리아였다.

우리가 어디를 갔는지 아는가?

그렇다. 우리는 그녀를 피자 가게로 데리고 갔다. 그러자 그녀는 자신의 이야기를 우리에게 해 주었다. 자신이 기도하는 것, 즉 자신의 아버지와 함께 하는 것이 불가능한 것임을 알고 있었다고 그녀는 말했다. 우리가 그녀에게 피자 먹으러 가자고 했을 때, 하나님께서 우리를 대신 보내신 것을 그녀는 알았다.

그 뒤로 우리는 룰리아와 매우 가까이 지냈다. 그녀가 장학금을 받아 프랑스에 갔을 때도 그녀는 이메일로 우리와 연락했다. 그녀는 최근에 친구에게 빌린 성경책을 읽기 시작했다.

> 우리를 후원하는 성도 가운데 한 사람이 자신의 성경을 미국에서 그녀에게 보냈다. 룰리아가 예수님을 믿게 되기를 우리는 기도한다.

## 5. 종이신 예수님

예수님은 종이셨다. 예수님은 섬김을 받으시기 위해 오신 것이 아니라 섬기기 위해 오셨다. 타문화권의 비기독교 교육 환경에서 섬기는 기독 교사로서, 우리는 그리스도의 손과 발을 대신하여 부름을 받았다. 이것은 다른 사람을 섬기는 것을 의미한다.

섬김에 무엇이 포함되어 있는가?

종이라는 것은 우리가 겸손하다는 의미이다. 겸손은 종 됨, 친절, 온유의 정신과 행동들을 통해 학생들과 동료들에게 드러나게 된다. 종의 마음을 가지는 것은 가르침 속에서 그리스도를 보여주는데 필수적이다(McAarthy, 2001).

예수님이 친히 종으로 제자들에게 보이신 방법 중의 하나가 제자들의 발을 씻기신 것이었다. 고대 이스라엘에서 발을 씻기는 것은 종이 하는 일이었다. 자존감을 가진 일반인은 결코 다른 사람의 발을 씻기지 않았다. 교사인 랍비가 자기 학생들의 발을 씻는 것은 들어 본 적이 없는 일이었다. 하지만, 예수님은 당신의 학생(제자)들이 겸손, 상함, 무조건적 사랑의 모범을 보여주시기 위해 그렇게 하셨다.

타문화권에서 섬기고 있는 기독 교육자로서, 우리는 "나의 학생들과 동료들의 발을 씻기는 것이 나에게 무슨 의미인가?"

이를 질문해야 한다. 이것은 사람마다 다를 수 있지만, 종 됨의 원리는 변함이 없다. 우리는 우리의 학생들을 겸손과 무조건적인 사랑으로 섬겨야 한다. 그리스도처럼 우리는 우리의 삶을 학생들을 위해 기꺼이 내어놓을 수 있음을 그들에게 보여주어야 한다. 우리는 학생들을 위해 희생하며 살 수 있어야 한다.

우리는 학생들의 교육적, 영적, 정서적인 필요를 채울 수 있도록 도우며 할 수 있는 모든 것을 동원해야 한다. 그것은 채점을 조심스럽게 그리고 분명하게 하려고 수고하는 것을 의미할 수 있다. 또는 교사의 일상적인 직무 이상의 것을 의미할 수 있고, 학생의 외국 대학교 입학 원서 작성을 돕는 것을 의미할 수 있다.

한편, 그것은 교실을 청소하고 쓰레기통을 비우고 책걸상의 줄을 맞추는 사소한 일들을 불평 없이 하는 것을 의미할 수 있다. 우리는 그리스도의 섬김의 태도를 사려 깊게 삶으로 그리스도에게 하듯이 우리 학생들을 겸손의 정신으로 섬겨야 한다.

종으로서 예수님은 사람들의 필요를 채워주셨다. 사람들을 먹이셨고, 치유하셨고, 그들의 삶을 변화시킬 원리들을 가르치셨다. 또한, 예수님은 필요할 경우 사람들을 꾸짖으셨지만, 이들을 향한 예수님의 크신 사랑 때문에, 이들의 열정을 식게 하게 엄히 꾸짖으셨다. 이 모든 것들이 우리가 타문화권의 교실에서 학생들을 섬길 때 따를 수 있는 예수님이 보여주신 예(방법)들이다.

**빌 M.(Bill M.) | 정치학 박사 | 프라하**

내 학생인 가보르는 나를 만나러 오다가 빙판에서 미끄러져서 다리가 부러졌다. 우리는 C. S. 루이스의 『순전한 기독교』(*Mere Christianity*)에 대해서 토론하기 위해 어느 커피숍에서 만나기로 했다. 그는 내게 전화를 해서, 전차 정류장에 빨리 가려고 지름길로 가다가 가파른 언덕에서 떨어졌다고 말했다. 그는 정말 심하게 다쳤다. 나는 그를 찾아 나갔고 충격적이라고 할 정도로 엄청 고통스러워하는 그를 발견했다. 그 날은 무척 추웠다.

그의 무릎은 무척 부었다. 가보르(Gabor)를 부축해서 천천히 언덕을 내려온 뒤에, 나는 그를 차에 태워 병원 응급실로 달려갔다. 그는 하루 종일 먹은 것이 없었기 때문에 의사를 기다리는 동안 그에게 먹을 것을 주었다. 엑스레이 검사와 의사의 검진 결과, 그의 무릎 근처의 대퇴골이 부러졌음을 알게 되었다. 의사는 곧바로 수술하기로 했다. 그래서 나는 가보르의 병원 생활을 위해 몇 가지 물건을 가지러 나갔다.

내가 돌아왔을 때, 가보르의 수술이 아직 끝나지 않았다. 나는 그가 갈아입을 옷과 약간의 돈과 음식을 가져 왔다. (참고로, 체코의 병원에서는 음식과 음료수를 제공하지 않고, 환자 본인이나 가족이 마련해야 한다.) 그는 나를 보고 너무 반가워했다. 그는 방문이 열리기에 자기 어머니였기를 바랐다고 내게 말했다. 물론 나는 그의 어머니가 아니었지만, 그에게 내 휴대 전화를 빌려주어 어머니에게 전화 걸 수 있도록 도왔다(그의 전화는 밧데리가 다 되어 사용할 수 없었다). 그는 마침내 자기 어머니와 통화했다고 정말 좋아했다.

얼마 뒤에 가보르의 부모님이 와서 그를 슬로바키아로 데리고 가서 휴양할 수 있도록 했다. 그는 프라하로 돌아오면, 내게 연락할 것이다. 나는 가보르의 회복과 이번 사건이 하나님께서 그에게 말씀하시는 기회가 되기를 위해 그리고 내가 이 시기에 그에게 전도할 수 있기를 위해 기도한다. 우리는 루이스에 대해 간단히 대화를 나누었다. 아직은 여전히 자신 앞에 놓여 있는 선택을 회피하는 방어적 단계에 있는 것으로 보인다. 하지만, 언제나 그랬듯이 우리는 하나님을 신뢰한다.

### 6. 예수님은 제자들을 위해 기도하셨다

예수님은 제자들을 위해 기도하셨다. 예수님은 제자들의 연합과 함께 악한 것으로부터 보호받기를 기도했다. 또한 제자들의 안전과 미래와 하나님께서 그들을 성화시켜주실 것을 위해 기도했다(요 17:6-19). 예수님은 당신 제자들의 눈과 귀가 열리기를 위해 기도하셨다. 우리도 동일하게 해야 한다. 학생들을 위해 기도하는 것은 학생들과 관계를 형성하고 이들을 섬기는 데 있어 필수적인 요소이다. 또한, 이것은 학생들을 사랑하는 것을 배우는 데 있어 강력한 도구이다. 기도의 능력을 과소평가하지 말라.

기독 교사들이 가르치는 많은 타문화권의 교실들이 기독교 사역이나 전통적인 선교 사역을 불허하는 나라들에 있다. 이러한 창의적인 접근 지역의 대부분 학생에게는 이들을 위해 하나님께 중보기도 하는 사람이 없다. 이슬람(무슬림), 힌두교, 불교, 세속, 사회주의, 무신론적 사회에서 살고 있는 이들의 삶 속에 실현 가능한 기독교 전도가 없을 수 있다. 매일 출석부와 함께 무릎 꿇고 앉아 한 사람씩 이름을 불러가며 기도하는 것은 교사로서 예수님의 모범을 따를 수 있는 가장 뜻깊은 방법들 가운데 하나이다.

기도는 수업 준비의 필수 요소이다. 수업 계획을 위해 기도하라. 우리가 그리스도의 모범을 따르고 교실에서 예수님을 높이려고 노력할 때, 우리는 가르치는 것이 거룩한 소명이며 사역인 것을 이해해야 한다. 교실에 들어갈 때, 우리는 그리스도와 함께 들어가도록 노력해야 한다. 교실에 예수님께서 임재하실 때, 우리 교실은 살아 있는 하나님을 예배하는 성소가 된다.

우리 학생들이 이것을 인지하지 못 하더라도, 하나님을 사랑하는 우리가 우리의 가르침을 통해 하나님께서 높임 받으시기를 기도할 때, 우리는 적극적으로 예배 행위에 참여하는 것이다. 우리가 학생들을 가르칠 때, 교실은 성령님의 기름 부으심을 구하는 거룩한 장소가 된다. 우리 마음과 생각으로 그리스도에게 초점을 맞출 때, 우리의 교육 활동은 거룩한 행동이 된다.

### 7. 예수님은 가르친 대로 사셨다

롤 모델이 되고 언행일치하는 것이 "잘 가르친다"라는 것을 의미한다. 롤 모델은 말뿐 아니라 행동을 통해 다른 사람들에게 영감을 불어 일으키는 데 탁월한 사람이다. 기독교인의 가치와 행동의 본을 보이는 것은 때때로 타 문화권 학생들의 주의를 많이 끌 수 있다.

왜냐하면, 이것은 그들이 늘 보던 것과 다르기 때문이다. 학생들이 성령의 열매(사랑, 희락, 화평, 오래 참음, 자비, 양선, 충성, 온유, 절제)들을 직접 목격하면, 이들은 아마도 왜 여러분이 그렇게 행동하시는지에 대해 궁금해할 것이다.

학생들은 교사의 롤 모델을 따를 것이다. 예를 들어, 교사가 가르치는 주제에 대해 높은 관심과 흥미와 경외감을 보여준다면, 학생들도 자신이 배우는 것에 대한 관심을 끌게 될 가능성이 있다. 비판적 사고와 질문하기를 모델로 보여줌으로써, 학생들은 비판적 사고력을 계발하고 자기 주변 세상을 어떻게 이해할지를 배운다. 교사들은 학생들이 보여주기 원하는 행동들을 결정하고(좋은 것을 가르치기) 그런 뒤에 자기 자신의 교수법이 이런 행동들을 학생들을 위한 모델로 교실 안팎에서 보여 주는지(잘 가르치기) 점검할 필요가 있다.

잘 가르치지 않는다면, 좋은 것을 가르칠 수 없다. 빈약한 교육은 대개 삶을 변화시키지 못한다. 잘 가르치지 않으면, 여러분은 학생들에게 삶을 변화시키는 원리들을 가르칠 수 없다. 타문화권에서 가르치기 위해 기독 교사들은 많은 것을 희생해야 할 수 있고 학생들에게 좋은 것들을 가르치기 위해 어려운 생활 여건을 견뎌야 할 수 있다. 하지만, 교사가 잘 가르치지 못한다면, 그는 비효율적이다.

메리의 교육은 마리아에게 그리스도를 보게 했다. 왜냐하면, 메리의 가르침은 잘 준비되었고 학생들의 배움에 정말로 관심을 가졌고, 어려운 생활 여건 가운데에서도 좋은 태도를 유지했기 때문이다. 그 결과, 메리는 궁극적으로 가장 좋은 것을 가르칠 수 있었다.

그리스도는 긍휼하심을 가르쳤고 그의 학생(제자)들은 예수님이 다른 사람들을, 특별히 사회로부터 배척당하고 무시당하는 사람들을, 긍휼히 여기심을 보았다. 예수님은 이웃 사랑하는 것을 가르치셨고, 그의 학생들은 선한 사마리아인의 이야기를 통해 이웃의 새로운 정의를 배웠다. 가르친 것을 실천하는 것은 자신의 교육과 삶을 조심스럽게 점검하는 것을 요구한다. 이것은 행동의 일관성을 요구한다.

사람은 다른 사람을 관찰할 때 많이 배운다. 학생들은 외국인 교사들을 보면서 의식적으로 그리고 무의식적으로 자신들의 기억에 이들의 행동을 저장한다. 나중에 이것들은 학생들 자신의 직업과 대인 관계와 행동의 모델이 된다.

예수님은 온갖 종류의 사람들을 편안히 대하셨다. 그는 다른 사람들에 대해 참된 관심과 사랑을 가지셨다. 그는 사람들의 출신 배경과 직업과 상관없이 진실되게 사람들에게 다가가셨다. 잘 가르치는 것은 만나는 모든 사람의 소중함을 인정하는 것이다.

C. S. 루이스가 말한 것처럼, "평범한 사람은 없다. 당신은 결코 그저 죽기 마련인 인생과 대화하지 않는다." 하나님의 형상으로 지음받은 인간은 소중하고, 교사로서 예수님의 모범을 따르는 것은 사람들을 교실 안팎에서 존중하는 마음으로 대하는 것이다.

### 8. 타문화권 교실에서 예수님의 방법들을 적용하기

예수님이 가르치신 방법과 문화에 민감한 교사들의 방법을 비교하고 대조함으로써, 우리는 타문화권 교실에서보다 나은 방법들로 섬기는 것에 대한 통찰력을 얻을 수 있다. 빌리가스와 루카스(Villegas and Lucas, 2002)는 문화적 차이들에 적절히 대처하는 교사들의 여섯 가지 특징들을 파악하고 타문화권 교실에서 효과적으로 교수하고 학습할 수 있는 법을 제시하였다. <도표 5>는 문화적으로 적절한 교수의 특징들을 보여주고 이것들을 우리가 예수님의 교수(가르침)에 대해 아는 내용들과 비교한다.

타문화권에서 가르치는 우리 기독 교사들에게 문화적으로 적절히 대처하는 교수는 무슨 뜻인가?

이것은 자신과 다른 사람들과 함께하려는 욕구와 의지를 조성하는 것을 의미한다. 이것은 피상적인 관계가 아니라 문화에 대한 이해를 얻기 위해 노력하는 것을 요구하고 문화가 교수와 학습에 어떻게 영향을 끼치는가에 대해 이해하는 것이다.

타문화권에서 가르치는 기독교인들은 인생을 변화시키는 영원토록 중요한 것의 토대를 가지고 있다. 교사들은 교실 안팎에서 학생들 앞에서 이러한 인생을 변화시키는 원리들을 삶으로 보여줄 기회를 얻는다. 당신이 설교하시고 가르치신 것을 언제나 실천하셨던 모범적인 교사이신 예수 그리스도는 우리에게 그 어떤 교육적 모델보다 낫다.

이 장에서 우리는 그리스도가 당신이 가르치고 멘토링 하고 모범을 보여주신 학생들의 삶에 어떤 차이를 만드시는지를 보았다. 이것을 바탕으로 다음 장은 그리스도의 모범이 타문화권 교실에서 실제로 어떻게 더 구체적으로 적용될 수 있는지를 보여 줄 것이다.

<도표 5>

| 문화적으로 적절히 대처하는 교사들 | 예수님의 교수 |
| --- | --- |
| 문화적으로 적절히 대처하는 교사들은 다른 세계관들과 사회적 교류와 학습에 대한 접근법들이 인종/종족, 성, 사회 계층, 언어, 국적에 크게 영향 받는 것을 인식한다. 그러한 이해는 교사들로 자신들과 학생들을 구분하는 문화적 경계를 뛰어넘을 수 있도록 돕는다. | 예수님은 당신의 학생(제자)들을 이해했다. 그는 그들의 약점과 강점을 알았다. 그는 어부였던 베드로에게("와서 나를 쫓으라 … 내가 너로 사람 낚는 어부가 되게 하리라" [마 4:19]) 하신 말씀과 세관원이었던 마태에게("나를 따르라. … 나는 의인이 아닌 죄인을 위해 왔노라" [마 9:9, 13]) 하신 말씀이 다르다. |
| 문화적으로 적절히 대처하는 교사들은 차이점들을 문제로 보기보다는 학습의 자원으로 보면서, 다양한 배경을 가지고 있는 학생들의 관점을 지지하다, | 예수님은 당신의 학생들을 지지했다. 그는 이들의 다른 관점들을 경청하셨다. 하지만, 그는 진리의 관점에서 부정확한 것들을 비평적으로 도전했다. 야고보와 요한이 출세하기를 원했을 때, 예수님은 다음과 같은 원리를 말씀하셨다("너희는 너희가 구하는 것을 알지 못하는도다" [막 10:36-38]). 그리고 그는 이 상황을 사용하셔서 제자들에게 지도자는 종이어야 하고 처음 된 자가 나중된다는 것을 가르치셨다. |

| | |
|---|---|
| 문화적으로 적절히 대처하는 교사들은 학생들에게 더 나은 교육을 만드는 변화를 끌어내는 의무와 책임이 자신들에게 있다고 믿는다. 그들은 제도 속의 실수들에 어떻게 도전하는지와 학생들의 사고를 진리로 어떻게 응대하는지 안다. | 예수님은 인생의 모든 것에 대한 학생들의 생각을 확 바꾸셨다. 그는 낙타가 바늘귀를 통과하는 것이 부자가 하나님의 나라에 들어가기보다 쉽다고 제자들에게 말씀하셨다(마 19:24). 제자들은 깜짝 놀랐다. 그들은 이런 가르침을 들어 본 적이 없었다. 제자들이 물었다. "그럼 누가 구원받을 수 있나요?" 왜냐하면, 제자들은 부(副)가 하나님의 사랑의 증거라고 믿었기 때문이다. 만약 부자가 천국에 갈 수 없다면 누가 갈 수 있는가? 예수님은 제자들이 세상을 다르게 보도록 동기부여하셨다. 예수님의 교수(가르침)는 적절하면서도 인생을 변화시키는 것이었다. |
| 문화적으로 적절히 대처하는 교사들은 자신의 학생들 이전 지식과 신념들을 파악하고 있다. 이 교사들은 이것들이 학생의 개인적이며 문화적인 경험에서 유래하는 것임을 안다. | 예수님은 학생들의 인생에 대해 엄청난 통찰력을 가지셨다. 그는 학습을 그들의 삶의 일부로 만드셨다. 그는 활동을 그들의 사전 지식과 연결하셨고, 이것을 통해 교훈을 가르치셨다. 예수님은 제자들에게 "너희가 들었으니"(마 5장)라고 말씀하셨고, 당신의 교훈을 이들이 이미 배운 것 위에 쌓아 올리셨다. |
| 문화적으로 적절히 대처하는 교사들은 학습을 학생이 새로운 정보, 생각들, 원리들, 기타 동기들과 같은 가치 있는 것을 학습의 장으로 가져오는 능동적인 과정으로 본다. 이 교사들은 교수(가르침)를 참여로 이해한다. | 예수님의 교수는 학생 중심적이었다. 그는 생각을 북돋고, 학습을 지도하고, 새로운 사고법들을 고려하고 적용하라고 도전했다. 무리를 먹일 때, 예수님은 당신의 학생들에게 말씀하셨다. "너희가 먹을 것을 주라"(눅 9:13). 이들은 기적에 참여했다. 이것은 실제로 하나님이 예비하신 삶에 적용할 수 있는 교훈이었다. |
| 문화적으로 적절히 대처하는 교사들은 학생들이 이미 알고 있는 것에 기초해서 익숙하지 않은 것도 알 수 있도록 수업을 준비한다. | 당신의 학생들이 무엇을 믿는지 유도하기 위해, 예수님은 속내를 알아보는 질문을 했다. "너희는 나를 누구라 하느냐?"(마 16:15에서 베드로에게 물으셨다.) 그는 학생들이 알고 있던 것을 비교했다. "하나님의 나라는 이와 같으니"(막 4:26). 그는 그들이 이해한 것을 사용해서 아주 새로운 교훈/메시지를 이해할 수 있도록 도왔다. 예수님은 익숙한 것들에 도전했다. 예수님의 교수는 진리를 제시하는 것을 중심으로 했고 학생들의 세계관들과 전제들을 깨뜨리도록 했다. |

**로베르타 G.(Roberta G.) | 생물학 박사 | 아시아**

수경은 나의 과학 논문 작성법을 수강했다. 그녀는 첫 주 수업이 끝난 뒤에 남아 있다가 내가 기독교인지 물었다. 그녀는 이전에 다른 외국인 기독교인들을 만났는데, 나도 그런 것 같다고 했다. 그녀는 생물학자가 신앙을 가질 수 있다는 점에 크게 흥미를 느낀 것 같았다. 하나님께서 그녀의 마음속에서 역사하고 있음을 느꼈고, 나는 하나님의 사랑을 그녀와 나눌 기회를 달라고 기도하기 시작했다.

나는 그녀에게 우리 집으로 와서 영화를 보자고 초대했다. 매주 금요일 나는 원하는 학생이 있으면 초대해서 기독교 영화를 보여 주었다. 그녀는 초대에 응했고, 영화가 끝난 뒤에 남아서 나와 이야기를 나눴다.

수경은 하나님을 믿기로 결정했다고 최근에 내게 말해 주었다. 나는 그녀에게 우리 집에서 하는 수요일 저녁 성경 공부에 참석하라고 권유했다. 그녀는 참석하기 시작했고, "왜 예수님이 죽어야 했나?"와 같은 좋은 질문하기 시작했다.

하나님께서 수경을 당신께로 인도하시는 모습과 내가 이 과정에 참여하는 특권을 가졌다는 것은 정말로 믿어지지 않았다. 그녀는 내가 준 이중언어 성경(그녀의 모국어와 영어)을 읽고 있다. 나는 곧 그녀가 예수님을 영접할 수 있기를 기도한다.

## 9. 멀리 더 멀리(심화 학습)

### 1) 생각해 볼 질문들

① 당신이 학생들과 동료와 현지인들에게 섬김의 종이 될 수 있는 실제적인 방법들은 무엇인가?
② 잠재적으로 다른 사람들을 섬기는 것을 저해할 수 있는 개인의 문제들은 무엇인가?
③ 그리스도를 위한 역할 모델이 되는 것을 막는 문제나 상황들은 무엇인가?

이것들을 당신은 어떻게 대처하겠는가?

④ 예를 들어, 당신이 줄 서는 문화가 없는 현지 국가에서 사람들에 섞여서 기다리는 것을 힘들어한다고 가정해 보자. 당신의 전도문이 막히지 않도록 인내심이 없어지는 것을 막기 위해 당신이 할 수 있는 것은 무엇인가?

### 2) 추천 도서

**서적**

Herman H. Harell, *Jesus the Master Teacher*, Written in 1920 but is a great read(Available online at: http://books.google.com/books).

Greg Carlson, *Rock Solid Teacher: Discover the Joy of Teaching Like Jesus*.

LaVerne Tolbert, *Teaching Like Jesus*.

Cliff Schimmels, *Teaching That Works: Strategies From Scripture for Classrooms Today*.

**소논문**
두 논문은 문화적으로 적절한 사례와 본보기로 좋은 자료들이다.

Darrell Whiteman, "Effective Communication of the Gospel Amid Cultural Diversity" *Missiology* vol. 12, no. 3 (1982) (http://www.asmweb.org/missiology.htm).

David Hesselgrave, "The Role of Culture in Communication," *Perspectives on the World Christian Movement: A Reader* (3rd edition).

## 참고 문헌

Friedmann, M. *The master plan of teaching: Understanding and applying the teaching styles of Jesus*. Wheaton, IL: Victor Books, 1990.

Gregory, J. M. *The seven laws of teaching* (Rev. ed.). Grand Rapids: Baker. (Original work published 1884.), 1982.

Lewis, C. S. *The weight of glory* (5th ed.). New York: Touchstone. (Original work published 1949.), 1996.

McCarthy, T. Living with Christian integrity in a global context. *Discernment*, 8(1), pp. 8-9, 2001.

Villegas, A. M., & Lucas, T. *Educating culturally responsive teachers: A coherent approach*. New York: SUNY, 2002.

# 제6장

# 실제적인 교수 제안들

## 1. 타문화 교실에서 효과적으로 가르치는 실용적인 응용 프로그램

오 캡틴!

나의 캡틴이여!

일어나 종소리를 들어보세요.

일어나 보세요.

당신을 위해 깃발이 매달린 채 휘날려요.

당신을 위한 나팔 소리가 진동해요.

당신을 위해 꽃다발과 리본 장식이 된 화환이 준비되어 있어요.

당신을 위해 사람들이 해안가에 밀집해 있어요.

그들은 당신을 목 놓아 불러요.

군중이 요동치며 열망에 찬 얼굴로 돌아봐요.

-월트 휘트만(Walt Whitman)-

클리프 쉬멜즈(Cliff Schimmels)[1] 박사는 미국에 있는 대학에서 1년간 휴가를 내어 아내와 중국으로 갔다. 거기서 클리프는 영어와 교육학을 대학원에서 가르쳤고, 교수 개발 워크숍을 인도했다. 클리프는 무엇을 요청받든지 자신이 할 수 있는 것은 할 수 있을 때마다 도왔다.

클리프는 월트 휘트만의 시, "오 캡틴! 나의 캡틴이여!"를 자신의 학부생들 수업에서 가르쳤다. 클리프는 자신의 중국인 학생들이 휘트만의 단어의 개념을 이해하도록 도움을 주기 위해서 열심히 가르쳤지만, 학생들이 실제로 시의 깊은 의미를 아는지 모르는지 절대 확실하지는 않았다.

학생들이 정말로 이해했을까?

클리프는 항상 자신의 학생들이 학습하는 데 도움을 주는 방법을 생각하고 있었고, 클리프의 교수 전략의 일부는 자신의 학생들과 잘 어울리는 것이었다. 클리프는 학생들의 축구 경기에 갔고, 학생들이 트랙을 달리는 것을 보았고, 학생들과 콘서트에도 참석했으며, 1년 동안 한 번 정도는 대부분의 학생 집에 가서 함께 시간을 보냈다.

클리프가 좋은 선생님이었다고 말하는 것은 매우 정확하지는 않았다. 클리프는 훌륭한 선생님이었다. 그는 항상 자신의 학생들을 위해서 준비가 되어 있었다. 클리프는 결코 필요한 경험과 능력을 갖추지 않고 어려운 수업을 진행하지 않았고, 교실을 신성한 곳으로 보았다. 클리프는 자신이 주제 내용을 잘 파악했다. 클리프는 자신의 분야에서 전문가였으며 가르치는 것을 좋아했다. 클리프가 국내외에 있는 수천 명의 교수와 학생들에게 영향을 주었다고 말하는 것은 과장이 아니다.

---

[1] 클리프 쉬멜즈는 교육에서 어린이 양육에 이르는 주제에 관해 30권이 넘는 책을 집필했다. 세계의 학생들과 동료들에게 엄청난 영향을 끼친 열정적이며 탁월한 교육자이다. 클리프는 휘튼대학(Wheaton College)과 리내학교(Lee University)에서 교육학 석교수였다. 이 장에서 설명하는 것처럼 그는 해외를 넘나들던 훌륭한 신앙인이었다. 클리프는 2001년에 사망하였다. 이 장에 실린 실제적 응용에 관한 내용은 클리프가 신입 교사들을 위해 쓴 『클리프의 노트』(Cliff's Notes)로 불리던 미 출간된 매뉴얼에 기반을 두었다.

중국에서 1년을 보내고, 클리프 박사 부부는 어느 덥고 습한 여름 아침에 자신의 소지품을 꾸려서 오랜 시간의 여정을 거쳐 고향으로 돌아왔다. 그들은 상하이에서 비행기를 타야 했기 때문에 기차로 6시간을 간 후에 그날 아침 새벽 4시가 되기 전에 일어나서 그의 이웃들을 깨우지 않으려고 조용히 자신의 작은 아파트를 떠났다.

그들이 떠날 때 거리 불빛 아래 작은 언덕에서 소란함을 들었다. 회색빛 안개를 머금은 새벽녘이 꽃다발과 리본으로 장식을 한 붉은 깃발을 가진 수백 명의 학생을 보이게 했다. 이들 중 여섯 명의 젊은 청년들이 "오 캡틴! 나의 캡틴이여!"라는 붉은 글씨로 쓰인 커다랗고 하얀색의 현수막을 들고 있었다. 클리프는 그때 학생들이 진심으로 그 뜻을 알아차렸으리라는 것을 알았다.

어느 누가 학생들의 삶에 그렇게 깊은 영향을 미칠 수 있을까?

교사가 그러한 영향을 끼치기 위해 무엇을 해야 하는가?

외국에서 수업하는 동안 학생들과 그렇게 개인적으로 친밀한 단계로 지내기 위해서 내가 무엇을 할 수 있는가?

이러한 유형의 교사는 드물다. 솔직하게 우리 중 많은 사람이 클리프처럼 작별 인사를 할 수는 없다. 그러나, 우리는 어느 정도까지 우리 학생들에게 영향을 줄 것이고 줄 수 있을 것이다. 더 중요한 것은, 효과적이며 영향력 있는 교사들은 자신 학생들의 삶에 영감을 주고 영향을 줄 수 있도록 교수법에 대해 몇 가지 기본적인 사항들을 사용한다.

드웨인 엘머(Duane Elmer)는 캐나다 사람들인 호위즈와 킬리(Hawes and Kealey)가 전 세계의 타문화권 사역의 효율성에 대해 실험한 연구를 인용했다(2000). 호위즈와 킬리는 만족스러운 개인적 적응, 지역 사람들과 긍정적 대인 관계 그리고 과업 성취를 효율성이라고 정의했다(p. 1).

호위즈와 킬리는 이 연구를 통해 맡겨진 일을 잘 할 수 있도록 훈련받는 전문적인 능력(professional competency)이 업무 효율성에 상당히 도움을 주는 것을 보여 주었다.

이 장에서 우리는 타문화권 교실에서 수업하는 데 도움을 주는 실용적인 접근법, 전략들 그리고 도움이 되는 숨겨진 내용을 제시할 것이다. 이것은 서로 다른 문화에서 어떻게 잘 가르치는가의 문제이다. 객관적으로 교수방법론과 교실 수업 구성은 교수에 있어서 제일 중요하다. 그러나, 우리가 강의하는 것 이상으로 교사로서 우리가 누구이냐는 고결함이 학생들에게 영향을 미친다. 클리프 쉬멜즈의 "오 캡틴!" 경험은 한 교사가 전체 학교에 끼칠 수 있는 영향력을 보여준다.

이것은 단지 클리프의 성격만은 아니다. 그것은 차이를 가져온 클리프의 습관이었다. 학생들은 우리의 교육에서뿐만 아니라 우리가 사용하는 의견과 자료로부터 배운다. 학생들은 우리로부터 교실의 안팎에서 자신들을 다루는 모든 것으로부터 배운다. 이런 교훈이 긍정적일 수도 있고 부정적일 수도 있다.

이 장에서 읽었듯이, 당신의 삶에 영향을 끼친 교사들을 생각해 봐라.

동기 유발을 하게 한 어떤 특징을 교사가 가졌는가?

더 중요한 것은 교사들의 사례가 특별한 타문화 배경에서 어떻게 적용되는가?

교육의 몇 가지 기본에 대해 곰곰이 생각해 보고, 어떻게 좋은 교사들의 정체성과 성실성이 자신들의 학생들에 대한 삶에 차이를 가져오는지 살펴보자.

## 1. 도전을 분석하기

일을 잘 했다는 것은 학생을 알고 당신을 학생들에게 데려온 교육 시스템을 이해했다는 것을 의미한다. 분석할 내용은 다음과 같다.

① 만약 가능하다면 그곳으로 이주하기 전에 지역 문화와 학생들을 조사해라.
② 정부나 교육부가 교육에 대해 어떤 접근법을 사용하고 있는지 찾아 보아라(유엔교육과학문화기구[UNESCO]의 웹사이트 http://www.unesco.org를 볼 것).
③ 그들이 학습에 있어서 교사-중심 또는 학생-중심 교수법을 사용하는지 살펴보라.
④ 그들의 학습 스타일(가드너의 다중지능이론을 위해 "부록 C"를 볼 것)을 발견하고, 수업과 평가를 계획하는 정보로 사용하라.
당신의 특별한 상황을 위해 이러한 아이디어를 적용할 필요가 있다.

다음에 나오는 적용법은 우리가 '클리프 노트'를 변형한 것이다. 이러한 것들은 당신의 수업 상황, 문화 문제, 학생 연령 그룹 그리고 교수 스타일에 맞춰서 적용할 때 필요한 아이디어 및 제안들이다.

## 2. 교육을 위한 실제적 적용

### 1) 수업 전

#### (1) 옷을 현명하게 선택하라

① 학생들의 주의를 산만하게 하지 말라. (허영심이 있다고 학생들이 생각할 정도로 너무 치장하지 않는다. 그러나, 비전문가처럼 보이게 입지는 않는다. 옷차림이나 헤어스타일로 산만해지지 않도록 하고, 과거의 교수를 생

각해 본다. 분명히 적어도 그 교수의 옷차림새가 너무나 특이해서 당신이 최면에 걸린 것처럼 강의를 들을 수 없었던 한 교수를 기억할 수 있을 것이다. 그 문화에 적합하게 옷을 입는다. 단, 몇몇 대학은 교수가 청바지를 입는 것을 허용하지 않는다.)

② 동료들이 무엇을 입는지 찾아보고 그것에 맞추어 적절하게 입도록 하라.

### (2) 교육 목표로부터 계획을 세워라

① 수업 계획 없이 교실에 결코 걸어 들어가지 말라(교육 목표를 갖는 편이 낫다).
② 한 시간 가량 수업의 목적과 목표를 쓰고 그것들이 전반적인 수업 계획서와 일치한다고 분명히 하라. (이것을 캠퍼스로 사용하면 당신은 과목을 계속 유지할 수 있다[수업 계획 서식을 위해 "부록 A"를 보기].)

### (3) 학생들의 이름을 알아라

① 교실에서 효율적인 교육을 위한 가장 효과적인 도구는 학생 개개인의 이름을 아는 것이다. 착석 차트를 만들고, 출결을 조사하고, 명찰을 만들고, 각 학생의 디지털 사진을 찍고 이름과 함께 표시하라(어떻게 그것을 하느냐가 문제가 아니다. 그러나, 당신은 그것을 필요로 한다).
② 학생들을 위해 매일 기도해라. 왜냐하면, 학생 출석부에 대해 기도를 하면 학생들의 이름을 기억하는 데 도움이 된다(메모-사신이 몇몇 무슬림 국가에서 금지됨. 현지 문화에서 적합한지 체크를 요망함).

### (4) 목표에 기여하는 방식으로 가구를 배치하라

① 토의 그룹을 원한다면 책상을 옮길 수 있다는 것을 확실히 할 필요가 있다. 여러 나라에서는 책상과 걸상이 볼트로 고정되어 있다.
   교실이 그러한 상황이라면 그것들의 볼트를 뺄 수 있도록 허락을 받아라.
② 교실을 학습하기에 좋은 장소로 만들 방법을 찾아 보아라(걸상만을 원하고 나머지는 필요 없다면 그렇게 하라).
③ 교실은 마음대로 하지만 왜 가구를 옮기는지를 알도록 하라.
④ 변화를 위해 학생들을 준비시키고 당신의 목적이 목표와 어울리는지 확인해 보아라.
⑤ 동료에게 '다른' 교수법을 정당화시키기 위해서 건전하고 심사숙고를 통해 교육적인 주장을 하고 있다는 것을 주지시켜라.

### (5) 토픽이나 주제와 관련된 게시판이나 포스터를 붙여 놓아라

① 이러한 소재들을 통해 당신의 주제 문제를 강화시켜라(예를 들면, 사업 경영 수업을 위해서 '직업안전건강청'[www.osha.gov]의 게시판을 잘 이용하라).
② 영어 수업을 위해 영화 포스터를 전시하라(이러한 것과 겸손의 문제에 관해 문화적으로 민감한 등등).
③ 역사를 가르치면 당신이 좋아하는 역사적 인물들의 사진을 이용하라.
④ 학생들이 자신의 언어가 아닌 다른 언어로 주제 문제를 학습할 때 정말로 한 개의 사진에서 천 개의 단어들을 색칠한다. 만일 교

실이 자주 바뀐다면, 가끔 당신의 게시판과 포스터도 이동 되어야만 한다. 몇몇 나라에서 교실에 남겨진 물건을 훔칠 가능성이 클 가능성이 있다. 무엇이 작동할지 찾도록 하고 그것에 따라 조정하라.

> **목표(Objective)**: 학생이 당신의 수업을 통해 학습할 기술, 능력, 혹은 내용 지식을 설명하는 구체적인 진술문이다. 목표는 일반적으로 수업 계획서에서 목적과 관련이 있다.

### (6) 칠판 위에 목표를 적어라

① 매일 당신이 어디로 학생들을 데리고 가는지 안다고 학생들에게 확인시켜라(학생들은 자신들의 안내자로서 당신에게 기대를 건다).
② 당신과 학생들을 위해 그것을 보드 위에 써라(예를 들면, "오늘의 수업 목표는 밀에 있는 수분을 측정하는 새로운 방법을 계산하는 것" 혹은 "오늘의 수업 목표는 묘사하는 문단을 쓰는 것").

### (7) 규칙들을 붙여 놓아라

① 수업 시간에 껌을 씹는 것을 원하지 않으면 그렇게 하라.
② 음료를 허용하지 않는다면 담배를 피우거나 침 뱉는 것도 허용하지 말라(심각하게도 이것은 몇몇 나라들에서 커다란 문제이다).
③ 핸드폰을 끄기를 원하거나 영어 이외의 언어로 교실에서 말하는 것을 원하지 않는다면 규칙을 나열한 포스터를 만들어 교실에 붙여 놓아라.

이러한 것을 통해 학생들이 당신의 기대감을 알고 이러한 규칙의 배후에 있는 논리와 사고를 설명함으로써 교육하는 기회로 사용할 수 있다. 가끔 적절한 교실 행동에 대해 이해가 부족한 몇 명의 학생을 보게 되는데 이러한 것이 학습 환경을 심각하게 방해할 수가 있다. 학급 경영은 항상 어려운 이슈다.

해외에서 가르치는 동안 테리는 '다섯 가지의 중요한 규칙'이라고 명명한 것을 언급한 포스터를 제작한 것이 도움이 되었다는 것을 알게 되었다. 테리는 두 가지 이유에서 이것을 사용하였다.

**첫째**, 이것은 학생들에게 지적할 무언가를 전달하기 때문에 테리가 반복해서 규칙을 말할 필요가 없었다.

**둘째**, 학생들이 "잊어버렸어요" 또는 "그렇게 말한 것을 기억하지 못해요"와 같은 변명을 하지 못했다.

국내 교사들은 가끔 자신들의 학생들도 사용할 수 있도록 테리가 공동으로 사용하는 방에 포스터를 계속 붙여놓기를 원했다. 동료에게 훌륭한 영향을 끼친 이 사례는 잘 운영된 학급 경영의 한 가지 전략이다.

이 생각을 교실에 적용할 필요가 있다는 것과 교육 수준과 교육 스타일을 강조하는 것을 명심하고 학생이 학습할 수 있도록 적합한 교실 행동을 위해 중요한 규칙을 개발하고 실행하는 것이 대단히 중요하다.

### (8) 보드 위에 매일 인용구를 붙여 놓아라

① 당신이 때때로 그것을 설명할 수 있지만, 항상 그렇게 할 필요는 없고, 그것을 가끔 학생들이 곰곰이 생각할 수 있도록 하라.
② 많은 미국인이 데이비드 레터만(David Letterman)의 탑 10 리스트(top-ten lists)를 즐기는 방식처럼 그 날의 인용구를 좋아하게 될 것이다. 원한다면 어떤 목적을 위해 인용구를 사용하라.

③ 당신의 수업을 도와주거나 향상하는 인용구를 사용하되 인용구가 당신의 세계관을 반영하더라도 겁내지 말라.
④ 선교지가 허용한다면 성경 구절을 인용구와 함께 사용하라(그렇게 하는 것이 적절하지 못한 나라에 있다면 인용구의 원전을 항상 쓸 필요가 없다. 예를 들면, "마음의 즐거움은 양약과 같으니라"[잠 17:22의 일부]).

### (9) 자신의 과제를 수행하라

① 그것이 선교지 문화에서 가능한지 확인하라(학생들이 20페이지 분량의 과제를 연구할 자료를 가지고 있는가를 확인한다).
② 그렇게함으로써 당신이 다루는 강의나 원칙을 강조하도록 하라.
③ 맹목적으로 연습 문제 이면의 목적을 모른 채 일을 부여하지 말라.
④ 학생들에게 소일거리를 주지 말라.

## 2) 수업 시작

### (1) 수업이 시작할 때마다 문에서 학생에게 인사하라

그것은 학생들이 들어 올 때 선생이 일찍 그곳에 있어야 한다는 것을 의미한다.

① 학생들을 개인으로 연결해 보자.
② 학생들의 존재와 중요성을 인정하라.

③ 어떻게 학생들의 날이 지나가는지 물어봐라.
④ 또는 가족 구성원에 관해 물어봐라.
⑤ 각자에 대해 관심을 두자(학생들의 나이가 어떠하든지 이것은 필수적으로 중요하고, 또한 당신이 돌보고 그들이 혹 문제가 있는 것을 그들에게 보여준다).

**(2) 가능하면 정시에 시작하라**
당신은 학생들이 닮고자 원하는 행동을 모델링하고 있다.

① 예정된 수업을 시작함으로 당신은 학생들에게 자신들의 시간을 가치 있게 여기게 하며 그래서 그 주제가 당신에게 중요하다는 것을 보여 주어라.
② 그러나, '정시에'라는 개념은 문화마다 변한다는 것을 기억하라.
③ 학생들과 시간에 관해 당신과 학생들의 신뢰를 토론해 보자.
④ 수업의 시작에 관해서 합의에 이르러 보도록 하자.(예를 들면 중동의 대학에서 학생들에게 수업에 정시에 오게 하는 것에 대해 낙담을 했기 때문에, 마이크는 공식적으로 계획된 것보다 15분 더 늦게 수업을 시작하기로 했다. 그 후에 마이크는 정시에 도착한 학생들과 여분의 시간을 이용하여 학생들과 만났다. 그들은 수업의 관심사를 토의 했거나 마이크가 학생들의 과제를 도와주었다. 왜냐하면, 학생들이 마이크와 이야기하고 여분의 도움을 받기 위해, 계획된 시간 이전 30분에서 45분에 도착했기 때문에, 정말로 생산적인 방법으로 문제가 해결되었다. 결과적으로 점점 적은 수의 학생들 만이 수업에 늦게 왔다.)

### (3) 수업 첫날에 당신 학생들이 서로 안다고 추측하지 말라

① 학생들 스스로 소개하도록 하라(종종 우리가 낯선 나라에서 이방인이 되었을 때 모든 주변 사람과 안면이 있다고 생각한다. 그게 아니다).
② 가능하면 수업 첫날 학생들을 소그룹으로 나누어 서로(또는 알지 못하는 누군가와)간에 좋아하는 음식, 좋아하는 소설 그리고 학교에서 좋아하는 과목 같은 것에 관해 인터뷰를 하도록 하라. (교실 내에 커뮤니티를 만들면 학생들은 당신과 서로 서로 더 잘 반응 할 것이다. 주의할 점은 질문이 문화적으로 적절하며 학생들에게 짝을 만들게 할 때는 성별의 문제가 고려 되어야 한다.)

### (4) 스타터(starter)를 이용하라

몇몇 교육자들은 이것을 '서론'이라고 부른다. 그것은 학생의 관심과 관련하여 학생의 생각을 수업에 초점을 맞추는 간단한 행위 또는 이벤트이다. 그것은 당신이 학생의 관심을 얻기 위해 사용하고 기조를 정하기 위한 도구이다. 그것은 두 개의 목표를 갖고 있다.

① 학생들이 당신 수업에서 자신들이 있는 곳에서부터 있어야 할 필요가 있는 곳까지 정신적, 감정적, 신체적 변이를 느끼도록 돕는 것.
② 그 날의 단원을 소개하고 토픽과 목표에서 몇 가지 종류의 흥미를 자극하기(사례: 관련된 이야기, 개방형 질문, 단원과 관련된 인용구, 신문이나 TV에서 최근 뉴스 목록, 퍼즐 혹은 수수께끼).

## 3) 수업 중

### (1) 약간 몸을 움직이도록 하라

① 비록 당신 학교에서 표준 관습이더라도 강의용 책상 또는 책상의 뒤에 서는 습관을 갖지 말라.
② 강의용 책상 뒤에 서 있는 교수들에 익숙한 학생들과 같은 문화적 이슈들을 명심하도록 하라.
③ 천천히 학생들을 교실에서 움직이는 당신의 교사 '철학'을 소개하라.
④ 당신이 새로운 무언가를 시도하고 있다는 것을 주의시키고 교실 주위를 옮겨 다녀라.
⑤ 보조를 맞추지 않도록 조심하고 호주머니에서 잔돈으로 짤랑짤랑 소리를 내지 말라.

### (2) 칠판 위에 쓴다면 방해가 되게 하지 말라

① 가끔씩 잘 가르치는 것은 단지 상식과 실용적 사고의 문제이다. 당신의 학생이 인간이라는 것을 명심하라(교사로서 당신은 학생들이 필요로 하는 것을 예상하여 칠판 위에 당신이 가진 능력을 발휘해야 한다).
② 칠판 위에 쓴다면 방해가 되지 않게 움직이고 당신이 쓴 것을 학생들이 볼 수 있는 충분한 시간을 주도록 하라.
③ 기술을 사용할 수 있는 사람들에게 당신이 파워 포인트 슬라이드를 보여줄 때 프로젝터 바로 앞에 서서 방해가 되지 않도록 하라.

### (3) '목적이 이끄는' 칠판(혹은 파워포인트)을 가지도록 하라

① 학생들은 칠판 위에 쓰인 것 혹은 파워포인트에서 강조된 그 어떠한 것도 중요하다고 믿는 경향이 있다.
당신은 그것을 유리하도록 사용하라.
② 지우거나 다음 슬라이드로 넘어가기 전에 학생들에게 그것을 모두 받아 쓸 충분한 시간을 주어라.
③ 일반적으로 당신은 칠판에 쓴 내용에서 필기 시험을 낼 것이기 때문에 노트한 것을 기억하도록 하라.
④ 이러한 도구들을 현명하게 사용하라. 왜냐하면, 대부분 학생은 칠판 위에 쓴 것이 말한 것보다 더 중요하다고 믿기 때문이다.

### (4) 대결과 갈등을 예상하고 그것에 대해 잘 준비하라

테리가 중국에서 가르칠 때 자신의 반에 한 학생이 있었는데 그 학생의 아버지가 지역에서 영향력 있는 지도자였다. 이 학생은 계속해서 수업을 방해했고 핸드폰으로 전화하고 적절치 못한 발언을 했는데 이런 행동은 학생들이 보통은 대학의 교수를 존경하는 중국에서는 드문 상황이었다. 테리는 이 젊은이가 급우들 앞에서 체면을 깎이게 해서는 안 된다는 것을 알 정도로 중국의 문화를 충분히 이해했다.

테리는 또한 정치적 상황에 관해 알고 있었다. 그래서 학생의 아버지가 지도자였기 때문에 이 학생을 화나게 함으로써 더 많은 문제를 일으킬 수 있다는 것도 알고 있었다.

테리는 기도했고 하나님께 이 학생을 다루는 데 지혜를 달라고 요청했다. 문화적인 상황에 관한 기도와 생각을 한 후에 테리는 계획을 구상했다. 테리는 대학에서 수업 당 얼마나 돈을 지불하는지 계산을 했고 그 액수의 돈

만큼 봉투에 넣었다. 다음 수업에서 테리는 봉투를 방해하는 학생에게 주었고 학급에서 말했다.

"왕 군이 이 학급을 가르치는 데 나보다 더 훌륭히 준비가 되었군요. 여러분 모두에게 영어를 가르칠 임무를 맡기려고 내 임금을 왕 군에게 지불하는 거예요."

그리고 테리는 집으로 갔다. 테리는 중국 문화가 개인 대 개인 간의 대결이 아닌 집단으로부터 압력이 왔을 때 가장 잘 작동된다는 것을 알았다. 테리는 또한 이 학생의 규율을 잡는 것이 선택이 아니라는 것을 알았다. 왜냐하면, 이 학생을 수업에서 내보내는 것은 가능하지 않기 때문이었다.

한 시간도 안 되어 학생 대표가 테리의 아파트 문을 두드리며 제발 교실로 돌아와 달라고 하며 왕 군이 더 이상 문제가 되게 하지 않겠다고 했다. 왕 군은 더 이상 문제가 되지 않았다. 학생들은 학급에서 졸업이 필요했으므로 자신들의 학우에게 수업을 방해하지 말아 달라고 압력을 가했다.

### (5) 학생들에게 가능하면 자신들의 필요와 바라는 것에 맞추어 수업 지도안을 짜도록 하라

이것은 과목 목표가 학생들의 필요와 일치하지 않으면 당신이 준비한 과목 목표와 작은 프로젝트 몇 가지를 바꾸거나 없애는 것을 의미한다. 예를 들면 한 명의 젊고 경험이 부족한 영어 교사가 영어 메뉴를 사용하는 식당에서 주문하는 법을 학생들에게 가르치려는 계획을 세웠다.

이 여교사는 이 지도안을 미국에서 ESL 학생들과 함께 사용했는데 상당히 잘 운용되었다. 이 여교사는 새로운 학생 중 아무도 자기 나라를 떠난 적이 없으며 영어 메뉴를 사용한 적이 없다는 것을 깨닫지 못했다. 지도안이 아무리 자신의 고국에서는 잘 운용되었다고 해도 이 학생들에게는 적합하지 않았다.

### (6) 6가지 중요 질문에 응답하라

이것은 누구, 무엇, 언제, 어디, 왜 그리고 어떻게를 의미한다. 가르치는 것은 의사 소통하는 것이고 훌륭한 의사 소통은 중요한 질문과 같은 것에 가능하면 많이 응답하는 것을 필요로 한다.

수업 지도안과 학급 활동을 준비할 때 이러한 질문에 생각해 보라.

① 왜 이 자료가 중요한가?
② 이 원칙 혹은 사고 또는 사건의 배후에 있는 유력자는 누구인가?
③ 이것에서 끌어낼 수 있는 지도안은 무엇인가?
　우리가 적용할 수 있는 것은 무엇인가?
④ 그것을 언제 이용하는가?
　언제 그것이 발생할까?
　그것이 언제 바뀌었나?
⑤ 그것이 어디에서 가장 많이 사용되었나?
　그것이 어디에서 발생했나?
　그것이 어디에서 유래 됐나?
⑥ 그것이 어떻게 삶에 영향을 끼쳤나?

새 아이디어를 소개할 때 분명하게 새로운 개념과 원칙을 설명하라.
이러한 것을 위해 강사가 가능하면 많이 중요한 질문들에 대답할 필요가 있다.

### (7) 간격을 두고 가르쳐라

시작, 중간 그리고 미무리의 같이 단순한 간격을 사용할 수 있다. 연구를 통해 밝혀졌듯이 대부분 성인이 약 15분의 집중 지속 시간을 갖고 있는데, 수업 지도안을 강의, 그룹 토의, 학생 발표 그리고 복습 등 몇 가지 활동으로 쪼개면 약 1시간 분량의 자료가 된다.

### (8) 벽에 대고 이야기를 하는 느낌이 드는가

① 학생들이 당신의 말을 듣는지 점검해 보라.
② 특별한 질문을 특별한 학생에게 하라(예를 들면 "Karl," 자신의 사업을 하는데 첫 번째 원칙이 무엇인가?)
③ 질문에 대답하는 데 익숙하지 않은 문화에서 왔다면 묻고 질문하는 법을 가르쳐라.
④ 처음에 종이 위에 질문을 쓰도록 해서 하나의 과정으로 쉽게 할 수 있도록 하라.
⑤ 당신의 수업에서 성공에 필요한 도구들을 주어라.

### (9) 학생들에게 아이디어를 보여 줘라

① 단지 학생들에게 말하지 말라.
② 빨리 당신의 수업에 관해 생각하라.
③ 당신의 목표와 그것을 이행하는 데 사용할 모든 용어에 관해 생각하자.
④ 그리고 당신의 학생들이 아이디어를 알 수 있는 방법을 계획해 보고 기억하라(즉 하나의 그림에서 천 개의 단어를 색칠한다).
⑤ 사례 연구와 수많은 삽화와 보기를 사용하라.
⑥ 추상적인 것을 설명하기 위해 구체적인 것을 사용하라. (예를 들면 복제에 관한 찬반에 관한 과학 강연에서 단지 복제가 결점이 있다고 말하지 말라.)
⑦ 학생들에게 보여 주어라. ("복제가 단점이 있다고 생각한다. 제공자의

약점이 클론[복제]으로 전이 될 것이다. 만일 아놀드 슈왈즈네거의 전체 군대를 복제한다면 당신의 적이 해야만 할 것은 아킬레스건을 발견해서 당신의 전 군대를 파괴하는 것이다. 양과 소와 인간에게 있어서 다양성은 좋은 것이다." 연관시킬 수 있고 포착할 수 있는 삽화는 학생들이 원칙에 감추어 있는 내재하는 추상적 이론을 이해하는 데 도움을 준다.)

(10) 경청을 가르쳐라

① 듣기(hearing)와 경청(listening)의 차이를 알라(즉, 학생들이 또한 이 차이를 이해하도록 도와라).
② 듣기는 단순히 소리를 수신하는 것이라면, 경청은 수신된 메시지의 정신적 과정이다.
반드시 학생들이 경청하는 법을 배우고 단순히 듣지 말도록 하라.

(11) 사라진 개념을 찾아라

① 학생들이 파악하지 못하는 것을 찾아서 접근법을 재구성하라.
② 한 가지 방식 이상으로 개념을 제시하도록 하라.
③ 처음 시도했을 경우 학생들이 그것을 이해하지 못하면 낙담하지 말라.

(12) 소그룹을 적절하게 사용하라

교육학은 이것을 협동 학습(collaborative learning)이라고 부른다. 연구에서는 장 피아제(Jean Piaget, 1896-1980)가 옳았음을 보여준다. 어떤 사람들은 공동체에서 더 잘 배운다. 소그룹은 풍성하게 학습 과정을 개선할 수 있는 환경을 제공한다.

협동 학습은 학생의 사회적 기술을 발달시키고 학생의 자존심을 높이고 학생의 학력을 높이고 능력 있는 학생이 능력 없는 학생을 돕고 학생의 성공에 관한 전체의 목표를 충족하도록 자극을 준다(Slavin, 1990; Cruickshank etc., 1999).

게다가 교실 내의 소그룹을 통해 학생이 기회를 잡아서 새로운 개념을 발표할 안전한 환경을 조성할 수 있다. 학생들은 소그룹에서 문제를 풀고 언어를 연습하고 예술 또는 문학 작품을 비평하거나 정치가가 관직에 오르는 것과 같은 프로젝트를 만들어 교실 내에 공동체를 만든다. 그룹은 학습을 위한 더욱 실제적인 사회 환경을 준비한다(http://teaching.berkeley.edu/bgd/collaborative.html. 협동 학습 경험에 관하여 보라).

> 협동 학습은 학생들이 짝을 이루거나 소그룹으로 구성된 학생들이 자신들의 개인적인 능력과 재원을 결합하여 창조적 해결책을 발견하고 과업을 수행하거나 프로젝트를 디자인할 수 있도록 하는 상호 작용적 접근법(interactive approach)이다.

### (13) 학생들에게 큰 밑그림을 보여 줘라

"당신은 언젠가 이것이 필요할 것이다. 왜냐하면, … "혹은 " … 때 이것이 알기 위해 필요하다." 이것은 동기와 명확성을 제공하며 학생들이 배우기 원하는 것을 돕는다. 왜냐하면, 학생들이 이 수업을 실제 삶과 연결할 수 있기 때문이다.

### (14) 학생들에게 생각하도록 하라

① 주제 문제를 다룰 때 생각하는 기술을 사용할 기회를 제공하는 전략을 만들어라.

② 시뮬레이션과 쓰기 과제를 이용하라.

③ 질문과 브레인스토밍을 이용하라.

④ 창조적인 사고와 문제 해결 능력을 만들 수 있는 연습 문제를 제시하라.

윤리 수업을 위한 사례가 다음과 같다.

"유리야! 만일 네 부인이 죽어가고 있는데 네가 살 수 없는 약이 필요하다면 무엇을 하겠니?"

"인간의 생명을 구하기 위해 훔치겠니?"

⑤ 학생들에게 가르치는 원칙 또는 개념에 관해 생각해 보도록 하라.

### (15) 질문하는 능력을 개발하라

① 질문과 대화하는 소크라테스 방법을 가지고 가르치는 법을 배우라(이 장의 끝에 있는 웹사이트를 참조).

② 학생들이 그것을 사용하도록 준비시켜라. (질문할 때 학생들이 대답함으로써 개념을 종합하고 자료를 요약하는 것을 돕는다.)

### (16) 학생들의 약점이 있는 것을 존중하라

① 학습 과정은 겸허한 경험이다. 전체 학급 앞에서 학생들을 당황하게 하지 말라.

② 학생들이 더욱 효과적으로 학습할 수 있도록 신뢰를 쌓아라.

③ 학생들이 학습하고 개발하고 심지어 실수할 안전한 곳에 있다는 것을 알게 하라.

(17) 과제를 내주고 꼭 그것을 읽도록 하라

① 과제를 내준 것을 알도록 하라.
② 텍스트와 자료에 친숙해 지도록 하라. (방심하게 되면 학생들은 가르치는 사람이 준비가 안 됐든지 지식이 없다고 생각한다. 더 심각해지면 당신이 학생들을 돌보지 않는다고 생각하며, 학생 자신들이 중요하다고 생각하지도 않으며, 자료가 중요하지 않다고 생각한다.)

(18) 당신이 개인적으로 읽는 것을 나눠라

① 당신이 읽고 싶은 것과 현재 읽고 있는 것을 학생들에게 정보를 주어라(당신이 경영, 농업 혹은 영어를 가르친다고 해도 문제가 되지는 않는다).
② 학생들이 읽기에 관한 당신의 평가를 알게함으로 당신에 관한 통찰력을 갖게 하라(이를통해 학생들이 읽기에 관한 상당한 관심을 갖게 될 것이다).

**빌 W.(Bill W.) | 법학 박사 및 교수 | 아시아**

나의 처음 모의 재판 팀의 학생인 모니카가 나와 내 부인의 좋은 친구가 되었다. 모니카가 주례 책 클럽 모임의 정규 참석자가 되었다. 이번 부활절에 상당한 공부와 기도, 숙고 그리고 '비용 견적 내기' 후에 모니카는 우리에게 기독교인이 되겠다고 말했다. 우리는 부활절 아침에 환희에 차서 모니카와 다른 두 명의 새 신자와 성찬을 나누며 예수 그리스도의 부활을 기념했다. 이제까지 우리가 경험했던 최고의 부활절 아침 중의 하나였다.

### (19) 학생들이 기억할 수 있도록 쓰기를 활용하라

① 학생들이 수업에서 배운 것을 반복하고 기억해 낼 수 있도록 할당된 쓰기 연습을 계획하라.
② 단원에서 도입한 원칙 혹은 개념에 대해 생각할 도구로써 쓰기를 사용하라.

### (20) 시험을 어떻게 볼 것인지 가르쳐라

① 질문 유형 별로 여러분이 원하는 답이 무엇인지 학생들에게 설명하라.
② 학생들 가운데에는 한 번도 개방형 질문이나 에세이 질문을 접해 보지 못한 이들도 있을 수 있다.
학생들에게 시험 문제를 그냥 던져 놓지 말고, 시험을 대비할 수 있도록 도와주어라.

### (21) 확신을 두고 말하라

이 확신은 철저한 준비로부터 올 필요가 있다. 즉, 그것은 단지 하나의 행동이 되어서는 안 된다. 몇몇 문화에서는 교사가 이렇게 말하는 것이 적절하지 못하다.

"모르겠는데." 대답할 것을 알지 못하는 질문을 받았을 경우 이런 식으로 답한다.

"좋은 질문이야. 그 질문에 대해 완전하고 의미 있는 답을 주고 싶어. 오늘 일시적으로 중단을 히고 내일 우선적으로 심도 있게 그것을 나누어 보도록 하자."

그런 후, 집에 가서 정답을 알기 위해 미친듯이 공부한다. 이것은 특히 젊은 교사들에게는 중요하다. 모든 문화가 투명함을 감사하지는 않는다. 당신이 "모르겠는데"라는 반응을 지식의 부족과 약점이라고 여긴다.

1년 내내 당신이 신용을 잃을 수 있다. 그래서 현명하게 주의를 기울이도록 하며 정답을 알 때까지 모르는 질문은 미루도록 노력하라.

### (22) 꿈을 키워라

무언가를 하도록 영감을 불러일으킨 좋아하는 선생님을 기억하는가?

위대한 지도자를 만들 거라고 누가 당신에게 말했으며 또는 재능이 있는 예술가였다고 당신에게 이야기 했는가?

① 행동을 바꿔라.
② 학생들이 자신의 잠재력을 보도록 도와줘라.
③ 다음과 같이 구체적으로 하라.
  "주앙 까를로스, 오늘 발표가 훌륭했어."
  "교사가 되는 것을 생각해 봤어?"

### (23) 칭찬을 듣는 법을 배워라

① 한 학생이 당신에게 진심으로 칭찬을 했다면 그것을 수용해서 깊이 느끼도록 하라.
② 학생들이 잘 했을 때 개념을 포착하던지 혹은 주제 문제에 대한 새로운 접근법을 배워라.
③ 그것이 모든 찬사이며 당신의 가르침에 대한 긍정적인 측면에서 심사숙고하라고 생각하라.
④ 시간을 두고 그것을 즐기도록 하라.

### (24) 마무리할 시간을 주어라

① 그 날의 수업 내용을 복습하라(즉, 누군가에게 요약하라고 요청하고, 그날 수업을 이전의 수업과 연결하고 전체의 학습에서 그것의 중요한 역할을 보여 주라).
② 학생들에게 쓰라는 요청을 해서 3분 '쓰기'를 시행하라.
- 학생들이 학습한 하나의 개념.
- 학생들이 이해하지 못한 하나의 개념.
- 학생들이 이미 알았던 수업에 관한 한 가지 개념.

③ 이러한 요점을 사용하여 다음 수업을 계획하는 데 도움을 주어라.

## 4) 수업 후

### (1) 학생들이 떠날 때 잘 가라고 말하라

이 학생들이 당신의 학생이기 때문에 중요하다. 그들은 당신으로부터 듣고 배운 내일의 지도자들이다.

① 격려하고 미소를 짓고 당신 집에서 했던 과제와 활동 혹은 영화를 함께한 밤을 기억나게 하라.
② 그들에게 당신이 좋아한다는 것을 알게 하고, 그래서 학생들이 당신 수업에 참여하고 있다는 것에 기뻐한다는 것을 알게 하라.

예를 들어, 한 명의 루마니아 대학생이 자신의 미국인 대학 교수에게 말했다.

"당신이 내 생애 가운데 나에게 이름을 불러준 최초의 교수이나."

### (2) 일을 개인적으로 수용하지 말라

학생들이 어려운 단계에 놓여 있고, 종종 룸메이트, 인간관계, 연애 문제와 일련의 다른 근심거리로 어려움을 겪는다. 학생들이 우울할 수 있다. 그것은 당신에 관한 것이 아니다. 그것을 절대 개인적으로 수용하지 않는다.

### (3) 자신의 교실을 청소하고 쓰레기를 내다 버려라

교실을 깨끗하고 단정하게 유지하라.

그렇게 함으로써 학생들과 동료들에게 우렁차게 말할 것이다. 당신의 교실은 성스러운 곳, 즉 지성소로서 그곳에서 준비하고, 학생들에 대한 사랑과 연민을 갖고 공개적으로 표출되든 안 되든 상관없이, 하나님께 대한 영광을 가져오기 위해 예배를 드린다. 당신의 교실에 대해 학생들의 존경을 위한 표본을 만들면 학생들이 존경심을 발전시켜 나갈 것이다. 당신의 학생에 대한 사랑은 당신이 교실을 청소하는 단조롭고 지루한 과업을 하는 개인적인 의지 때문에 나타난다.

### (4) 학생들의 페이퍼를 읽고 등급을 매겨라

① 적절한 방식으로 학생들에게 점수를 매긴 과제를 돌려줘라.
② 학생들에게 마감일까지 과제를 제출하라고 요구하고 똑같은 방식으로 되돌려 주어라. (학생들이 시간을 들여서 쓴 것을 읽고 응답을 함으로써 학생들에게 과제의 중요성뿐 아니라 학생들 자신의 중요성을 설명하게 된다. 약속한 시간에 과제를 돌려줄 때 학생들에 대한 신망을 얻게 되는 것이다.)
③ 학생들이 깊이 사고할 수 있도록 만드는 숙제에 대해서 질문하고 수준 있는 논평을 함으로써 등급을 매기는 것을 교육의 기회로 삼도록 하라.

(5) 목표를 위해 테스트를 하라

① 학생들에게 커브 공(변칙)을 던지지 말라.
② 훌륭한 경험 법칙은 학급의 70퍼센트가 넘는 학생들이 테스트 문제를 틀렸다면 틀림없이 그것은 나쁜 문제이기에 그 문제는 버려라.
③ 테스트 점수로 부터 빼라(이것의 부수적인 이득은 학생들이 당신이 공평하고 정의롭다고 보는 것인데 아마도 그들 중 몇몇 학생들은 교수로부터 이러한 것을 결코 경험한 일이 없기 때문이다).

(6) 부모의 개입에 대해 준비하라

대학 수준에서는 이것은 방심할 수 없다. 그러나, 세계의 여러 문화가 북미보다 더 친숙한 것을 인식해야 한다. 라틴 아메리카, 러시아, 우크라이나 그리고 아프카니스탄과 같은 곳에서 많은 부모가 자기 자식 교육의 중요한 요소이기를 원한다. 북미와는 다르게 세계의 다수 대학생이 집을 떠나서 대학을 다니지 않는다. 즉 그들은 자신들의 도시에 있는 대학에 다닌다.

그 결과 부모가 매우 가깝고 가끔 부모가 자식 교육에 많이 관여하기를 좋아한다. 당신은 자녀의 점수를 바꿔 주고, 장기 결석을 눈감아 주고, 심지어 이미 마감된 과목에 등록하게 해 달라고 요구하는 부모들을 만나게 될 것이다. 단지 준비하라.

### (7) 학생들이 자신의 것을 하는지 지켜보라

① 학생들이 공연하는 곳에 나타나고 스포츠 경기와 노는 곳에 가고 지역 전시관에 학생들의 작품을 보러 가라.
② 학생들의 생활에 참여하고 가장 큰 팬이 되라.

### (8) 다른 학생들과 혹은 동료들과도 학생들에 관해 이야기하지 말라

① 학교에서 학생들의 문제를 토의하지 말라.
② 학생들을 존중하면 그들도 당신을 존중할 것이다.

---

**존 C.(John C.) | 기독교학 박사 | 리투아니아**

새 학기가 시작하기 전에 발레리아와 그녀 어머니가 내 사무실에 왔을 때 나는 상당히 급했다. 내가 모임에 급하게 가야 했고 학기 중간에 이곳에 무엇이 그렇게 급하기에 두 사람이 나를 찾아왔는지 의아했다. 발레리아는 나의 성경 개론 수업을 상당히 잘 했고 그 수업에서 우리는 구약의 이야기를 통해 한발짝 나아갔다. 모든 나의 학생들은 우리가 봄 학기에 신약을 선택할 것을 알고 있었다.

왜 발레리아와 그녀의 어머니가 내 사무실에 왔을까?

발레리아는 성경 과목의 후반부인 내 분야에 등록하는 데 어려움이 있다고 나에게 말했다. 발레리아는 그 문제를 해결하려는 희망으로 교무직원을 만나기 위해서 자신의 어머니를 모시고 왔다. 발레리아에게 내 분야의 등록이 완료가 되어서 긴 대기자 명단이 있다고 설명했다. 그러나, 발레리아를 명단에 올려놓기 위해 내가 무엇을 할 지 알아볼 것이라고 확신을 심어 주었다. 그 때 그녀는 내 얼굴을 보고 했다.

"이해 못하실 거예요. 제가 교수님 수업을 들어야만 해요. … 이야기의 나머지를 제가 들어야만 해요!"

발레리아에게 문제는 올바른 과목의 스케줄 하나를 얻는 것이 아니었다. 발레리아는 하나님의 창조물을 향한 하나님의 구속에 관한 이야기에 마음을 사로잡혔다. 그리고 지금 발레리아가 '그 이야기의 나머지'를 듣는 것이 절박하였다(하나님의 이야기). 발레리아와 75명의 다른 학생들이 지금 그 이야기의 나머지를 듣고 있다. 1주일에 3일 나의 성경 개론 과목 중에서 신약시간에 함께 하고 있다. 대부분 내 학생들에게 이번 학년도는 자신의 창조물과 더 개인적으로 창조물을 위한 하나님의 사랑에 대해서 이야기를 들었던 것이 처음이다. 하나님은 우리의 꿈을 초월해서 여러 방식으로 일하고 있다. 아직 우리가 존재하고 하나님이 그런 방식으로 우리를 사용하기 위해 선택했다는 것을 미래의 어느 날에도 나는 아직 믿을 수 없을 것이다.

### 3. 더 깊이, 더 멀리(심화 학습)

**1) 연습/활동**

가르칠 때 사용할 몇 가지 아래의 교육 전략을 고려해 보고 전략이 더욱 교사 중심 혹은 학생 중심인지 확인하라.
그리고 왜 그런가?
교사 중심 전략이 더욱 능동적 학습을 포함하는 데 당신이 어떻게 교사 중심 전략들을 채택하는가?
당신이 교육하고 있는 나라에서 이러한 전략이 문화적 요소를 고려할 때 다소간에 어떻게 효과가 있을까?

① 브레인스토밍(Brainstorming).
② 대화식 미디어(Interactive media).
③ 협동 학습(Cooperative learning).
④ 일지 쓰기(Journal writing).

⑤ 토론(Debate).

⑥ 도서관 연구(Library research).

⑦ 시연(Demonstration).

⑧ 패널 토론(Panel discussion).

⑨ 발견(Discovery).

⑩ 프로젝트(Project).

⑪ 질문과 대답(Question and answer).

⑫ 시뮬레이션(Simulation).

⑬ 현장 학습(Field trip).

⑭ 복습과 연습(Review and practice).

⑮ 초청 강연자(Guest presenter).

⑯ 역할극(Role play).

⑰ 과제(Assignments).

⑱ 읽기(Reading).

⑲ 개인 지도(Individualized instruction).

⑳ 연구 지도(Study guide).

## 2) 제시된 서적들

Tamar Levin and Ruth Long, *Effective Instruction*(세속적)Greive, Donald. *A Handbook for Adjunct/Part-Time Faculty and Teachers of Adults* (4th edition).

C. Elliott, Daniel. *Nurturing Reflective Christians to Teach: A Valiant Role for the Nation's ChristianColleges and Universities.*

Naugle, David. *Renewing Integrity: A Christian Worldview and Educational Practice.* 지역명: National Faculty Leadership Conference Press "Dallas Baptist University" www.dbu.edu/naugle.papers.htm.

Schimmels, Cliff. *Teaching That Works: Strategies From Scripture for Classrooms Today.*

### 3) 웹사이트들

www.internet4classrooms.com/brain_teasers.htm : great starter ideas.
www.edu.uleth.ca/runte/tests: examples on how to design a test/assessment tools.

■ 목표를 작성하기 위해 보다 구체적인 웹사이트들

edtech.Tennessee.edu/~bobannon/writing_objectives.html.
www.personal.psu.edu/staff/b/x/bxb11/Objectives/edweb.sdsu.edu/
Courses/EDTEC540/objectives/ObjectivesHome.html.
meded.ucsd.edu/faculty/writing_instructional_objectives.pdf.

### 4) 교수 전략들

www.cmu.edu/teaching/trynew/index.html.
www.ic.Arizona.edu/ic/edtech/strategy.html.
teaching.Berkeley.edu/bgd/collaborative.html.
www.videoprofessor.com/resourcelibrary/presentationskills/improvepowerpointpresentation-
    skills.html.
www.thiagi.com/interactive-lectures.html.

### 5) 질문과 비판적 사고

www.criticalthinking.org/
www.sfcp.org/uk/socratic_dialogue.htm.
www.sfcp.org/uk/guidelines.htm.
www.officeport.com/edu/blooms.htm.

## 참고 문헌

Cruickshank, D.R. Bainer, D.L. & Metcalf, K.K. *The act of teaching*, Boston:McGraw-Hill College Press, 1999.

Elmer, D. *Trust: A good start on crosscultural effectiveness. Trinity World Forum*, 25(2), 1-4, 2000.

Slavin, R. E. *Cooperative learning: Theory, research, and practice.* Englewood Cliffs, NJ: Prentice Hall, 1990.

제7장

# 탁월한 교사의 자질들

좋은 교수법을 가지고 있다고 다 잘 가르치는 것은 아니다. 이 장에서는 성공적이고 효과적인 교사의 몇 가지 중요한 특성이 나와 있다. 이러한 특징을 알아두면 해외에서 가르치는 임무를 시작할 때 실용적인 통찰력을 얻을 수 있다.

## 1. 훌륭한 교사는 가르치는 내용에 대해 알고 있다

훌륭한 교사는 자신의 교과 영역에 대해 완벽하게 알고 있으며 이러한 지식을 학생들에게 전달할 수 있다. 제5장에서 우리는 예수님 자신이 가르치신 내용에 대해 알고 계셨으며 그러한 지식을 통해 다른 사람들이 전에는 한 번도 고려해 보지 않았던 방식으로 생각하도록 하셨음을 보았다.

훌륭한 교사는 자신의 교과에 대해 매우 잘 알고 있으며 그 내용을 학생들의 관심과 요구에 관련지어 제공할 수 있다.

훌륭한 교사는 학생들에게 가치 있는 방식으로 과목을 가르친다. 그뿐만 아니라 교사가 교과에 대해 종합적인 지식을 소유하고 있으면 학생들이 교과에 대해 가질 수 있는 오해와 잘못 전개할 수 있는 오해에 대해 더 잘 이해할 수 있다(Cruickshank 등, 1999).

> **고려할 만한 사항**
> ① 강의에서 학생들에게 주제의 개념을 더 잘 설명하기 위해 어떠한 문화적 관련 예를 사용할 수 있는가?
> ② 자신의 분야에서 사고의 과정을 모델링 할 방법에 대해 생각하라.
> 학생들에게 모델링을 보여준 다음 연습하게 하라.
> ③ 학습 그 자체가 겸손한 것임을 기억하라.
> 학생들을 무안하게 하지 말고 학습의 효율성을 높일 수 있도록 신뢰를 쌓아라.

## 2. 훌륭한 교사는 자신의 교과를 가르치는 방법에 대해 알고 있다

> 교수 전략에는 기술, 방법, 자료 및 학생들이 교육적 목표를 성취하도록 돕기 위해 사용할 수 있는 기타 수단이 수반된다. 수업 전략의 예로 이미 알고 있는 지식의 활용, 적절한 강의의 사용 및 실천, 협동 학습의 구현, 그래픽 구성 요소(graphic organizer)의 작성 및 효율적인 노트 기록 기술의 적용 등이 있다.

교사가 가르치는 것을 잘 이해하면 학생들의 학습 요구를 가장 만족하게 할 수 있는 수업 전략을 더욱 잘 선택하고 구현할 수 있다(Cruickshank, 1999). 훌륭한 교사는 가르치는 것의 질에 관해 관심을 가진다. 효과적인 가르침은 그냥 단순히 이루어지는 게 아니라 잘 계획되고 심사숙고한 노력의 결과라는 것을 그들은 알고 있다.

훌륭한 교사들은 교과를 조직화하고 간결하며 명백한 방식으로 전달한다. 그들은 수업을 구성하고 가능한 경우 문화적으로 관련된 예를 제공하여 개념을 명확하게 설명한다("부록 A"에서 수업 계획 템플릿 참조). 목표를 서술하고 다양한 수업 전략을 사용하며, 주요 요점을 요약하고, 학생들을 평가하여 학습이 이루어지고 있는지 판단하고 학생들이 배울 수 있도록 피드백을 제공한다.

### 고려할 만한 사항

① 시각적 자료와 유인물을 통해 학생들의 학습 활동에 많은 지원을 제공할 수 있다.

② 커리큘럼의 학문적인 내용과 문화적 컨텍스트를 연결하라(특히, EFL 학습자의 경우처럼).

예를 들어, 아프가니스칸에서 비즈니스에 대해 가르치고 있고 공급과 수요의 원칙에 대해 설명한다고 한다면, 카불(Kabul)에서는 차(tea) 판매만을 위한 거리가 있고 차를 판매하는 모든 상인이 서로 줄지어 붙어 있다.

만일 한 상인이 차가 판매되지 않는 마을 지역으로 판매 공간을 옮기면 그는 차를 더 좋은 가격에 판매할 수 있음을 설명하라.

수요가 가장 많은 마을 지역에서 차를 공급하면 차의 판매량을 늘릴 수 있으며 아마도 더 좋은 가격에 판매할 수 있을 것이다.

학생들의 삶에 관련된 예를 제시하는 방법에 대해 고려하라.

③ 수업을 계획하고 구성하는 방식을 향상 시켜야 할 필요가 있는 영역은 무엇인가?

④ 강의 이외의 대체 교수법(프로젝트, 학생 프레젠테이션, 영화)은 능동적인 학습을 촉진한다.

내가 사용하고 있는 방법은 무엇인가?("부록 C"의 "교수법과 학습 스타일" 참조).

⑤ 어떠한 유형의 그래픽 구성 요소가 나의 교과 영역에 맞으며 학생들의 학습을 도울 수 있는가?

## 3. 훌륭한 교사는 믿음직하며 신뢰가 있다

나이트(Knight, 2006)는 믿을 만한 교사는 신뢰성이 있으며 학생들에 대해 진정한 관심을 보인다고 지적한다. 신뢰감 있는 교사는 문화적 이슈에 민감하며, 정직하고, 다정하며, 친절하다. 그들은 공정성을 기하기 위해 노력하고 특정한 의사 결정을 내릴 때 그에 대한 이유를 학생들에게 설명한다.

신뢰감(credibility)과 신임은 열려 있고 정직하며 공정하게 학생들을 대하고 학생들의 이견이나 비판을 구하고 수용하며, 교사의 기대치와 교과와의 관련성을 정의하고, 학생들의 성공에 관한 관심과 걱정을 명확하게 전달하고 보여줌으로써 얻어지는 결과이다. 보다시피 신뢰성과 신임은 노력을 통해 얻어야만 한다(Cruickshan 등, 1999, p. 313).

> 그래픽 구성 요소는 지식 맵, 개념 맵, 스토리 맵, 인지적 구성 요소, 고급 구성 요소 또는 개념 다이어그램 등 사실, 용어 및 또는 학습 과업 내 아이디어 간의 관계를 묘사하는 시각적인 그래픽 표시이다.

교사는 존경과 신임을 얻어야 하는데, 이역만리의 교실에서는 북미 또는 영국의 교실에서보다 더 오랜 시간이 걸릴 수 있다. 학생들은 외국인 교사를 신뢰하지 않을 수 있으며 교사는 학생들이 교사와 교사의 행동을 자세히 지켜보고 있음을 인식해야 한다.

신뢰감을 고취하는 데 있어 인내심을 가지고 신중을 기하라.

<문제와 해결 지도>

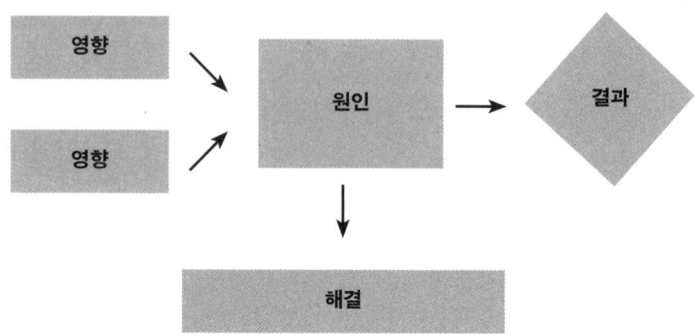

**샌디 S.(Sandy S.) | 음악(작곡) 박사 | 브라질**

애드리언(Adriane)은 여기 대학에서 나에게 바이올린을 배우기 위해 온 젊은 여성이다. 그녀는 이미 훌륭한 연주 실력을 갖추고 있었지만 학교에서 이 강좌를 저렴한 가격에 제공했기 때문에 연주 기술을 향상시킬 수 있을지 알아보기로 결정한 것이었다.

두 번째 수업을 마친 후에 그녀는 내게 마음을 열기 시작했고 자신에 대해 말하기 시작했다. 그녀는 첫 아이를 낳음과 동시에 재해 사고로 첫 번째 남편을 잃었다. 그녀는 힘든 시간을 보냈고 또 다른 젊은 남자를 만날 때까지 사회로부터 고립되었다. 그에 대해 많이 알지 못한 상태였지만 사랑에 절박했던 그녀는 그와 동거를 하게 되었고, 얼마 지나지 않아 그가 알코올 중독이라는 사실을 알게 되었다.

애드리언은 하나님께 너무 화가 나서 교회에 나가 사람들을 비웃음으로써 하나님께 복수하려고 결심했다. 그러나, 그녀는 교회에 나갈수록 점점 더 영혼이 평온해짐을 느끼게 되었다. 그녀의 남자 친구는 그녀와 함께 교회에 가기로 결심했고, 술을 끊었으며, 현재 그는 2년째 술을 마시지 않고 있다. 그는 그녀에게 청혼했지만 거절당했다. 그녀는 두려움을 느끼고 있다.

나에게 왔을 때 그녀는 바이올린을 놓은 지 8년이 지났고 다시 악기를 연주하기로 한 상태였다. 내가 기독교인이라는 사실을 알고 그녀는 충격을 받았다. 그녀는 그때 주님께서 자신을 나에게 데려왔다는 사실을 깨달았다고 말했다. 그 후에 우리는 심각한 이야기를 나누기 시작했다. 그녀는 지금 나의 오케스트라에서 연주하고 있으며, 나와 함께 바이올린을 공부하고 정기적으로 상담을 받기 위해 방문한다.

애드리언은 마침내 내게 노골적으로 물었다.

"내가 어떻게 구원을 받을 수 있을까요?"

나는 조심스럽게 그녀에게 구원의 조건에 대해 자세히 설명해 주었고 내 간증을 들려주었다. 그녀는 그리스도께 헌신하는 자리로 가고 있으며 나는 곧 그녀와 그 젊은 남자가 기독교인이 되어 결혼하게 될 것이라고 믿고 있다. 나는 하나님께서 이 젊은 여인을 위한 특별한 목적을 가지고 계심을 믿는다.

### 고려할 만한 사항

① 신임은 교사와 학생의 관계에 있어 필수적이다. 이것을 망각하지 말라.
② 다시 한번 말하면, 학생들에게 다른 학생이나 동료에 대해 얘기하지 말라.
③ 말한 것을 반드시 행하라.
  학생에게 그들을 위해 특정 정보를 찾아줄 것이라고 말한다면 약속을 반드시 지켜라.
④ 학생들을 공평하게 대하라.
  편애하지 말라.

## 4. 훌륭한 교사는 유연하다

가장 효과적인 교사는 다양한 환경에 준비되어 있으며 그러한 환경에 적응할 수 있다(Walberg, 1990). 훌륭한 교사는 변화의 필요성에 대해 인식하며 어떠한 변화가 필요한지를 파악하고 기꺼이 변화한다. 여기에는 가르침과 교실에서 일상적으로 행해지는 활동을 조정하는 것이 포함된다. 훌륭하게 가르친다는 것이 항상 계획된 강의 내용을 따라 잘 가르치는 것만을 의미하지는 않는다. 그것은 가르칠 만한 순간이 닥쳤을 때 강의 요강이나 강의를 벗어나 가르치는 것과 관련된다. 교사는 가르칠 만한 순간을 활용해야 한다. 왜냐하면, 그러한 순간들은 심도 있는 삶의 교훈으로 이끌 수 있기 때문이다.

예를 들어 서구 대학에 관해 대학원 수준의 연구를 수행하는 방법에 대해 가르치고 있다고 하자.

> 교사는 표절과 출처 인용이라는 주제에 대해 3시간을 계획했다. 한 학생이 이것이 서양에서 왜 그렇게 중요한지 그 이유에 관해 묻는다. 교사는 지적 재산을 훔치는 것은 잘못된 것이라고 설명한다. 표절은 도둑질과 같다.
> 그러자, 한 학생이 "음 … 훔치는 것이 항상 나쁜 것은 아니잖아요"라고 말한다. 그 지점에서 교사는 가르칠 만한 순간을 갖게 된다. 이 시점이 첫 번째 강의 의제를 제쳐두고 가르쳐야 할 시점이다. 유연한 태도는 교사의 사고 방식 뿐만 아니라 교사가 모든 상황을 관장하기를 기대하는 학생들을 위해서도 중요하다. 훌륭한 가르침은 학생들의 필요를 충족할 수 있도록 유연성을 가진다.

### 고려할 만한 사항

① 지도안이 효과가 없을 것 같을 경우 이유를 결정하고 대체 전략을 구현하라. 계획 B가 어려운 상황에서 가장 좋은 친구가 될 수 있다.
② 듣는 사람의 마음을 읽어라.
지루해하거나 잘 알아듣지 못하거나 무언가를 간절히 바라고 있는가?
수업에 어떻게 적응하고 있는가?
질문에 잘 대답할 수 없거나 과업(task)을 완료할 수 없거나 당황스럽거나 불만스러운 표정을 보이는 것은 이해가 부족해서 학습도 제대로 이루어지지 않았음을 나타낼 수 있다.
③ 수업을 계획할 때 개별적인 학습 차이와 문화적 요소를 유념하고 대체 방법을 생각하라.

## 5. 훌륭한 교사는 학생들에게 능동적인 학습을 장려한다

교육은 능동적인 과정이며 훌륭한 교사는 학생들이 그들의 지식과 경험을 공유할 기회를 제공한다. 칙커링과 갬손(Chickering & Gamson)은 학생들이 단지 듣는 것이 아닌 그 이상의 것을 수행해야 한다고 제안한다(Chickering & Gamson, 1987). 즉, 학생들은 읽고, 쓰고, 토론하거나 문제 해결에 참여해야 한다. 훌륭한 교수 및 학습의 열쇠는 그 과정에 이루어지는 학습자의 능동적인 참여이다.

훌륭한 교사는 학생들을 참여시키고 능동적인 학습을 장려하는 교수법을 사용한다. 그들은 학생들이 참여하도록 북돋우며 수많은 개념, 이슈 그리고 논쟁 거리(struggles)에 관해 이야기할 기회를 제공한다. 그들은 관심을 불러일으키고 관련성을 밝혀줌으로써 학생들에게 동기를 부여한다. 단순히 학생들에게 정보를 제공하는 대신 학생들이 지식 일부를 찾아내게 하려고 노력한다. 학생들이 지루해하거나 무관심해지지 않고 도전을 받고 고무되도록 해야 한다.

> **고려할 만한 사항**
>
> ① 능동적인 학습에는 관찰, 수행 및 대화가 수반된다.
>    이러한 세 가지 영역을 사용하여 학생들을 학습에 참여시키기 위해 사용할 수 있는 과제와 활동은 무엇인가?
> ② 강의에 간단한 활동을 도입하면 학생들이 내용을 더 잘 기억하도록 하는 데 도움이 된다.
>    강의에 학생 활동을 어떻게 도입할 수 있는가?
>    간단한 시범을 보이거나 간단한 작문 연습 후에 수업 토론을 할 수 있다. 이는 간격을 두고 가르치는 교수 원리에 해당한다.
> ③ 저널 작성, 그룹 활동, 질문 및 토론을 사용하여 주제 영역에서 학생들이 능동적으로 참여하도록 할 수 있다.
>    이러한 사항들을 계획에 어떻게 통합할 수 있는가?

④ 능동적인 학습에 익숙하지 않거나 그러한 학습을 편안하게 느끼지 못하는 학생들에게서 저항이 있을 수 있다.
이러한 저항을 줄이기 위해 무엇을 할 수 있는가?
⑤ 새로운 지식에 대한 실용적이고 관련성 있는 적용은 필수적이다. 이러한 적용이 부족하면 학생들의 동기가 저하될 수 있다.
새롭게 획득한 지식을 학생들의 일상적인 삶에서 사용할 수 있도록 돕기 위해 무엇을 할 수 있는가?
⑥ 상호 작용을 늘리고 설명은 줄이는 방법에 대해 고려하고 능동적인 학습을 강조하라.

## 6. 훌륭한 교사는 기대치가 높다

훌륭한 교사는 자기 자신과 학생들에 대해 높은 기대치를 가진다. 그들은 모든 학생이 배울 수 있다고 믿으며 모든 학생이 배울 수 있도록 도울 수 있는 능력을 갖추고 있다. 연구에 따르면 교사가 학생들에게 가지는 기대치가 올라가면 학생들이 더 많이 배운다는 것을 알 수 있다.

교사가 취하는 행동은 그들의 기대치에 대응하므로(Good & Brophy, 2000) 교사의 기대치는 학생들의 성과에 영향을 미치게 된다. 훌륭한 교사는 학생들에게 높은 기대치를 전달하며 각각의 학생이 성공적으로 달성할 수 있도록 돕는다. 교사가 학생에 대해 가지는 기대치는 합리적인 것이어야 하며 자주 수정되어야 한다.

교사들은 많은 미묘한 방법으로 기대치를 전달한다는 것을 유념하라. 예를 들어, 올바른 대답을 할 것으로 생각하는 학생의 경우 교사는 기꺼이 답변을 기다리지만, 대답하지 못할 것으로 생각하는 학생의 경우 그냥 빠르게 지나칠 수 있다. 학생들은 이러한 미묘한 차이를 감지하고 학급 친구들을 똑똑한 학생과 그렇게 똑똑하지 않은 학생들로 구분 지을 수 있다. 더 심각한 것은 빠르게 지나쳐간 학생이 자기 자신을 그런 식으로 보기 시작할 수 있다는 것이다.

> **고려할 만한 사항**
> ① 학생들에게 나의 기대치를 어떻게 전달하고 있는가?
> ② 내 학생들의 문화적 차이가 그들에 대한 나의 기대치에 영향을 미치고 있다고 보는가?
> ③ 영어가 외국어인 학생들에게 적합한 수준으로 나의 기대치를 낮추고 있는가?
> ④ 합리적인 기대치와 목표에 대해 학생들의 조언을 구할 방법은 무엇인가?
> ⑤ 때때로 수정이 필요한 데, 이를 계획할 수 있는 가능한 방법은 무엇인가?
> ⑥ 학생들은 향상된다. 완벽함에 중점을 두지 말고 성장과 진전에 중점을 두어라.
> ⑦ 나는 더욱 현실적인 기대치를 설정할 수 있을 만큼 내 학생들에 대해 알아가고 있는가?

### 7. 훌륭한 교사는 긍정적인 학습 환경을 조성한다

훌륭한 교사는 교실의 물리적 및 심리적 환경에 대해 잘 알고 있으며 이러한 두 가지 요소를 능숙하게 다루어 학습을 향상한다(Anderson, 1991). 교사들은 좌석 배치, 게시판 및 기타 교실의 물리적 측면을 사용하여 더욱 긍정적인 학습 환경을 조성할 수 있다. 훌륭한 교사는 또한 학생들이 질문하고 그들 자신의 삶에서 나온 경험과 생각을 공유하는 것을 비롯해 수업 토론에 기꺼이 참여할 수 있도록 교실을 편안하고 비위협적인 환경으로 만들어야 할 필요성을 인지한다. 학생들은 자신들이 중요하며 참여하도록 초대되었다는 사실을 알아야 한다.

긍정적인 교실 풍토를 위해서는 훌륭한 교사가 학생들에게 진심 어린 관심을 가지고 학생들을 존중하며 학생 한 명 한 명과 개별적으로 관계를 맺어야 한다. 그들은 학생들이 배우고 있는지 신경을 쓰고 학생들의 행복에 대해 염려한다. 그들은 부정적인 데 초점을 맞추기보다는 긍정적인 언어를 사용한다. 학생들의 의견을 긍정하는 진실된 방법을 찾고, 훌륭한 교사는 학습 공동체를 구축한다.

교사가 교실에서 공동체를 구축할 때 학생들은 긍정적으로 반응한다. 교사가 다가가기 쉽고 다정하며 언제든 만날 수 있고 교실 안과 밖에서 기꺼이 학생들을 돕는 것 또한 긍정적인 교실 풍토에 기여한다.

**리네트 C.(Linette C.) | TEFL 석사 | 아시아**

여기에서 가르치면서 내가 가장 좋아하는 것 중 하나는 연구실에서 학생 상담 시간을 가지는 것이다. 내 학생들은 영어를 연습하러 오고, 미국 문화에 대해 배우며, 내가 그들의 문화에 대해 느끼는 바를 알아보는 것을 좋아한다.

우리는 자유로운 대화 속에 많은 주제를 다루며 그들은 자주 종교(spiritual)적인 문제에 대해 건드린다. 한 번의 근무 시간에서 가장 많았던 참석자는 25명의 학생이었던 것 같다(우리는 밖에서 만나야 했다).

나는 평균적으로 매주 40명에서 50명의 학생들이 6번의 근무 시간에 걸쳐 찾아온다. 몇 명은 이따금씩 오지만 많은 학생이 매주 온다. 이러한 시간은 내 학생들에게 언어와 문화를 배울 수 있는 매우 소중한 시간일 뿐 아니라 나에게도 그들과 나의 삶의 일부를 나눌 기회가 된다.

**고려할 만한 사항**

① 신중하고 사려 깊은 계획은 긍정적인 학습 환경을 조성할 수 있다.
② 교실에 일찍 도착하여 늦게 머물고, 학생들과 대화를 나눠라.
③ 근무 시간을 게시하고 지켜라(이는 학생들에게 낯설 수 있으며 학생들이 익숙해지는 데 시간이 필요할 수 있다).
④ 물리적 환경에 주의를 기울여라.
⑤ 학생들에게 긍정적인 강화(reinforcement)를 사용하고, 긍정적인 학습 환경을 조성하기 위해 매일 학생들에게 기대치를 전달하라.

## 8. 훌륭한 교사는 가르치는 것을 즐긴다

훌륭한 교사는 나이트(Knight)가 '다이나미즘'(Dynamism)이라고 칭한 것을 갖는다. 탁월한 교사는 가르치는 것에 대한 열정을 가지고 있다. 이러한 교사는 에너지가 넘치고 자신들의 교과에 대해 열의가 넘치며 가르치는 것을 사랑한다. 열의는 강좌를 더 즐겁게 만들어 줄 뿐만 아니라 학생들은 교사가 어떤 주제에 대해 들떠 있을 때 더 많은 정보를 간직하게 된다. 학생들은 그들 자신의 열의를 발전시키고 학습에 있어 더 높은 성취도를 보일 가능성이 더 높다(굿엔 브로피, 2000).

---

**빌 W.(Bill W.) | 법학 박사 | 아시아**

우리는 각각 내 수업에 대해 우리 아파트에서 정기적으로 오피스 아워를 가진다. 오피스 아워를 여러 번 진행해도 특별히 큰 의미 있는 일은 일어나지 않는다. 하지만, 어느 한 주에 무언가 다른 일이 일어났다. 우리는 내가 지난 학기에 헌법을 가르쳤던 대학원생 그룹과 함께 정기적인 화요일 방문을 했다. 대부분의 학생들은 종교적인 것에 많은 관심을 보이지 않고 올해 25번째 이 모임에 참석하고 있었다. 그들은 나에게 다음과 같은 질문에 답해 주기를 요청했다.

"왜 기독교인이시죠?"

우리는 열렬한 토론을 했고 한 명은 요한복음을 읽은 다음 9월에 나와 함께 그것에 대해 토론하기로 약속을 했다. 그는 우리가 알고 있는 가장 열성적인 공산당원 중 한 명이었다. 우리는 하나님께서 그의 삶에서 역사하시기를 기대하고 있다.

---

**고려할 만한 사항**

① 가르치는 것에 열중해라.
   교사가 가르치는 데 흥미가 없는데 학생들은 왜 배우는 데 흥미를 보여야 하는가?
② 자신의 교과에 대해 열정을 보이고 기쁘고 흥분된 마음으로 다른 사람들에게 가르쳐라.

③ 유연함을 가지고 학생들의 관심을 높이기 위해 기꺼이 변화하라.
④ 다양한 교수 전략을 사용하여 수업의 리듬을 변화시킬 수 있는 방법을 생각해 보라.
⑤ 비언어적인 의사소통을 평가하고 비언어적인 격려를 제공하며 문화적으로 적합하다면 계속적으로 눈맞춤을 하도록 하라.

## 9. 훌륭한 교사는 학생들을 파악하고 그들과 긍정적인 관계를 발전시킨다

초보 교사가 숙련된 교사와 구분되는 점은 초보 교사가 학생들에 대한 깊이 있는 지식이 부족하다는 점이다. 효과적인 교수법을 선택하고 학생들의 학습을 돕기 위해 교사는 먼저 가르치고 있는 학생들에 대해 무언가를 알아야 한다.

**올가 A.(Olga A.) | 러시아어 및 문화 박사 | 아시아**

나에게는 나와 마음이 아주 가까운 한 학생이 있다. 그녀의 이름은 LX이다. 작년 작문 시간에 그녀는 자신이 공부에 관심이 없으며 자신이 자살을 한다 해도 아무도 신경 쓰지 않을 것이라 생각하기도 했다고 적었다. 여기 대학에서는 자살하는 학생 수가 많다.

나는 그녀를 집에 초대하여 대화를 나누었다. 그녀는 내게 엄마가 오랜 투병 생활을 하시다가 1년 전에 돌아가셨다고 말했다. 몇 달이 지나 그녀의 아버지는 재혼을 했고 새엄마는 가족들이 그녀의 교육에 너무 많은 돈을 소비한다는 이유로 그녀를 미워하고 끊임없이 그녀를 비난하고 있었다.

LX는 아버지와 더 이상 말을 하지 않게 되었고 공휴일에조차 집에 가기를 원치 않았다. 그녀는 동기나 야망이 없이 대학에 다니고 있었다.

그녀는 내가 삶에 대해 낙관적인 관점을 가지고 있는 이유를 물었고, 나는 하나님과 나의 개인적인 관계에 대해 말해 주었다. 그녀는 나의 집에 오기 시작했고 나에게 그녀의 생각과 느낌과 걱정에 대해 말했다. 때때로 그녀는 나에게 와서 조언과 지원을 구했다. 나는 그녀가 사람들로부터 받은 사랑과 관심이 부족하다는 것을 깨달았다. 그녀는 성경을 읽기 시작했고 많은 질문을 했다. 그녀는 나와 함께 교회에 나가기 시작했다. 어느 날 그녀는 자신이 기독교인이 되기를 원했다고 말하며 성경을 믿는다고 말했다. 그녀는 주님을 받아들였다.

많은 사람이 우리가 만난 이후로 지난 2년 동안 LX가 새 사람이 되었다고 말한다. 이제 그녀는 기쁨이 넘치는 사람이 되었고 늘 생기발랄하다. 그녀의 교사로서 나는 그녀가 학업에 대해 가지는 자세조차 완전히 바뀌었다고 간증할 수 있다. 어느 날 그녀는 내게 "나는 내 아버지와 함께 천국에 있을 거예요. 나는 거기에서 교수님을 찾아 "고맙습니다"라고 말할 거예요. 나는 많은 감동을 받았다. 그리고 이 사람은 2년 전에 자살에 대해 생각하고 있었던 바로 그 사람이라는 것이다.

훌륭한 교사는 학생들과 친밀한 관계를 확립한다. 신뢰, 존경, 진정한 배려를 기반으로 학생들과 관계를 구축하면 훌륭한 교사가 찾는 친밀한 관계가 이루어질 것이다. 타문화권 상황에서 가르치기 위해서는 교사가 다양한 인종, 문화, 사회 계급적 배경의 사람들과 관계를 맺고 이해해야 한다. 그라시아(Gracia, 1991)는 대인 관계에 있어서의 접촉은 의미 있는 것이어야 하며 학생들의 감정, 믿음, 문화적 차이에 대한 공감과 이해를 높일 수 있어야 한다고 지적하고 있다.

### 고려할 만한 사항

① 어떻게 하면 학생들의 문화적 배경과 경험을 파악하고 이해하여 그것을 교수-학습 과정에 생산적으로 사용할 수 있을 것인가?
② 이 문화적인 교실에서 보이지는 않지만 그 기저에 다양성이라는 요소가 있으며 이는 변하지 않는 요소이다. 즉각적으로 눈에 보이지 않는 많은 이슈가 교사에 대한 학생들의 반응 방식에 영향을 미친다. 특히 중동의 환경에서 가르치는 여성 교사와 같이 타문화적 상황에 있는 경우는 더욱 그러하다.
③ 질문지, 격식에 얽매이지 않은 방문, 경청, 관찰 또는 학생들의 자전적인 삶에 대한 질문은 학생들에 대해 알 수 있도록 돕는다.
④ 학생들에 대한 접근성을 높이기 위해 이메일을 사용하라.

⑤ 수업 외에 학생들과 시간을 보내라.
학생들과 함께 점심 식사를 하라.
⑥ 마이크(Mike)는 중국에 있는 동안 매일 수업 후에 학생들과 탁구를 치고 그들 중 몇몇과 점심을 같이 먹었다. 몇몇 학생과 동료들은 이러한 오후 시간을 보내기 위해 모습을 나타내곤 했다. 그들의 개인적 또는 종교적 관심뿐만 아니라 수업에 관련된 다양한 이슈를 토론할 수 있는 많은 기회가 있었다.
다가갈 수 있도록 해라.

### 10. 훌륭한 교사는 학생들과 동료들의 종이다

기독 교사인 우리는 그리스도의 대사이다. 이는 다른 사람들을 섬기는 것을 의미한다. 섬김은 주는 자세로 시작된다. 팻 커스틴(Pat Gustin)은 섬김의 자세가 가지는 몇 가지 특징에 대해 다음과 같이 기술하고 있다(Baumgertner 등, 2002).

① 우리는 학습자의 역할을 받아들이고 다른 사람들을 우리와 동등한 사람으로 간주한다.
② 우리는 '책임자'로서의 권리를 포기하고 종이 된다.
③ 우리는 우리 주변의 사람들과 가능한 한 많이 그들이 경험하는 대로 삶을 경험하며 운명을 같이 한다.
④ 우리는 우리의 눈을 통해 세상을 보기를 요구하지 않고 그들의 눈을 통해 보려고 노력한다.
⑤ 우리는 우리 주변의 선한 사람들을 살펴보고 관용과 궁극적인 수용의 정신을 함양한다.
⑥ 우리는 우리 자신의 문화가 결코 완벽하지 않다는 사실을 인정한다.

## 고려할 만한 사항

① 언제든 만날 수 있도록 하고 도움을 제공하라.

사람들은 종종 다양한 과제에 도움을 필요로 한다. 할 수 있다면 도움을 제공하도록 하라.

그것은 외부 리소스를 이용할 수 없는 학생을 위해 책을 주문해 주거나 동료 교수를 위해 논문을 편집해 주거나, 누군가의 이사를 도와주거나, 동료가 컴퓨터 문제를 해결하도록 도와주는 것을 의미할 수 있다.

② 학생들의 질문에 답하고 그들의 연구에 도움을 주거나 영어 실력 향상에 도움을 주어라(학생들은 해결해야 할 문제를 많이 가지고 있다).

③ 겸손하라.

④ 도서관을 지어라.

가능한 한 많은 책을 가져와서 가능한 한 많이 남겨두어라.

선택하는 책에 제시된 관점에 대해 생각해 보라.

책을 학교 도서관에 기부하라.

곧, 학생들이 책을 사용하고 많은 질문을 하게 될 것이다.

⑤ 영어 코너(English Corner)를 시행하라.

일부 국가의 경우 학생들이 진심으로 영어 말하기 능력을 향상시키기를 원한다. 그러한 경우 학생들은 영어를 듣고 말할 수 있는 한 무엇이든 기꺼이 말하려 한다. 그들에게 그것을 할 수 있는 장소를 제공하는 데 좋다.

⑥ 학생들과 동료들의 필요를 찾아보고, 그리스도와 같은 태도로 그들을 섬겨라.

**윌리엄 W.(William W.) | 기독교 및 비교종교학 박사 | 아시아**

내가 캠퍼스 잔디에서 학생들과 가을 축제를 즐기고 있을 때 또 다른 그룹의 학생이 우리 모임에 참여하기로 했다. 나는 그들을 내 영어 클럽에 초대했다. 제이미(Jamie)는 질문을 가지고 왔고 어느 날 밤 나는 하나님의 존재와 놀라우신 예수님에 대해 그녀에게 논리적으로 설득하며 2시간을 보냈다.

나는 "하나님께서 너에게 자신을 보여 주시길 구해보렴" 하고 말했다. 그녀는 납득하지 못했지만, 필사적으로 구하며 돌아갔다. 그 학기는 끝이 났다. 제이미는 도시의 수백만 사람들 속으로 사라졌고 나는 12월에 다음 이메일을 받을 때까지 그녀로부터 다시 소식을 들을 수 없었다.

> 윌리엄 교수님께,
>
> 1년 전쯤에 우리는 하나님에 대해 이야기를 나눴고 교수님께서는 제게 그를 구하라고 말씀하셨죠. 최근에 하나님께서는 마침내 저를 찾아오셨어요.
> 얼마나 행복하고 감사한지!
> 그래서 이 좋은 소식을 교수님께 알려드리고 싶어요. 교수님은 저를 하나님께 이끄신 귀하신 분 중 한 분이세요. 감사합니다.
> 평안이 함께 하시길 바라며 행복한 크리스마스 보내세요.
>
> J 드림.

## 11. 훌륭한 교사는 유머 감각을 가지고 있다

'적절한' 유머 감각은 학생들이 좋아하는 교사의 특징이다(Csikszentmihalyi & McCormack, 1986). 유머는 긴장을 완화하고 교사의 확신을 전달하고 신뢰를 높일 수 있다(Cruickshank 등, 1999). 적절하게 유머를 사용하면 학생들의 동기를 높이고 그룹의 응집력을 높일 수 있다. 유머는 교사를 학생들에게보다 인간적인 모습으로 보이게 할 수 있다. 학생들과 함께 웃는 것은 즐겁고 생산적인 환경을 만드는 데 중요하다.

### 고려할 만한 사항

① 가장 안전한 유머의 대상은 학생이 아니라 교사 자신이다. 그러면 학생들이 위협감을 느끼지 않게 된다.
② 유머를 자신의 스타일과 교과에 맞추고, 자신의 삶에 일어난 일 중에서 중요한 개념을 보여주는 재미있는 이야기를 공유하라.
③ 문화마다 유머에 반응하는 방식은 다르다. 유머는 적합해야 한다. 확실치 않다면 그러한 유머를 사용하기 전에 믿을 만한 그 나라 사람에게 확인을 해보라.

④ 비꼬는 말로 유머를 사용하는 것은 문제를 일으키게 된다. 많은 학생들은 비꼬는 말이 단지 농담을 위한 것이라는 사실을 이해하지 못하며 이는 학생들에게 상처를 줄 수 있다. 비꼬는 말을 사용하지 않는 것이 아마도 가장 좋을 것이다.
⑤ 자신의 성격에 맞고 자신이 편안하게 느끼는 자연스러운 방식으로 유머를 사용하라.

### 12. 훌륭한 교사는 학생들을 위해 기도한다

앞에서 우리는 예수님께서 자신의 제자를 위해 어떻게 기도하셨는지 살펴보았다. 타문화적 배경에서는 학생들을 위해 기도하는 것이 중요하다. 아마도 자신이 그 학생을 위해 이름을 부르며 기도할 수 있는 유일한 사람일지도 모른다. 기도는 그리스도와 함께 걸어가는 길에 있어 본질적인 부분이다. 규칙적으로 기도하는 생활이 없다면 가르침과 간증의 효과는 약화되고 적에게 더 취약하게 될 것이다. 기도는 하나님의 뜻을 알고 행하는 데 있어 필수적이다. 교사와 그가 가르치는 학생에게는 기도가 필요하다.

**고려할 만한 사항**

다음은 교사가 기도할 수 있는 제목이다.
① 걸어 들어갈 수 있는 문과 붙잡을 수 있는 기회를 간과할 수 있는 지혜를 위해 기도하라(약 1:5).
② 학생들과 동료 교사들의 갈급한 마음에 대한 통찰력을 주시기를 구하라.
③ 그들의 눈과 귀와 마음이 열리기를 기도하라.
④ 학생들과 동료들의 대화를 위해 기도하라.
　그들의 구원을 위해 기도하라.
⑤ 학생들의 필요를 충족할 수 있도록 가르치는 지혜를 주시도록 기도하라.

일부 국가에서는 이러한 교사의 자질이 특별하거나 이상하게 보일 수 있다. 이는 학생들이 답을 구하도록 하고 교사의 삶에서 차이를 만드신 그리스도에 대해 그들과 대화할 수 있는 기회를 제공하게 되므로 좋은 일이다.

## 13. 더 깊이, 더 멀리(심화 학습)

### 1) 제시된 서적들

Dunaway, John Marson. *Gladly Learn, Gladly Teach: Living Out One's Calling in the Twenty-first Century Academy.*
Freire, Paulo. *Multiple Intelligences: Theory in Practice-A Reader*, Howard Gardner Pedagogy of the Heart.
Gardner, Howard. *Frames of Mind: The Theory of Multiple Intelligences.*
George, Pamela Gale. *College Teaching Abroad: A handbook of Strategies for Successful Cross-cultural Exchanges*(secular).
Joldersma, Clarence W. and Stronks, Gloria Goris. *Educating for Shalom: Essays on Christian Higher Education*, Nicholas Wolterstorff.
McCarthy, Bernice. *The 4-MAT System: Teaching to Learning Styles with Right/Left mode Techniques.*
Mellichamp, Joseph M. *Ministering in the Secular University: A Guide for Christian Professor sandStaff.*
Palmer, Parker J. *To Know as We Are Known: Education as a Spiritual Journey.*
*How People Learn Brain, Mind, Experience and School: Expanded Edition*, NRCC on Learning Research and Educational Practice Press.

### 2) 훌륭한 가르침에 관한 영화들

*Stand and Deliver.* PG Hispanic/African American, 1988.
*Freedom Writers.* PG-13 African American/Hispanic, 2007.

### 3) 웹 사이트

"UNESCO" www.unesco.org: Information on education worldwide.
"learning-styles-online.com" www.learning-styles-online.com/inventory: inventories for students' learning styles.

# 참고 문헌

Anderson L.W. Classroom Enviroment and Climate. *Increasing teacher effcetiveness*. Paris: UNESCO. www.unesco.org, 1991.

Baumgartner, E. W., Dybdahl, J. L., Gustin P., & Moyer, B. C. *Passport to mission* (2nd ed.) Andrew University, Berrein Sprins, MI: Institute of World Mission, 2002.

Chickering A.W., & Gamson, Z. F. Seven principles for good practice. *AAHE Bulletin* 39: 3-7, 1987.

Cruickshank, D. R., Bainer, D. L., & Metcalf, K. K. *The Act of Teaching*. Boston: McGraw-Hill College, 1999.

Csikzentmihalyi, M., & McCormack, J. The Influence of teachers. *Phi Delta Kappan*, 67(6), pp. 415-19, 1986.

Garcia, R. L. *Teaching in a pluralistic society : Concepts, model, strategies* (2nd ed.). New York: HaprperCollins, 1991.

Good, T. L., & Brophy, J. E. *Looking in classrooms* (8th ed.). New York: Longman, 2000.

Knight, A. B. Teacher credibility: A tool for diagnosing problems in teacher/student relationships, 2006. (From http://www.ou.edu/pii/tips/ideas/crediobility.html.)

Walberg, H. J. Productive teaching and instruction: assessing the knowlwdge base. *Phi Delta Kappan Journal*, 7(6), pp. 470-78, 1990.

# 제8장

## 포기할 것들과 기대할 것들: 기대와 수용

"안녕하세요, 수(Xu)씨! 마이크 로마노브스키(Mike Romanowski)입니다." 마이크는 천천히 조심스럽게 전화에 대고 말을 했다.

"저, 우리 화장실에 많은 물(*shui*, [마이크는 "물"에 대한 중국어 이길 바란다])이 고여 있어요."

마이크는 잠깐 멈추었다.

"많이요. 아니요, 그 곳에 물이 너무 많이 있어서 화장실을 이용하기가 매우 힘들어요. 이것을 확인하기 위해 누군가를 좀 보내주세요. 감사합니다(Xie xie)."

마이크는 그것이 "감사합니다"를 의미한다고 확신했다.

수(Xu)씨는 모든 외국인 교수에게 대학의 주거를 구하는 일을 돕기 위해 배정된 국제 문제 담당관이다. 전화를 끊으면서도 과연 수(Xu)씨가 자신이 요청한 내용을 이해했을지 확신하지 못한 마이크는 아내인 제닛(Janet)에게 이렇게 말했다.

"배관공을 보내든지, 더 많은 마실 물을 가져오든지 혹은 내가 우체국에 소포를 가지고 있다고 알아듣던지 하나일 거야."

타문화 의사소통은 그 자체의 문제를 가지고 있다.

마이크와 그의 가족은 오하이오에서 중국으로 이주했는데 대학생들과 함께 살면서 사역을 하도록 그 장소로 부르심을 받았다. 그들은 하나님의 사랑을 중국 학생들과 나누기를 원했다. 지금 이 6명의 가족은 그들의 화장실 바닥에 고여 있는 물로 무엇을 할 수 있을지 알고자 하였다. 2인치의 물은 단지 불편함을 느끼는 것 그 이상 이었다. 난방이 안 되고 겨울의 온도가 화씨 35도를 오르내리는 아파트에서 그것은 건강의 위험이 되었다.

몇 시간 안에 수(Xu)씨는 배관공을 보냈다. 배관공은 이 상황을 확인하고, 렌치를 뽑아들고 약간의 소음을 내며, 전혀 잘못된 것은 없다고 선언하였다. 배관공은 물이 어디서 나오는지 전혀 모르겠다고 말했다. 아무것도 고장 나지 않았다. 왜냐하면, 아무것도 고칠 필요가 없기 때문이다 (약간은 중국어로 또 약간은 영어로).

몇가지 이야기를 나눈 후에 마이크는 문제가 바로 압축이라는 이야기를 들었다. 배관공은 자신의 도구통을 챙겨서 사무실로 돌아가 버렸다. 2인치나 고인 물이 아직 화장실에 남아 있었고 이후 6개월 동안이나 그곳에 있었다.

마이크와 그의 가족은 의사소통을 하는데 어려움이 있을 거라고 예상을 했다. 음식, 문화적 규범과 심지어 생활 환경의 변화에 적응할 것을 고려했다. 그러나, 그의 가족은 아이스링크로 변한 화장실과 물이 고여 있는데도 아무것도 고장 나지 않았다고 판단하는 배관공을 만나서 경험할 준비가 전혀 되어 있지 않았다.

비용을 지불할 때가 되어서 배관공은 돈은 전혀 받지 않지만 자기가 돈을 지불하면 자기 아이들이 4명의 미국 아이와 매일 한 시간씩 노는 것이 괜찮은지 간단하게 물었다. 관계가 형성된 것이다.

아가서(雅歌書)에서 작은 여우들이 포도원을 망친다고 말한다(아 2:15). 해외에서 생활하며 섬기는 동안에 기대하지 않았으며 불편했던 사소한 것들이 어떤 사람의 의욕과 추진력을 훼손시킬 수 있다는 것은 사실이다.

작은 여우들은 학기말까지 출석부를 받지 못한 것과 유사한 경우인데 그때가 되서야 힘들게 채점을 한 60명의 학생 중에 단지 25명만이 실제 수업에 등록했다는 것을 알게 된다. 또는 학생들이 학기말 시험을 보기 위해 교실에 갔는데 이미 시험을 보는 것이 더 좋겠다는 생각을 하는 교사가 점유자의 권리를 갖고 그곳의 교실을 점유했다는 사실을 알게 되었다. 조심스럽게 연마한 단원을 준비해서 수업에 나타나야 비로소 당신의 학생들이 4주 동안 우크라이나의 어딘가에서 감자를 캐기 위해 갔다는 사실을 알게 되는 것은 예측할 수 없는 일이다.

어떤 사람이 타문화권 교실에서 가르칠 때 교사는 난리가 날 것에 대비할 필요가 있다. 문제는 가장 기대하지 않은 장소에서 발생된다. 우리는 타문화 수업 과제(cross-cultural teaching assignment)를 신청할 때 기대하는 것과 실제로 마주치게 되는것이 상당히 다를 것이라는 것을 장담할 수 있다.

해외로 이주하는 모든 교사는 그것이 어떠할 것이라는 선입견을 갖고 도착하며 이러한 기대는 각 개인의 경험에 영향을 미친다. 경험하는 것이 교실 환경이나 학생들의 학습 방식 혹은 화장실의 물이 고여 있는 환경일지라도 교사들의 선입관은 교실의 안과 밖에서 한 번쯤 직면하는 현실과 충돌한다.

거짓 기대가 다른 무엇보다 타문화적 환경에서 더 많은 불안과 스트레스를 일으킨다. 기대를 통해 현실과 만나고 갑자기 절망으로 빠져들게 되는 일종의 거짓을 통해서 확신하게 된다. 몇몇 사람들은 결코 회복되지 못하고 감정적으로 파괴되어 집으로 돌아갔다. 그러나, 2개의 중요한 질문을 준비할 때 당신을 도울 수 있다.

① 당신이 갖고 있는 기대를 인식하고 있나요?
② 기대감이 현실과 충돌했을 때 어떻게 당신은 대처하나요?

교사들이 국경을 넘을 때 그들이 가지고 가는 공통의 기대를 조사해 보고 현실이 다가올 때 대처하는 법에 대한 몇 가지 제안을 연구해 보자.

### 1. 학생들에 관한 기대들

타문화 교실로 이동하는 교사들은 종종 다음의 몇 가지 학생의 기대를 받아들인다.

#### 1) 지식

"내 학생들이 자신의 지식과 이해력에서 앞설 것이다." 교사들이 자연적으로 자신의 학생들 이전 지식과 학문적 배경에 관한 추측을 하며 해외 교육을 시작한다. 교사들은 학생들이 일반적으로 교육적인 노력을 하는 동안에 그 수준에서 주제에 관해 잘 알고 있을 것이다. 교사들은 내용을 상위 수준에서 가르쳐야 한다고 가정한다.

**현실 직시**

많은 타문화 교실에서 신임 교사들은 학생들이 주제를 이해하는 데 필요한 사전 지식이 부족한 것을 아는 것은 흔한 일이다. 흔히 고급 수준 강좌들이 단순한 필요 때문에 입문 강좌들이 되었다. 몇몇 경우에 있어서 특히 신생 국가 혹은 개발 도상 국가들에서 대학원 강좌들은 빈번히 북미대학들이 학부 강좌들을 가르치는 방식으로 가르쳤다. 이것은 학생들의 지능 혹은 학습하고자 하는 열정에 관한 반영이 아니라 훌륭한 교육 자원들이 부족하다는 것에 관한 논평이다.

인터넷 제한과 도서관 도서들이 적은 나라에서 다수의 대학원생은 자신들의 학업 중에 결코 연구 논문을 써 본 적이 없다. 학생들의 교실에 들어가지 이전에 학생들의 사전 지식과 배경을 파악하는 것은 거의 불가능하다. 어떤 나라에서 왔던 간에 교사들은 학생들이 고급 수준의 작업을 준비할 수 있도록 학기 초에 시간을 보내야 한다(Thurston 등, 1994).

### 2) 학생 동기

"나의 모든 학생들이 배우고자 갈망할 것이다." 북미 밖에 있는 많은 학생은 학습하고자 하는 동기 유발이 되어있는 데 흔히 북미의 학생들보다 더 이상의 동기를 갖고 있었다. 교사들은 흔히 해외 학생들은 어떠해야 하며 어떻게 학습하고 이러한 학생들이 긍정적으로 자신의 교육에 반응할지에 고정 관념에 사로잡혀 있다.

**현실 직시**

모든 학생이 배우고자 열망하지는 않는다. 몇몇 학생들은 자신의 나라에서 높은 실업률 때문에 또는 중등 학교 이후 자신들이 무엇을 원하는지 확신하지 못하기 때문에 자연스럽게 대학에 남아있다. 또한, 모든 학생이 외국 교사들에게 매혹되지는 않는다.

몇몇 학생들이 교실에서 당신에게 화낼지 모를 것에 대비해서 준비를 하라.

**로버트 엘(Robert L.) | 기독교학 박사 | 긴디리, 플라토주, 나이지리아**

우리의 신실하신 하나님이 나를 이 대학에 부르시어 그분의 말씀을 가르치게 하시고 특히 성경적 세계관에 입각하여 기독교의 성경과 연관이 있으며 열정적인 목회에 관한 견해를 피력하게 하셨다고 믿는다.

내가 너무나 만족하였기 때문에 3학년 학생 네 명이 나에게 찾아와서 성경 공부와 기도를 정규적으로 하는 제자 양육의 시간을 갖자고 했다. 학생들은 내가 읽을 만한 좋은 책들을 빌려줄 것을 원하였고 방문을 위해서 나의 아파트도 들렸다.

구약의 성경적인 세계에 관한 나의 수업을 듣고 이스라엘이라는 또 다른 학생은 자신이 졸업한 후에 신학교에 가고자 하는 열망을 갖게 되었다고 말했다. 다른 학생들은 성경에 관한 질문을 가지고 와서 도움을 받고자 했다.

몇몇 학생들은 질문을 위해서 자신의 목사에게 찾아간다면 그 목사는 학생들이 이단을 신봉하고 있다고 생각할 거라고 말했다. 대학교수로서 내가 중립적인 위치를 유지하고 있으므로 학생들이 실제적인 신학적 문제들을 가지고 나에게 가까이하기가 쉬웠다.

선교에 관한 내 견해가 나이지리아에 도착한 이후로 변화되었다. 흥미로운 아프리카 회복의 일부분이라 여기고 수백 명이 넘는 열정에 넘치는 학생들을 가르치러 온다고 생각했지만, 긴 다리에서의 상황은 그렇지만은 않았다.

우리 종교학과 대부분의 학생은 종교가 졸업하기 쉬운 방식이고, 나이지리아와 같이 가난으로 피폐한 나라에서 멋진 목표 중의 하나인 가르치는 직장을 구하기가 쉬운 방법으로 생각하지만, 그 학생들이 성경을 공부하거나 가르쳐야만 할 이유는 상당히 빈약한 형편이다.

내가 지금 여기에 존재하는 이름뿐인 기독교의 흐름을 바꿀 수는 없지만, 하나님의 은혜로 하나님과 동행하며 하나님을 섬기는 그들의 태도로 볼 때 소수의 학생에게 상당히 영향을 끼칠 수 있기를 바란다.

### 3) 영어 숙련도

그들이 영어로 가르치기를 원하기 때문에 내 학급에 있는 모든 학생은 훌륭한 영어 듣기, 읽기, 쓰기 그리고 말하기 기술을 가지고 있을 거라고 확신한다.

> 현실 직시

대부분의 북미 사람들은 주제나 교과를 개의치 않고 영어로 가르칠 것이다. 대부분 교사는 학생들의 영어 실력의 실제 편차가 상당히 다르다는 것을 발견한다. 몇몇 학생들은 강의를 90%를 파악할 것이며 다른 학생들은 고작 50% 정도만큼 이해하고 아직도 많은 사람은 그보다도 적게 이해할 것이다(Thurston 등, 1994).

학생들의 언어와 독해 능력을 아는 것은 학습을 증진하기 위해 강의를 보충할 때 중요하다. 중요한 개념들을 반복하고 칠판 위에 새 단어를 쓰고 기본 원칙들을 다시 말하는 것은 영어가 학생들의 모국어가 아닌 학급에서 필요하다. 이렇게 하는 것은 시간과 에너지가 소모되고 다루어질 내용의 양을 제약한다. 외국의 환경에서 다루어질 수 있는 자료는 북미의 교실에서 한 학기 동안 다루어질 수 있는 것의 절반가량 될 것이다.

### 4) 유사점

"세계 곳곳에 있는 학생들은 서로 상당히 유사하고 학문적 명제(protocol)와 윤리(ethnics)를 인지하고 있다."

교사들은 학생들이 표절과 부정 행위에 대해 똑같이 윤리적인 이상(ideals)에 몰두하고 있다고 믿는다.

> 현실 직시

나든 문화들이 낭신이 보는 것보다 세계를 상당히 다르게 보고 이러한 것이 교실에 극적으로 영향을 미친다는 것을 이해하는 것이 중요하다. 예를 들어 시간 엄수가 명백한 미덕이라고 믿고 있는 서구의 교사들은 시간에 관한 학생의 행동에 대해 어떤 기대를 품어 왔으며, 그러한 행동을 보여주지 못한 학생들에 대해 자신들의 공부를 심각하게 여기고 있지 않다고 가정하고, 학생들이 게으르며 동기가 부여되지 않았다는 그릇된 상투적인 이미지를 부여한다.

이러한 교사는 시간과 시간 제약에 관해 상당히 느긋한 비서구 학생들과 함께 일하는 데 어려움을 갖게 될 것이다. 이러한 학생들은 시간 엄수를 중요한 것으로 여기지 않으며 마감 시간이 융통성이 있고 적응할 수 있는 것으로 믿고 있다. 특히, 외국인 강사가 적응력이 부족하면 이러한 차이점으로 인해 방해를 받고 또 실망할 수 있다.

표준이라고 생각하는 문제들이 먼 나라에서는 전혀 그렇게 분명하지 않다는 것을 명심하라.

예를 들면 마이크는 아시아와 중동의 교실에서 여러 시간에 걸쳐 표절 문제에 관해 곰곰이 생각하고 그것에 관해서 가르쳤고 다루어 왔다. 비록 미국에서 어떤 학생이 표절에 관한 규칙을 어겼거나 자료를 인용하지 않았을 때 중요성을 부여하지만 이러한 일들이 다른 나라에서는 완전히 다른 관점에서 여겨지며, 적어도 처음에는 서구적인 관점에서 다루어질 수 없다. 지적 재산권의 특허권 침해를 허용하고 보호하는 나라들에서는 표절이 수용될 수 있는 형태의 일이다.

게다가 부정 행위가 있다. 사회주의와 공산주의는 많은 국가에서 학생들의 세계관을 형성하고 '부정 행위'에 관한 단어를 남기지 않았다. 이러한 문화에서는 모든 지식은 국민에 속하고 시험 때는 모든 지식이 공유된다. 내가 어려운 시험 문제에 관한 정답을 알고 나의 학급 학생들이 모르면 친구들에게 옳은 정보를 제공하는 것이 나의 의무다. 그것이 도움이 되며 공동체의 삶이다.

브라이언 B.(Brian B.)은 러시아에서 비즈니스를 가르쳤다. 학생들이 정직에 관한 자신의 메시지를 듣지 않고 의무를 이행하지 않는 것에 관해 실망했다. 부정 행위가 문제가 될 뿐 아니라 학생들이 과제들을 이행하지 않았다. 학생들은 비즈니스에서 윤리에 관한 것을 다루게 될 문제를 논의하는 3페이지짜리 소논문의 마감일에 관해 들었다.

브라이언은 매주 마감일이 가까워짐에 따라 수업 시간에 과제를 상기시켜 주었다. 그 이후 학기말 시험 2주 전에 마감일이 다가왔다. 한 학생도 과제를 제출하지 않았다. 브라이언은 매우 화가 났다. 그래서 다시 학급 학생들에게 이 과제는 학기말 시험을 보고 과목을 통과하기 위한 필수요건이라고 말했다. 브라이언은 학생들이 그 논문을 완성하기 위해 일주일을 더 줬다.

새로운 마감일이 다가왔다. 다시금 아무도 소논문을 제출하지 않았다. 브라이언은 수업을 취소하고 모든 학생을 낙제시킬 준비를 했다. 그 후에 한 학생이 늦게 찾아왔다. 놀랍게도 그 학생은 과제를 완성했다. 브라이언은 어리둥절했다. 브라이언은 지금 소논문을 제출한 유일한 사람인 이 학생만 이 과목을 통과할 기회를 얻었다고 학급에 이야기했다. 그때 브라이언에게 아이디어가 떠올랐다. 이때가 학생들과 복음을 나눌 기회였다. 브라이언이 말했다.

> 여기 우리가 실패로부터 여러분을 구원하게 될 무엇인가를 행하신 한 사람을 가지고 있습니다. 여러분이 알다시피 나는 기독교인입니다. 나는 예수님의 이야기를 믿습니다. 즉 십자가에서 죽어가는 한 사람이 많은 사람을 구원했다는 이야기를 말입니다.
>
> 지금 여러분 모두를 돕기 위해 무언가를 행한 사람의 사례를 알고 있습니다. 이 한 학생이 해낸 것 때문에 과제를 마무리할 수 있도록 한 주를 더 여러분에게 드리겠습니다. 학기말 전날까지 소논문을 제출하나면 여러분이 시험을 볼 수 있도록 할 것입니다. 예수님께서 많은 사람을 구원했던 것처럼 여러분도 또한 한 사람에 의해 구원되었습니다.

그다음 주에 모든 학생이 소논문을 제출했다. 학생들은 실제로 과제들을 잘 해냈다. 브라이언이 학생들에게 왜 마지막으로 과제를 했느냐고 물어봤을 때 한 학생이 일어났다.

교수님, 당신은 우리가 과제를 끝내야 한다고 엄격하게 말했습니다. 그러나, 당신은 너무나 훌륭한 교수님이시기 때문에 실제로 우리에게 영향을 미치리라고는 믿지 않았습니다. 그러나, 지난주에 당신이 진지하고 그래서 그 수업을 이수하지 못했을 때 우리에게 또 다른 기회를 준 것이 기뻤습니다. 과제를 완성하기 위해 시간을 들였습니다. 용서해 주셔서 감사합니다.

다음날 브라이언이 학기말 시험을 시행했다. 마침내 브라이언은 부정 행위를 하는 학생들을 발견하지 못했다. 나중에 브라이언은 개인적으로 학생 중 한 학생에게 어떤 일이 있었느냐고 물었다. 그 학생은 이렇게 대답했다.

제 생각에 우리는 선생님이 윤리와 정직성에 관해 가르치고 계신 것을 이해하기 시작했다는 것입니다. 선생님 시간에는 적어도 우리가 그렇게 한번 시도해 보자고 결정했습니다.

### 5) 제안

이것은 포괄적인 목록은 아니지만, 여기에 거칠한 곳을 다듬고 문화적 충돌을 피하는 몇 가지 부가적인 방법들이 있다.

① 매 학기 초에 학생들의 기존 지식을 평가하기 위해서 고안된 짧은 과제를 발전시키자(예를 들면 학생들이 교육과 교육에 대한 학생들

의 인식에 관하여 몇 가지 질문을 쓰기 과제로 이용하라).

이러한 질문들에 관해 학생들이 쓴 것을 읽는 것은 학생들의 지식과 인식에 관한 귀중한 통찰력을 제공할 것이다. 읽기는 또한 학생들의 영어-쓰기 능력을 평가하는 것에 도움을 주고 장래에 교과 단원과 과제를 준비할 때 유용할 것이다.

② 도착하기 전에 수업에서 성공하는 데 필요한 지식과 기술을 제공하기 위해서 2주짜리 입문 혹은 예습을 계획하라.

수업에서 갖게 될 기대, 목적, 목표를 위해 훈련하고 가르치고 준비할 몇 가지 자료들을 가져와라.

손님을 맞이하는 나라에서 어떤 것도 가능할 것이라고 가정하지는 말라.

세계의 많은 나라에서 학생들이 교과서를 이용하지 못하며 대학 도서관들은 자료가 거의 없다.

③ 가능하면 장래 학생들을 이해하는 데 도움을 줄 수 있는 자료를 찾도록 하라. (즉, 세계에 관해 학생들이 무엇을 생각하고 어떻게 배우며 어떤 목표를 가지고 있고 영웅이 누군가를 알도록 하라.)

일하게 될 나라에서 가르쳤던 다른 사람들과 이야기를 많이 나누도록 하라.

④ 학생들의 언어 능력에 관해서라면 가장 최악의 것에 대해 준비하도록 하라.

수업에서 학생들의 이해 수준을 향상시킬 수 있는 몇 가지 방법들이 있다(제6과, 제7과 그리고 제10과를 보라).

⑤ 자신의 문화적 지문(흔적)들을 인식하라(Baumgartner, 2002).

북미 사람들은 시간을 선호하고 몇몇 다른 문화에서는 그렇지 않다. 미국인들은 과업을 선호하는 반면 다른 문화들은 사회적 의사소통을 더 중요하게 여길는지 모른다.(Mike의 배관공은 새는 곳을 고치는 것보다 관계에 더 흥미가 있었다.)

미국 문화는 개인적이지만 다른 문화들은 집단을 존중하고 활성화한다. 다른 문화들은 다른 방식으로 학습한다. 사고 과정들은 문화 간에 서로 달라서 학생 문화와 교실 문화 그리고 제공되는 지식을 연결하는데 사용한다.

예를 들면, 토론이나 질문을 서구의 교실들에서는 소중하게 여기지만 동양 학생들은 단지 강의만 듣도록 교육을 받는다. 서양인들은 단선적 사고를 중요시하는 반면 동양인들은 사고에 접근할 때 더욱 순환적이다.

이것은 당신이 논의를 사용할 수 없다는 것을 의미하는 것이 아니라 차이점을 인식하고 학생들이 새로운 학습 방식을 배우는 것을 도와 줄 필요가 있다는 것이다. 무엇보다도 적응하라.

⑥ 가장 중요한 것은 긴장을 풀어라.

하나님이 당신을 이곳으로 불러서 적응할 수 있도록 도울 것을 기도하고 믿어라.

타문화권 교실에서 훌륭한 교사가 될 수 있도록 하나님께 눈과 귀를 열어서 학습할 수 있도록 요청하라.

## 2. 교실들과 시설들에 관한 기대들

### 1) 희망 사항

자신들의 교실들이 어떠해야 할지에 대한 서구 교사들이 갖는 선입견은 서구 교실들에서 가르치는 경험에 분명하게 기초한다. 이러한 선입견들은 보통 다음의 가설에 집중된다.

① 북미 기준에 따르면, 적절한 기술과 용품을 갖추지 않으면 수업과 학교가 효과적으로 운용되지 않기 때문에 나의 타문화권 교실은 틀림없이 기본적인 기술과 적합한 자료를 갖게 될 것이다.
② 교실, 복사기, 보조 직원, 사무실 그리고 컴퓨터 장비 모두가 내 수업에 적합할 것이다.
③ 교실을 배정받을 것이며 정규 수업 시간 동안에 개방될 것이다.
④ 낮 동안 전기가 켜질 것이다.
⑤ 학생들이 책상들과 교과서를 갖게 될 것이다.
⑥ 출석부를 갖게 될 것이다.
⑦ 교실이 청결하고 잘 갖추어질 것이다.

## 2) 현실 직시

수업 환경과 자료들은 대부분의 나라와 나라, 대학과 대학, 학과와 학과, 심지어 교실과 교실 간에도 아마 다를 것이다.

① 몇몇 교실들은 파워포인트, 슬라이드를 보여주기 위해 컴퓨터와 비디오 프로젝터를 갖고 있다. 다른 교실들은 분필이 유일한 테크놀로지(기술)이다. 공포에 질리지 말라. 예수님은 훌륭한 선생이었고, 테크놀로지와 분필도 갖고 계시지 않았다.
② 개인 사무실을 얻거나 다른 사람들과 함께 사용할 것이다.
③ 북미 대학들에서 흔한 출석부와 학사 일정표가 빈번하게 해외의 대학들에서는 없어지기도 한다.
④ 사원과 자료를 찾기 힘들고 심지어 수업 노트를 복사하기도 힘들다. 많은 것들이 특정한 나라와 대학에 달려 있다.
⑤ 몇몇 강사들은 자신의 학생들의 교실에 책상들이 충분하지 않다

는 것을 발견한다. 이것은 모든 사람이 앉을 만큼 충분한 의자를 찾고 모으는 데 상당한 수업 시간을 소비하는 것을 의미하는데, 단지 다음 수업 시간에도 똑같은 상태로 되돌아갈 것을 알게 된다.

⑥ 몇몇 문화에서 열쇠는 권력의 상징이며 키홀더가 자기 삶의 모든 것을 통제하는 도구이다. 열쇠로 교실들이 잠길 수가 있으며, 열쇠를 가진 사람을 발견하기가 쉽지가 않다. 그리고 일단 키홀더가 발견되면 기꺼이 방을 열기 위해서 캠퍼스를 도보로 걷지는 않을 것이다.

미국의 한 법대 교수가 친구들에게 이메일을 보냈다.

봄 학기를 시작할 때가 됐다. 학생들이 겨울 시험을 잘 쳤고 자료를 상당히 잘 이해하는 면을 보여주는 것이 기뻤다. 여기 루마니아에서는 학문적인 분류가 문제다. 새 학기에 훌륭하게 수업 계획을 마칠 수 있도록 기도해 달라. 세 개의 영미법 과목들이 선택과목이기 때문에 필수 과목들 사이에 그 과목들을 가르쳐야 한다. 그래서 꽤 괜찮은 배열을 하는 것은 상당히 도전적인 일이 될 수 있다. 첫째 주는 이러한 모든 문제를 해결하기 위해 학생들과 면담하는 데 소비한다. 이것이 흔한 것 같지만 이러한 것은 학기가 얼마나 잘 진행되는지에 관해 큰 변화를 불러일으켰다.

초청하는 대학에서 모든 것이 혼란스럽게 보인다. 그래서 다음과 같이 스스로 의아해 할지 모른다.
 '이곳에서 이전에 어떻게 학습이 이루어졌을까?'
 그러나, 학습은 형성된다. 모든 것들이 스스로 해결되는 방식을 가지고 있다.

3) 제안

타문화권 교실에 있는 교사들은 자신의 수업 방식에 적응해야 하며 가끔은 자율적으로 조정해야 한다. 기술에 의존할 수 없을 것이며 집 컴퓨터는 교실에 적합하지 못할 것이다.

① 정전에 대비하고 대체물로 가능한 낮은 기술로 가능한 단원을 가져라.
② 컴퓨터를 위해 집에서 어댑터와 케이블을 가져올 필요가 있고 구입하는 모든 것이 이중 전압이 될 수 있도록 확인하라. (해외에서 보통 멀티탭을 구입할 수 있으며 틀림없이 이용할 수 있는 컴퓨터 물품들을 찾아야 할 것이지만 새로운 문화에서 상세한 품목을 찾는 것은 시간이 걸리기 때문에 모든 필수품은 가져오기를 권한다.)
③ DVD 혹은 VCR이 호환성이 있는가를 알아보자.
④ 그 나라가 어떤 시스템을 사용하는지 점검해 보자(북미의 많은 DVD는 외국의 시스템들에서 작동하지 않을 것이다).
⑤ 가능하면 수업 첫날 전에 교실을 방문해서 수업에 필요한 컴퓨터 시스템과 조명, 책상들과 그 밖의 것들을 점검해 보라.
⑥ 가끔은 '열쇠 집'(Key Holder)으로 알려진 빌딩 관리인을 찾아가 감사의 표시로 유명한 스포츠 팀의 야구 모자, 미국 대학의 로고가 있는 티셔츠 혹은 사탕 한 박스 같은 근사한 선물을 가져왔다고 반드시 말하라. (미국 밖의 대학 조직은 이런 유형의 윤활유 위에서 작동한다. 이 대학 조직은 미리 "고마워요"라고 말함으로 결코 상처를 입히지 않는다. 새 도시를 알게 되고 복사와 사무용품과 같은 것들에 대한 대용품을 찾는 것은 실제로 중요하다.)

결론은 이렇다.

적어도 처음 몇 주 동안 수업을 위해 갖고 있어야 하는 것을 평가하여 필요한 만큼의 많은 자료를 가져오라.

하지만, 그 자료들을 CD 혹은 썸드라이브(thumb drives, 휴대용 데이터 저장기)와 몇 개의 하드 카피(프린터 장치)들을 가져오라.

대신, 여행 가방의 많은 공간을 줄이지는 말라.

그러나, 처음 몇 번의 수업은 당신이 준비할 필요가 있다. 지형을 배우며 당신이 주인 문화(host culture)에서 가능한 것을 배울 때까지 이 모든 것으로 가능한 만큼 자급자족하게 된다.

품목들을 발견하지 못할 경우 대체물을 발견하라.

생활은 붙이는 메모지 없이도 지속될 수 있다.

## 3. 생활 환경들에 관한 기대들

### 1) 희망 사항

종종 교사들은 자신들의 생활 환경이 어떻게 될 것인지에 관해 왜곡된 감정을 가지고 해외의 직책을 수용한다. 누군가가 고급 숙박 시설을 기대한다면 의심스럽다. 하지만, 대부분 교사는 적어도 자신들의 모국에서 익숙한 대중 시설에 똑같이 편리하게 접근할 것을 기대한다. 수많은 나라에서 이러한 가정은 실수를 가져온다.

① 내가 충분한 생활 환경을 갖게 될 것이다.
② 내가 목욕하고 옷을 세탁하기 위해 뜨거운 물을 갖게 될 것이다.
③ 모든 사람이 쉽게 초고속 인터넷 사용을 할 수 있다.

④ 내가 어려움 없이 핸드폰을 얻을 수 있다.
⑤ 케이블 혹은 위성 TV를 보기 위해 기다릴 수 없지 않은가!
내가 슈퍼볼을 시청할 수 있어야 해, 그렇지?
⑥ 내가 이메일, 전화 통화, 정규 메일의 사생활에 대한 권한이 있다.

**2) 현실 직시**

공공 서비스는 세계적으로 상당히 차이가 난다. 물, 전기 그리고 하수 설비를 쉽게 이용할 수 있는 장소로부터 사업이 신뢰가 가지 않는 곳으로 옮겨 가는 것은 상당한 변화를 요구한다. 이 밖에도 당신의 아파트에서 서비스를 받으려고 노력하는 것은 상당히 시간을 소요할 수가 있다. 물건을 옮길 때 뇌물을 은근히 바라며 무언의 요구를 하며 근무하는 부패한 관리들을 만나게 될지 모른다.

프라이버시의 결핍이 북미에서 오는 교사들이 적응하는 데 가장 힘든 이유 중의 하나이다. 공산주의 국가들, 중동의 국가들과 유럽 국가들은 당신의 이메일을 살펴보고 어떤 웹사이트를 방문했는지 검사하고 심지어 정규 우편물을 읽는 것도 드문 일은 아니다.

몇몇 나라들에서 교사들은 정규적으로 다른 사람들이 자신들의 전화 대화를 도청하는 것을 허용한다. 복음을 선포하는 내용이 담긴 고향 집에서 온 개봉된 편지를 해외의 학교 행정 실장이 테리(Teri)에게 건네줄 때, 테리는 자기 여동생이 임신한 것을 축하해 주기를 그 행정 실장에게 부탁했다. 국경을 통과하는 교사들은 서구에서는 당연하게 여겨지는 몇 가지 시민의 권리들을 포기할 준비가 되어 있어야 한다.

준비하라.
기운을 내어라.

예수님은 인간들 가운데 오셔서 살 수 있는 모든 자신의 권리를 포기하셨다는 것을 기억하라.

그것은 힘들지만 불가능한 것은 아니다.

### 4. 교수들에 관한 기대들

**1) 희망 사항**

타문화권 교실들에 들어가는 교사들은 종종 표준 작업량과 과목에 관해 몇 가지 잘못된 기대를 안고 도착한다.

① 직접적으로 내 전공 분야인 과목을 가르칠 것이다.
② 동료들이 내가 이 학과에 기여하는 것에 대해 고마워하며 여기 있는 것을 기뻐할 것이다.
③ 한 개의 강의 계획서가 모든 대학에 대한 표준이 된다.
④ 학사 일정표는 요청함에 따라 쉽게 구할 수 있으며 공휴일 계획, 휴일, 시험 날짜를 나에게 알려줄 것이다.
⑤ 캠퍼스에 도착하는 날에 계약서와 수업 계획서를 전달받을 것이다.

**2) 현실 직시**

타문화권 교실에서 수업 분량은 실제적으로 한 기관에서 다른 기관, 심지어 한 프로그램과 다른 프로그램이 다르다.

① 이전에 결코 가르쳐 보지 못한 과목 혹은 정규 수업 밖의 것을 가르칠 준비를 하라.

성경은 "우리에게 철을 가리지 않고 준비하라"고 말한다(딤후 4:2).

② 준비하라. (네가 무엇을 가르치며 언제 가르치며 심지어 누구를 가르칠지 모를 수 있다.)

③ 대부분의 타문화권 교사들은 자신들이 단지 주어진 수업을 담당하는 것 이상 더 많이 일한다고 보고한다. 부수적인 일은 동료를 위한 영어 전문 논문을 편집하고 영어로 번역된 학과 문서를 교정하고 워크숍을 주관하고 1주일마다 캠퍼스 강의를 하고 공동 연구에 참여하고 연구 논문을 작성하는 학생들의 연구 논문과 또는 다른 논문을 도와주는 것을 포함할 수 있다.

④ 좋은 기회를 개방적으로 포용하고 결실을 맺지 못하는 것에 대해 지혜롭게 하라.

⑤ 수업 규모가 또한 상당히 다를 것이지만 북미의 기준보다 더 큰 경향이 있다.

⑥ 고지식하지 않도록 노력하라.

대학의 캠퍼스에서 모든 사람들이 당신을 보는 것을 매우 기뻐하는 것은 아니다. 가끔 동료들과 심지어 학생들도 당신을 보는 것을 위협이라고 여긴다.

당신이 국민으로부터 일자리를 가져갔는가?

반미 감정이 주위를 맴돌고 있는가?

다른 사람들을 불편하게 할 정도로 영어 숙련도가(skill)을 떨어져 걱정되게 만들기 때문에 당신의 모국어(영어)가 적합하지 않다고 드리낼 것인가?

⑦ 당신의 학과에서 거부되는 것에 놀라지 말라(그런 일이 있을 것이다).

⑧ 계약들, 수업 계획들 그리고 학사 일정표들은 종종 다른 문화에서 무시된다면 결코 녹초가 되지 말라.

이러한 항목들이 부족한 것은 당신과는 관계가 없다. 그것은 단지 시스템이 작동하는 방식의 일부분이다.

## 3) 제안

① 일의 부담이 상당히 많을 것을 가정하면서 가르치는 일에 접근하라.

일의 부담을 상당히 느끼면 준비가 되어 있는 것이다. 일의 부담이 가벼우면 놀랄 것이고 다른 활동을 찾을 수 있다.

② 자신만의 수업 출석부를 만들라(학생들의 이름을 기억하는 것이 훌륭한 방법이다).

③ 중요한 날짜들, 공휴일과 참석해야 할 회의들을 알려줄 수 있는 대학 조직 내부의 동료를 친구로 사귀어라(모든 일은 해결되는 방식을 가지고 있다).

④ 시간을 지키고 과도하게 일에 지나치게 개입하지 말라.

교실 수업 이외의 것 중 수용하기 원하는 일은 현명하게 선택하며 문화적으로 적합한 방식으로 거절하는 법을 배워라.

거절하는 것이(돌보는 방식으로) 형편없는 기독교의 증인이 되는 것은 아니다. 너무 많이 간섭하기 때문에 질적으로 나쁜 일을 수행하게 되는 것은 불쌍한 증인이다.

그러므로, 시간을 보내는 것에 대해 현명한 결정을 하는 법을 배워라.

⑤ 어떤 일들을 수용해야 하는지에 관해 동료와 상의하라.

몇몇 요청은 다른 것들 만큼 중요하지 않다. 예를 들면 만일 학과장 이 전체 학과를 위해 보조금을 얻기 위한 제안서 작성하는 것을 와 달라고 요청하면 그 일은 전체 학과와 대학에 이익이 되는 잠재력을 가지고 있다.

중동의 미국 정책에 관한 불만을 미국 신문사에게 기고하는 것을 도달라고 원하는 이웃과 대조를 시켜라.

우선 순위를 정하는 것은 힘들며 기도를 통해 상당히 의도적으로 이루어질 필요가 있다. 각 사람이 중요하지만 몇 가지 일은 너무 시간이 걸리고 당신으로부터 더 전략적인 일을 위해 상당히 필요한 에너지를 사정없이 고갈시켜 버린다.

⑥ 아무도 원하지 않는 더러운 것을 기꺼이 하지만 현명하게 하도록 하라.

마태복음 10:16의 "뱀같이 지혜롭게, 비둘기같이 순결하게 하라"는 예수님의 말씀에 귀를 기울여라.

식견을 갖고 학교, 동료 그리고 학생들이 당신에 대해 갖고 있는 기대를 통해 배워라.

⑦ 당신의 수업이 첫 번째 우선권이 있다는 것을 이해하라.

수업 준비와 학생들과 만나는 시간은 확보해야 한다.

업무량이 어떠하던지 간에 알찬 수업을 개발하는 데 필요한 준비 시간은 다른 의무를 이행하기 위해 미루어 피할 수 없다는 것을 명심하라.

## 5. 일상에 관한 기대들

### 1) 희망 사항

서구에서는 미리 계획을 세우는 것을 선호한다. 북미에서 온 우리 대부분은 따라야만 할 생활에 관한 어떤 규칙이 존재한다고 믿는다.

세상에 사는 모든 사람들은 유사한 규칙이 있고 미리 계획을 세우지 않은가?

여기 서구인들이 집착하는 몇 가지 가설들이 있다.

① 사람들이 내 집을 방문하기 원할 때 사전에 통보를 받을 것이다.
② 대부분 나라는 9시에서 9시까지의 규칙에 집착한다. 또한, 비상 상황이 아니면 오전 9시 이전 또는 9시 이후에 절대로 누구에게 전화하지 않는다.
③ 공식적 또는 비공식적 모임에 초대를 받았을 때 사전에 미리 통보 받을 것이다.
④ 목록을 통해 일하는 것이 일을 성취해 나가는 가장 효율적인 방법이다. 모든 사람들은 더 많이 성취할수록 내 자신이 더 나아진다는 것을 알고 있다.

### 2) 현실 직시

사전 계획에 관한 서구 문화의 규칙은 심지어 다른 문화에서 조차 주목받지 못했다. 북미 사람은 만찬 약속에 대해 상당히 주목했다. 그러나, 많은 나라는 북미 사람만큼 계획에 관해 관심을 두지 않거나 또는 계획에 사로잡혀 있지 않다.

예를 들면 마이크(Mike)는 한번은 오후 2시에 전화를 해서 오후 6시에 강연을 해 달라는 전화를 받았고, 오전 7시에 전화를 해서 오전 8시에 방문하겠다는 방문객도 접했다. 많은 문화가 사회적 상호 작용의 인간적인 측면에 더 관심이 있어서 효율성을 약간 혹은 거의 강조하지 않는다. 결과적으로 시스템들은 다른 시간 표상에서 운영된다.

당신의 자국 문화에서는 1시간이면 끝마칠 일이나 활동이 새로운 주류 문화에서는 온종일 걸릴 수 있다. 많은 나라, 특히 개발 도상국들에서는 하루에 단지 한 가지 과제를 완수하는 것에 대해서 자기 만족을 느껴야만 한다. 당신이 한 모든 것이 세탁한 것이라면 그날은 기분 좋은 날이라는 것이다. 오후 내내 우체국에 가거나 전기료를 냈다면 잘한 일이다. 한 가지는 이루어낸 것이다.

해야 할 일의 목록을 던져 버리고 일을 천천히 할 계획을 세워라. 서투른 관료주의 때문에 대중 교통에 의존하고 제한된 가정 편의용품들 그리고 새로운 언어로 인해 고생하고 일 처리를 하는 것은 고국과 똑같지는 않다.

문화들은 명백하고 단순하게 다르다. 미국에서는 빠르게 결정을 하는 것을 존경하고 높이 평가한다. "그는 정말로 자기가 할 수 있는 범위에서 빠르게 생각한다"는 것은 대부분의 북미 사람들에게 찬사이다. 모든 문화에서 그것을 가치 있다고 여겨지는 않는다. 일상생활이 처음에는 실망스럽고 모든 당신의 기준과 문화적 신호가 잘못된 것처럼 느낄지 모른다. 당신이 세계를 알고 이해하는 것과 상충되는 기본 전제를 다루게 될 것이다.

**존 엘(John L.) | 성경학 석사 | 아쾅아, 나이지리아**

나는 내 친구를 위한 특별 취임식에 참석하기 위해 토요일에 조스(Jos)에 있었다. 그는 이곳 선교기관의 새 국내 총재로 취임하려는 중이었다. 취임식이 시작되기 직전에 내 핸드폰이 울렸다. 내가 재직 중인 학과의 학과장인 오가(Ogga) 박사가 나에게 물었다.

"나와 동행해서 월요일 아침과 화요일에 자리아(Zaria)에 갈 수 있겠어요?"
나는 응답했다.
"물론이지요. 어떤 행사인가요?"
그는 대답했다.
"우리는 그곳의 자연계 학부 학생들의 학위취득을 위한 일련의 시험 문제들을 주관해야 할 필요가 있어서요. 마음을 잘 달래서 어루만져야 할 시간이 되어야 할 것 같아서요."

여기서는 사전에 계획한 많은 일들이 계획대로 잘 진행되지 못하곤 한다.

그래서 조스(Jos)에서 돌아온 그 날 나는 조그만 버스로 오가 박사와 함께 4시간 걸리는 여행을 하고 네 번의 다른 강연을 위해 일찍 떠났다. 우리는 안전하게 도착했고 몇 시간 걸리는 회의에 참석했다. 캠퍼스로 저녁을 먹기 위해 무언가를 찾고 있었을 때 우리는 "식사가 끝났다'라는 통보를 받았다.

그때 나는 그날 밤 오가 박사와 매우 조그만 호텔 방을 나눠서 사용해야 한다는 것을 알았다. 그는 백내장 제거/렌즈 삽입 수술에서 회복되고 있어서 함께 있는 이틀 동안(하루에 4번씩) 그의 눈물 방울을 잘 관리해야 하는 것이 나에게 달려 있었다. 나는 무척 피곤했고 어젯밤 때문에 약간 짜증이 났는데 그때 오가 박사가 나에게 이렇게 말했다.

"형제님! 내 일의 짐을 덜게 해 주기 위해 이렇게 도우러 오신 것에 대해서 정말로 기쁩니다. 당신의 열정과 에너지는 우리에게 감동 그 자체였어요. 우리가 떠나기 이틀 전에 이 출장 건에 대해 알았는데도 당신은 기뻐하며 한마디 불평도 하지 않았어요. 당신은 비록 혼란하고 도로가 엉망이고 전기가 부족하고 다른 불편한 것들도 많았는데도 이곳을 좋아하며 우리와 함께 일하는 것도 흡족해했어요. 당신과 더불어 당신 부인과 같은 동역자를 함께 하게 되어 마음이 흐뭇해요. 당신은 학생들에게 너무나 모범적인 사례가 되며 하나님의 말씀을 정말 신실하게 가르치고 계시네요. 오신 것에 다시금 감사드려요."

이러한 종류의 찬사에 대해 우리는 무엇이라고 말할 수 있나요?

내가 생각할 수 있는 것은 "형제님, 감사합니다. 참으로 엄청난 특권이며 여기에 있게 된 것은 바로 수년간 기도에 대한 응답입니다." 불을 끄고 우리는 취침을 취했다.

① 시간 대(對) 사건 지향.
② 옳고/그름 대(對) 문화적 규범들.
③ 공동체 대(對) 개인.
④ 행동하기 대(對) 존재하기.
⑤ 직접적인 말 대(對) 모호한 말.

"아니다"가 항상 아니다를 의미하지 않을 때와 직접 말하기가 무례하고 모호함이 정상적인 담화의 일부분일 때 작동되기가 힘들다.

사람들이 시간과 계획을 존중하지 않을 때 당신은 무엇을 하는가? 온종일 진행되는 교회 예배와 거의 시작될 것 같지 않은 결혼식처럼 시작 혹은 결말을 가지고 있지 않은 사건들을 어떻게 다룰 것인가?

단지 당신은 적응법을 배워라.

이 책은 타문화 생활과 적응에 관한 자세한 안내서이다. 우리는 단지 당신이 방문 국가와 사람을 판단하지 말기를 권한다. 건강한 적응을 위한 중요한 진언(眞言)은 다음과 같다.

좋은 것은 아니다. 또한, 나쁜 것도 아니다. 단지 다를 뿐이다.


### 3) 제안

① 자국 문화와 상당히 다른 타문화에서 가르친다면 시간과 결정을 하는 것과 관련된 것으로부터 야기되는 갈등을 인지하라.
② 9월에 열리는 특별 이벤트에 수업듣는 학생을 데리고 가려고 한다면 학과장에게 물어보도록 하라. (그 내납은 '네'이시만 11월까시 대답을 해 주지 않는다. 혹은 사람들이 자신을 위해 일을 해달라고 부탁을 하는 데 당신의 시간을 헛되게 사용하게 만드는 것 같다는 생각을 들게 한다. 이 개인이

시간을 귀중하게 여기지 못하거나 결정을 할 수 없다는 것은 아니다. 오히려 그들이 단지 사물을 다른 관점에서 본다는 것이다.)

③ 당신의 반응이 학습과 인내 중에서 한 가지가 되어야 한다.

계획을 마지막 순간에 바꾼 것 또는 학과 회의에 관해 당신에게 알리는 것을 잊은 것에 대해 화내고 실망하지 말자.

모든 차이점의 숨겨진 이유를 완전히 이해하지 못할지라도 그러한 것에 대처해 나가는 것이 점점 쉬울 것이다.

④ 사회 참여율에 관한 것들은 가능하면 수용하려고 노력하라.

그러나, 초대를 받아들일 때 당신의 시간과 태도에 특히 조심하도록 주의하라.

저녁 만찬을 수락한 다음에 당신과 일이 좋지 않게 비칠 부정적인 태도를 보이고 오는 것은 현명하지 못할 수 있다. 핵심은 융통성에 있으며 방문 국가의 문화로 서서히 변해 가는 것이다.

**올가 A.(Olga A.) | 러시아언어문화학 박사 | 아시아**

가끔 하나님은 나를 위해 최상의 계획을 구상한 것을 보여주기 위해 매우 열심히 일하셔야 한다!

두 번째 학기를 위한 스케줄을 받았을 때 좋다고 말할 수가 없었다. 더 많은 자유 시간을 갖기를 원했지만, 오히려 매우 바쁜 학기를 보내게 될 것이며 게다가 이제까지 가르치지 않았던 새로운 과목을 가르쳐야만 했다.

새 스케줄을 받은 직후에 학장이 전화를 걸어와서 "과학적 연구수행 방법론" 한 과목을 더 가르칠 수 있겠냐고 물었다. 그 과목은 가르치기 싫었다. 왜냐하면, 나에게 새로운 과목이고 상당한 준비가 요구되는 과목이라고 생각되었기 때문이었다. 단지 그 과목을 가르칠 수 있을 것 같지 않았다. "아니요"라고 말하기를 원했다.

학장에게 왜 그 과목을 가르치기가 힘든지 최선을 다해서 설명했다. 약간 더 고민한 후 최종적으로 그 과목을 가르치기를 포기했다. 이것에 관해 좋은 태도를 보였다고 말할 수는 없다. 이 과목이 나와 내 학생들에게 단지 어려운 과목일 것이라는 것을 알았다.

처음으로 대학원생들을 만났을 때 그들의 과학적인 흥미에 관해서 물어보았다. 그들 중 최소한 몇 명에게 공통된 무언가를 발견하기를 기대했다. 그 수업에 다섯 명의 학생들이 있었는데, 한 학생은 이미 자신의 박사 학위 논문 작업에 들어갔다고 말했다.

그 주제는 러시아 문학의 성경적 토대였다. 그 여학생은 성경에 관해 더 많이 알기를 좋아하기 때문에 수업을 듣는 학생들에게 언제 수업에서 성경을 공부하는 것에 동의하는지 다른 학생들의 의견을 물었다.

나의 응답이 틀림없이 학생들에게는 이상하게 들렸을 것이다. 천장으로 내 눈을 들어서 중얼거렸다.

"오 주여! 이 수업에 대해 감사드립니다. 지금 제가 이 과목을 당신께서 나에게 가르치라고 하신 이유를 알았습니다. 반항심이 생기려고 하는 것에 대해 용서해주시고 또 당신이 더 잘 알 거라고 생각하면서 당신을 신뢰하지 못한 것을 용서해 주십시오".

학생들은 기독교와 다른 종교들과의 차이점에 관해 특강을 해 달라고 나에게 요청을 했다. 이것을 통해 하나님은 무엇이 구원이며 누가 예수님이며 왜 성경을 믿는지에 대해 내게 설명할 기회를 제공하였다.

18주에 걸친 이 수업을 통해 우리는 성경을 읽고 또 토의했으며 심지어 과제로 그것을 사용하였다. 이 수업을 위해 정말로 많은 준비를 했지만, 너무나 보람이 있었다. 정말로 성경을 가르칠 수 있는 축복을 받았으며 성령이 학생들의 마음과 마음을 터치할 수 있도록 기도를 드렸다.

## 6. 복음을 나누는 것에 관한 기대

### 1) 희망 사항

미국 기독교인들은 너무 사주 사역의 효율성을 결정하기 위해 사용된 숫자에 빠져있다.
예수에게 더 많은 개인을 인도 할수록 사역이 더욱 효과적이다. 그렇지 않니?

우리는 종종 천천히 할 필요가 있고 외부인으로서 우리가 들을 수 있는 권리를 얻어야 한다는 것을 깨달았다. 우리가 기대하는 것은 실제 일어나는 것과 조화를 이루지 못한다. 여기에 몇 가지 잘못된 가설들이 있다.

① 복음주의는 실제적인 선교적 일이기 때문에 내 믿음을 매일 항상 나눌 것이다.
② 내가 말해야만 하는 것이 중요하기 때문에 대부분 사람들이 나에게 복음을 듣는 것을 받아 들일 것이다. 물론 대부분 사람들이 경청할 것이다.
③ 다른 사람들에게 예수 그리스도에 관해 말하는 것이 내가 할 수 있는 가장 중요한 것이다. 즉 내가 하는 유일하게 진실된 중요한 일이다.
④ 만일 내가 다른 사람들을 예수께로 인도하지 못했다면 정말로 조금이라도 성취한 것일까?

### 2) 현실 직시

예수를 따르는 사람들은 다른 사람들을 예수에게 인도하기를 갈망한다. 그러나, 위의 가정들은 실제적인가?

복음을 나누는 것이 우선이고 기도와 묵상을 요구한다. 학생들 그리고 동료들과 함께 복음을 나누는 데 시간이 걸린다. 타문화권 교실에서 수업하는 것을 청취할 권리를 얻어야만 한다. 그러기 위해서 시간과 봉사 그리고 사람들의 생활에 노력을 쏟아붓는 것을 필요로 한다. 이러한 것은 일반적으로 쉽게 오지 않는다.

안드리안 H.(Andrian H.)는 공산주의가 패망한 직후 모스코바국립대학교의 철학과에 가르치러 갔다. 안드리안은 노련하게 국경을 넘는 사람이었다. 네덜란드에서 태어나서 캐나다에서 성장하고 필리핀에서 전임선교사였다. 그러나, 안드리안은 자신의 학생들과 동료들의 몰인정함에 어안이 벙벙하였다. 영적인 것에 관해 말하기를 아무도 흥미로워 하지는 않는것 같았다. 관계를 쌓는 것이 불가능해 보였다. 안드리안은 이것에 관해 정직하게 기도했지만, 미동도 없었다. 안드리안은 낙담하며 어려움을 겪었다.

어느 날 학과장이 학교가 1940년대 교수 연구실을 리모델링 하기 위해 자금을 제공했다고 공표했다. (러시아에서 교수들은 개인 연구실이 없지만 수많은 책상과 한 명의 비서가 있는 커다란 방을 나누어 쓴다.)

안드리안은 벽지 바르는 부업을 하며 대학 공부를 했다. 그것은 안드리안이 상당히 잘하는 기술이었다. 그래서 학과장이 주말에 사무실의 벽지를 떼고 페인트를 칠하고 리모델링을 하기 위한 노동을 하는 날이 있을 거라고 공표했을 때 안드리안은 재빨리 자원 봉사하였다.

"안드리안 박사, 일 좀 할 수 있어요?"

학과장이 비꼬는 투로 물어보았다.

"최선을 다하지요."

안드리안이 대답을 하고 노동 프로젝트를 시작하기 위해 토요일에 무엇보다도 먼저 나섰다. 이틀 동안 안드리안은 동료들을 따라서 일했다. 안드리안은 벽지를 떼어냈고 벽의 구멍들을 메우고 다른 사람들의 이야기를 듣고 약간의 농담들을 나누고 상당한 기술과 정교함으로 새 벽지를 붙였다.

일단 사무실이 완성되었을 때 기념하기 위해서 파티를 학과장이 파티를 베풀 것이라고 발표했다. 그들은 시간을 잡고 모두 음식과 보드카를 그 모임을 위해 제공하는 데 동의를 했다. 학과장이 안드리안에게 잠깐 이야기하자고 청했을 때 지쳐서 집으로 향하고 있었지만, 무엇인가 성취감을 느꼈다.

"우리가 함께 일해 온 몇 날 동안 당신 또는 하나님에 관해서 결코 조금도 알기를 원하지 않았어요. 그러나, 지금 당신이 이 학과를 위해서 그렇게 열심히 일하고 많은 것을 하는 것을 볼 때 지금은 경청할 준비가 됐어요."

안수받은 목회자인 안드리안에게 학과장은 이어서 말했다.

"새 사무실을 축복해 줄 목사님이 필요해요. 당신이 목사님이지요. 그렇지 않나요?"

"우리를 위해서 기념하는 날 밤에 새로운 사무실을 위해 축복 기도를 하는 영광을 베풀어 주시겠어요?"

안드리안은 수락했다. 안드리안은 사람의 믿음을 나누는 특권을 얻기 위해 가끔은 조금씩 벽지를 바르는 것도 필요하다는 것을 깨달았다.

### 3) 제안

복음을 나누기 전에 당신 자신이 훌륭한 교사요, 연구자요, 동료로 그리고 가끔은 좋은 벽지를 바르는 사람으로 입지를 세우는 것이 필수적이다. 학생들과 동료들의 눈에 교수로서 신뢰가 없다면 예수에 관한 메신저로서의 신뢰성을 갖게 되지 못할 것이다.

인내하고 열심히 일하고 기회를 얻기 위해 기도하라.

바울은 우리에게 고린도전서 3장에서 몇 사람이 심고, 몇 사람이 물을 뿌리고, 몇 사람이 수확한다고 말한다. 이러한 과정 중에 있는 곳에서 마음 편히 있도록 하라.

## 7. 고려할 추가 영역들

### 1) 정치적 차이

표현의 자유가 존중을 받고 다양한 견해가 용인되며 심지어 칭송받는 서방 국가에서 복종을 기대하며 강요하는 매우 통제된 사회로 옮겨간다면 어떻게 될까 생각해 보라.

당신의 전화 대화와 이메일이 감시를 당하고 수많은 웹사이트가 정부의 시각에서 불법적으로 생각되는 견해를 제공하기 때문에 차단된다는 것을 알았을 때 어떻게 대처할지에 대해 곰곰이 생각해 보라.

당신의 나라 혹은 어디에 가든지 애국심을 고향에 남기고 떠나라.

미국 국기로 복음을 결코 싸지 말자.

당신의 나라를 지키기 위해서가 아니라 예수를 품고 살아가기 위해 그 곳에 있는 것이다. 정치적 논쟁에서 승리하는 것보다 한 친구를 얻는 것이 더 중요하다.

### 2) 종교적 차이

기독교가 우세한 곳에 있는 자국 문화로부터 당신의 믿음이 지속적으로 감시와 의심을 받는 곳으로 옮겨가는 영향력을 고려해 보라.

몇몇 나라에서는 예수를 따르는 사람들은 사악한 이교도로 여겨진다.

### 3) 개인적 안전

당신의 개인적 안전이 의문시되는 곳으로 옮겨가야 할지 모른다. 홀로 바깥에서 야간 산책을 하는 것은 안전하지 못하다.

### 4) 건강과 의료 문제

당신의 나라기 틀림없이 제대로 된 의료 시설을 갖고 있고 훌륭한 보건 기준으로 많은 질병을 제거했다. 지금 당신은 보건 기준이 열악하고 건강 서비스가 친숙하지 않고 빈번하게 바이러스성 질병이 발발할 것이다.

### 5) 교통에 대한 우려

당신이 믿을 만한 도요타 자동차를 자국에 남겨놓고 왔으나 신뢰할 수 없을 정도로 초만원이며 안전하지 못한 대중 교통에 직면하게 된 자신의 처지를 깨닫게 되었다. 치명적인 교통 사고가 드물지 않다.

여러 나라에서 운전하는 것은 온전한 정신과 생명을 위태롭게 만든다. 최상의 충고는 기대하지 않은 것을 기대하는 것이고 반응하기 전에 일어나는 것을 곰곰이 생각하는 것이다. 학생들과 동료들이 구세주의 사랑을 알게 하기 원한다면 당신의 행동에서 예수님을 볼 수 있도록 하라.

주님은 자비롭고, 은혜로우시며, 노하기를 더디 하시며, 사랑이 그지없으시다(시 103:8).


## 8. 더 깊고, 더 멀리(심화 학습)

### 1) 고려해야 할 질문들

① 당신은 어떤 타문화 여행 또는 사역의 경험을 했는가?
   이전에 어떤 종류의 기대를 했으며 어떻게 현실과 제휴하여 나갔는가?
② 교수 경험에 관해서 어떤 기대를 갖고 있는가?
   해외에 거주하는 것에 대해서는?
③ 해외에서 가장 큰 도전으로 무엇을 기대할 수 있는가?
   당신이 가장 쉽게 적응하는 것이 무엇인가?
④ 당신 자신에 대해 실질적 기대를 정하기 이전에 무엇을 할 수 있

는가?

당신이 특별한 환경속에 현지의 현실에 대해 준비할 때 도움이 되는 자료 또는 사람을 찾아 보아라.

## 2) 제시된 서적들

Bennett, Milton. *Basic Concepts of Intercultural Communication: Selected Readings.*

Nwanna, Gladson. *Do's and Don't Around the World: A Country Guide to Cultural and SOcial Taboos and Etiquette,* 1998. This includes volumes on Africa, theCaribbean, Europe, the Middle East, Japan and Russia. It's from World Travel Institute, Baltimore.

E. W. Baumgartner et al., *Passport to Mission*, available online at "adventist volunteer service" http://www.adventistvolunteers.org/Forms/Passport.pdf.

Kohls, L. Robert. *Survival Kit for Overseas Living: For Americans Planning to Live and Work Abroad.*

# 참고 문헌

Baumgartner, E. W., Dybdahl, J. L., Gustin, P. & Moyer, B.C. *Passport to mission* (2nd ed.). Andrews University, Berrien Springs, MI: Institute of World Mission, 2002.

Thurston, A., Turner-Gottschang, K. & Reed, L. *China bound* (2nd ed.). Washington, DC: National Academy Press, 1994.

Baumgartner, E. W., Dybdahl, J. L., Gustin, P. & Moyer, B.C. *Passport to mission* (2nd ed.). Andrew University, Berrien Springs, MI: Institute of WorldMission, 2002.

Chickering, A. W. & Gamson, Z. F. Seven principles for good practice. *AAHE Bulletin* 39:3-7, 1987.

Cruickshank, D. R., Bainer, D.L. & Metcalf, K. K. *The Act of Teaching*. Boston: McGraw-Hill College, 1999.

Csikszentmihalyi, M. & McCormack, J. The influence of teachers. *Phi DeltaKappan,* 67(6), pp. 415-19, 1986.

Garcia, R. L. *Teaching in a pluralistic society: Concepts, model, strategies*(2nd ed.). New York: HarperCollins, 1991.

Good, T.L. & Brophy, J. E. *Looking in classrooms* (8th ed.). New York: Longman, 2000.

Knight, A. B. Productive teaching and instruction: Assessing the knowledgebase. *Phi Delta Kappan Journal,* 7(6), pp. 470-78, 1990.

# 제9장

# 문화 충격 대처하기

한 번은 마이크가 남자 대학원생과 여자 교수들과 함께 중동 어느 나라의 여자 초등학교에서 웹기반(web-based) 프로그램들에 관한 워크숍을 진행했다. 나는 20분짜리 이론과 실제 단원을 발표했고 남자 대학원 학생은 프로그램의 상세한 내용을 보여주는 것을 담당했다. 그가 발표하는 동안, 나는 머리와 몸을 가린 여자 선생님이 도와달라고 해서 빨리 그에게 갔다. 나는 그 선생님을 돕기 위해 컴퓨터 앞에 서서 자판을 가리켰다. 내가 문제를 해결해 주고 만족해하면서 걸어나갔다. 내가 1 대 1로 가르치는 일을 정말 잘 해냈다.

몇 초도 지나지 않아서 그 학교의 교장이 다가와서 복도로 자기를 따라오라고 했다. 교사들이 워크숍에 너무나 몰두해서 교장 선생님이 나를 칭찬하려는 것으로 생각했다. 어쨌든 나는 단지 훌륭한 개인 지도를 해 주었다. 교장 선생님이 내가 너무 가까이 그 교사에게 있었다고 나를 꾸짖었을 때 그러한 생각이 즉각 깨어졌다. 교장 선생님은 다른 교사들이 내가 그 여선생님과 너무 '가까이' 대화를 한 것을 비난했다고 말해 주었다.

"분명히 당신은 여자들과 대화를 할 때 남자들이 1미터 거리를 두어야 하는 곳의 문화를 이해하지 못해요."

나는 특히 나 자신이 잘 해냈다고 생각했을 때 그러한 문제를 일으켰다는 것에 상처를 받았고 당황했다. 나는 다시 그 방으로 들어가서 워크숍을 끝내야 했다. 나는 긴장되고 마음이 두근거려서 재편성했다. 그 이후 개인 교습을 할 때 교사들이 필요한 적합한 거리를 알았기 때문에 내가 컴퓨터에 앉고 교사들을 나한테 오도록 요청했다. 내 의도와 동기는 순수했지만, 나의 문화 규범에 관한 순진한 행위가 워크숍을 망쳐놨고 더욱 심각한 타문화 갈등을 일으켰다.

해외에 살고 일하는 모든 사람은 문화 충격에 직면한다.

무엇이 정확히 문화 충격이고 어떻게 그것이 타문화 환경에 사는 사람들에게 영향을 미칠까?

문화 충격은 관습과 행동 이전에 경험한 어떠한 것과 상당히 다른 곳에 있는 문화 규범에 대한 과잉 반응이다. 문화 충격은 일반적으로 언어, 식사 예절, 사람들과 인사하기 위한 의례 그리고 유머라고 생각되는 사회적 담화의 친숙한 표시와 상징을 잃어버리는 결과로 생기는 우려때문에 갑자기 생긴다. 이러한 것들을 통해 우리가 누구이고 무엇을 할 것인가에 관한 정보와 안전을 제공받는다. 우리를 지지하는 소도구를 잃었을 때 문화 적응은 매우 어렵게 된다.

전문가들은 문화 충격을 가치, 신념, 세계관, 삶의 방식이 우리의 것들과 상반되는 사람들과 계속 접하고 상호 교류로 인해 우울함으로 바뀌는 감정적 스트레스 상태라고 설명한다. 문화 충격은 오베르그(Oberg, 1960)에 의해 처음으로 질병처럼 생각되었는데 이 질병은 원인, 징후, 치료의 과정이 있다. 오베르그는 개인들이 다른 나라 또는 문화 속에서 살 때 질병에 대해 실제로 유사한 경험을 할 수 있다는 것을 알게 되었다.

## 1. 원인

낯선 새로운 문화에 들어갈 때 우리는 대부분의 친밀한 신호(cue)를 잃어버리게 된다. 우리는 다음과 같은 것을 경험한다.

① 현지 문화의 언어를 읽고 쓸 수 없는 능력. 즉 우리는 필연적으로 문맹이 됨.
② 언어를 말하거나 이해할 수 없는 능력. 즉 우리가 듣고 말하는 것이 약화됨.
③ 지역 관습과 사회 규범과 친숙하지 않음.
④ 치안과 복지의 부재.
⑤ '단순한' 혹은 '정상적인' 일들(전화걸기, 세탁하기)을 해나가기가 어려움.
⑥ 일상(식료품 쇼핑, 대중 교통)의 무게와 어려움.
⑦ 당신을 둘러싼 것에 '적합하게 만들기'에 능력이 부족함(예, 백인으로서 나는 결코 중국인이 되지 않을 것이다).
⑧ 관계에서의 변화들.
⑨ 가치의 방향 상실.

## 2. 증상

문화 충격의 많은 증상들이 있지만 그것을 경험하기 위해 모든 증상을 가시고 있을 필요가 없다. 여기에 약간의 증상들이 나열되어 있다(Baumgartner 등, 2002).

① 사소한 불편에 대해 화내기.
② 지방 생활 양식에 대해 특이하게 성급함.
③ 현지 주민들에게서 물러남.
④ 극단적인 향수병.
⑤ 갑작스러운 자신의 문화에 대한 강렬한 충성심과 우월적 태도.
⑥ 전반적인 불만족감. 즉 스트레스, 불신감과 우울감의 증가.
⑦ 수면 방식의 변화. 즉 항상 취침을 원하거나 취침을 할 수 없음.
⑧ 건강, 청결, 깨끗한 음식과 물에 집착함. 즉 과도한 손 씻기.

이것이 종합적인 목록은 아니지만 먼 나라에 거주하는 정신적, 육체적, 감정적인 효과에 대해 몇 가지 아이디어들을 제공한다. 핵심은 문화 충격을 피하려고(어쨌든지 불가능한) 하지 말고 친숙하지 않은 문화에서 살 때 동반되는 스트레스에 대처하는 건전한 전략을 개발하는 것이다. 개인이 문화 충격으로 고통 받는 정도는 성격, 문화 간의 정도 차이 그리고 사람들이 새로운 상황을 대처하고 적응하는 방식과 같은 다양한 요소에 의존하면서 달라질 수 있다(Baumgartner 등, 2002).

## 3. 치료

### 문화 충격의 단계를 이해하기

문화 충격에서 회복하는 첫 번째 발걸음은 당신이 문화 충격을 갖고 있는 것을 인정하는 일이다. 심리학자들은 문화 충격에는 4가지 뚜렷한 단계들이 있다고 제시한다. 외국을 여행하고 거주하는 모든 사람들은 이러한 단계를 다양하게 다루고 있다(Pedersen, 1995).

### 1) 1 단계: 밀월단계

대부분 사람은 새로움에 매혹된다. 몇 가지 사소한 문제를 제외하고 새로운 나라에서 첫 번째 주가 일반적으로 부드럽게 지나간다. 새로운 곳에 와 있다는 모험심에 흥분될 것이다. 그렇게 상당한 준비와 기대를 품은 후에 마침내 도착했을 때 마음이 들떴을 것 같다. 고귀하며 흥미를 유발하는 냄새, 음식, 광경 그리고 사람들이 있다. 약간의 문제가 발생했을 때 조차 이러한 것들은 단지 새로운 경험의 일부분으로 잊혀진다.

당신은 아래와 같을 때 밀월단계에 있게 된다.

① 당신 주변의 모든 것을 사랑하기.
② 새로운 문화 속에서 모든 사람과 모든 것들이 훌륭하게 보임.
③ 현지 문화에서 매혹, 놀라움, 경외감으로 충만함.
④ 날마다가 모험이고 진실로 사물을 발견하는 것을 즐기고 있음.
⑤ 현지 국가의 모든 불완전성에 대해 맹목적임.
⑥ 수많은 것들이 "매혹적"임을 발견하기.

그러나, 이러한 문화에 대한 표면적이고 비현실적인 경험이 곧 사그라진다. 그리고 당신은 2단계에 있게 된다.

### 2) 2 단계: 거부단계

모든것이 신경 쓰이게 한다. 처음에 매력적이라고 발견한 사소한 것들이 지금 당신의 신경을 거슬린다.

그들이 왜 빵을 봉지에 담지 않지?
등록 카드, 자동차 허가증을 얻기 위해 또는 전화 요금을 납부하기 위해 몇 시간 동안 줄을 서는 것이 갑자기 세상 끝처럼 여겨진다. 우선 당신이 이러한 이상한 나라에 온 이유와 얼마나 오래 견딜 수 있을지 의아해하기 시작했다. 판단주의가 시작되게 된다.

당신은 '우리'와 '그들'의 영역에서 생각하기 시작한다. 거슬리다고 한 문화 규범들이 실제로 의도적인 것이었다는 것에 대해 당신은 적대적, 공격적, 절망적이게 되고 확신을 하게 된다. 그들이 단지 나를 이해하지 못한다. 이 단계의 증상은 다음을 포함하고 있다.

① 환경을 통제하고자 하는 과도한 열망.
② 체류하는 국가를 지나치게 비판함. 주류 문화에 대해 냉소적이며 경멸적임.
③ 국민들이 비우호적이고 연민의 정이 없음.
④ 체류국의 국민을 실제 국민으로 여기는 능력이 부족함. 소외감과 고립감이 존재함.
⑤ 무력한 느낌.
⑥ 체류국의 국민들에 대한 우월감이 지배적인 태도: 왜 그들이 그러한 방식대로 하지?
그들은 줄을 서지 않는다. 그들은 재래식 화장실을 갖고 있다. 그들은 군중 속으로 나를 떠밀고 개인 공간을 존중해주지 않는다.

이것이 "성패를 좌우하는" 단계가 될 수 있다. 개인이 강해지거나 체류하게 되거나 약해져서 집으로 가기로 결심하게 된다.

체류 국가에 머무는 교사는 자신의 체류 기간이 그곳에서 언제 만료가 되는지 날짜를 세기 시작한다.

만일 당신이 이것을 읽고 그것은 나에게 일어나지 않을 거야라는 생각이 든다 싶으면, 믿어 보라.

타문화 경험을 하는 어떤 순간에 이러한 문제에 직면하게 될 것이다.

### 3) 3단계: 식민화 단계

이 단계는 자기 보존(self-preservation)의 직접적인 결과로 인해 생겨난다. 전문가들에 따르면 이 단계는 전 과정의 정점 또는 위기로 간주된다. 이 단계에서 벗어나면 당신은 더 체류하게 될 것 같다. 만일 이런 사고 방식에서 벗어나지 않으면 당신은 계약 또는 약속이 끝나기 전에 고향으로 갈 가능성이 높다.

식민화(colonization)는 '당신과 같은 사람들'과 단지 함께 있기를 원할 때 생겨난다. 국제적인 모임들과 교회들은 체류국의 문화를 피하고 자신의 집단에 숨는 가장 쉬운 방법일 수가 있다.

이 단계가 얼마나 오래 지속될 것인가?

이것은 어떻게 당신이 대체 전략들을 잘 사용하며 어떻게 진행되고 있는가를 인식하는가에 달려있다. 무시된 식민화(ignored colonization)는 매우 위험하다. 무시된 식민화(ignored colonization)는 효과적인 사역과 전도를 방해할 수 있다.

해외 거주 지역 공동체에 너무 많이 의존하는 것은 피하도록 하라.

자국에서 온 국민들이 모여서 지역 문화를 비판하고 조롱하고 호되게 꾸짖는 문화적 빈민 지역을 피하도록 하라.

당신이 같은 신념을 갖고 있는 개인들의 국외이주 공동체를 위해 그곳에 존재하는 것은 아니다. 즉 당신은 국민들을 위해서 그곳에 존재하는 것이다. 지역 생활에 더 빨리 동화될수록 더욱 좋다.

이 단계의 증상들은 다음을 포함한다.

① 장기 국외 이주자들에 대한 과도한 의존.
② 자신의 문화에서 온 함께 있는 사람들을 선호하고 의도적으로 그들을 찾음.
③ 고향으로 귀환하고자 하는 열렬한 열망.
④ 고향의 매력적인 전경.
⑤ 끊임없이 체류국의 문화와 자국의 이상화된 전경을 비교하고 대비시키고자 함.

이러한 태도를 무시하고 그들이 상처 나도록 하는 사람은 뒤로 물러나서 체류국의 문화로부터 통찰력을 배우고 얻지 못한다. 새로운 환경에서 '고향'의 분위기를 만드는 데 집착하여 시간을 소비하는 외국인은 패배한다. 이 단계에서 당신은 모국에 관해서 단지 좋은 것을 곰곰이 생각한다. 자국의 부정적인 측면을 잊어버리고 왜 그곳을 떠나왔는지 관해 의아해 하기 시작한다. 심리학자들은 만일 한 개인이 문화 충격의 단계 2를 잘 대처하면 그들이 단지 단계 3에서 가볍게 어려움을 겪고 즉시로 단계 4로 이동한다고 제시했다.

### 4) 4단계: 적응단계

마침내 체류하는 국가의 문화에 대해서 진솔하게 이해의 폭이 커졌다. 당신은 새 국가의 관습을 실질적이며 건강한 방식으로 수용했다. 모든 것이 있는 그대로이다. 그들은 좋지도 않다. 그들은 나쁘지도 않다. 당신은 새로운 문화에 대한 모든 것을 좋아하지 않을지도 모르지만, 그 규범 안에서 활동할 수 있다.

이 적응단계에서 아직도 싸워야 할 문화적인 스트레스와 문제를 가지고 있지만 우리는 더욱 이해심이 깊어졌으며 사람들은 사람들일 뿐(즉, 좋고 나쁘고 못생긴)이라는 것을 이해하게 된다. 적응하면서 우리의 자신감이 증가한다. 우리가 체류국의 문화와 더욱 자유롭게 상호 작용할 때 새로운 자아가 나타난다. 즉 우리는 스스로가 문화의 참여자이고 더 이상 단순하고 까다롭고 불만족한 관찰자들이 아니라는 것을 알게된다.

이 단계에서 당신은 약 90퍼센트 적응했고, 자국과 체류하는 국가의 유사성을 보기 시작했다. 대부분 당신의 두 나라가 생활의 문제를 다루기 위해서 다른 삶의 방식과 차이점을 가지고 있다. 당신이 절대 익숙하지 않을 것으로 생각했던 것인 음식, 습관, 풍습이 지금은 정상적인 듯하다. 당신은 아마도 지금 새로운 문화에서 몇 가지 또는 많은 것을 선호한다. 당신은 심지어 고향으로 되돌아올 때 어떠한 것을 그리워할 것이라는 생각을 하게 될 것이다.

적응단계는 문화 충격이 끝났다는 것을 의미하지는 않는다. 두려워하던 병은 가끔 보기 흉한 모습을 나타낼 수 있지만, 그것은 당신이 대부분 문화 충격의 증상을 대처하는 것을 학습해야 한다는 것을 의미한다.

### 4. 문화 충격에 대처하기

**첫째**, 무엇보다 당신에게 영향을 끼지는 문화 충격 또는 그 영향을 무시하지 말라.

**둘째**, 대신 문화 충격이 당신에게 영향을 미친다는 것을 깨달아라.

**셋째**, 각 단계의 신호를 깨닫는 법을 배워라.

**넷째**, 특이한 상황에 대처하는 다른 전략을 시도해 보고 당신에게 유효하게 작용을 하는 전략을 연습해 보라.

문화 충격에 대처하는 몇 가지 더 많은 제안이 여기에 있다.

## 1) 실제로 되기

사람들은 외국에 있는 동안 몇 가지 방식으로 문화 충격을 경험한다. 문제를 인식하고 그것을 극복할 시간을 주도록 하라.

① 이러한 것이 영원하지는 않다고 스스로에게 상기시키도록 하기.
② 당신과 다른 사람들에 대해 공정하고 실제적인 기대를 정해 놓기.
③ 인내하고 유연성이 있으며 모호함을 용인하기.

## 2) 견문을 넓히고 참여하기

수동적으로 행동하지 말고, 의도적으로 새로운 문화를 학습하라.

① 언어를 공부하라.
   이것을 통해 귀에 들리는 것과 당신 주변에서 일어나는 것을 이해할 때 더욱 편안하게 느끼는 것을 도울 뿐 아니라 또한 다른 사람들과 신뢰를 쌓는 것에 도움을 줄 것이다.
② 문화 충격과 체류국의 문화에 관한 지식을 제공하는 책들과 웹사이트를 발견하라.
   이러한 것을 통해 왜 모든 것이 그들이 있던 방식대로 있으며 왜 당신이 행동할 때 느끼는지를 이해하는 데 도움을 주었다.
③ 사람들과 친구로 사귀고 초대된 곳들로 가 보라(당신과 함께 일하기 위해 사람들을 초대하라).
④ 통화를 배우며 대량 수송 시스템을 배우고 현지 생산물로 먹고사는 법을 배워라.

### 3) 유머 감각 갖기

다른 문화에서 당신은 분노, 귀찮음, 당황과 낙담을 야기하는 수많은 경험을 갖게 될 것이다. 새로운 언어와 문화를 학습하면 당신이 아이처럼 생각을 하게 되며 또한 다른 것에 의존하게 되고 항상 새로운 것을 학습해야만 한다.

① 각 상황에서 재미있는 무언가를 발견하도록 하라.
　이러한 것을 통해서 스트레스의 정도를 낮추는 데 도움을 주고 실망시키는 경험에 대해서도 약간은 더 많은 은혜를 제공하게 만든다.
② 문화 또는 사람들에 대해서 웃지는 말고, 자유롭게 자신에 대해 웃도록 하라.
③ 당신 스스로를 너무 심각하게 여기지 말라.
　웃음은 절망에 또한 대비해서 보호한다. 어쨌든 "마음의 즐거움은 양약이라도 심령의 근심은 뼈로 마르게 하느니라"(시 17:22).
④ 개인적으로 받아들이지 말라.
　정말로 이것이 모두 너에 관한 것이 아니야!

### 4) 신체적인 것을 잊지 말기

① 꾸준한 운동 패턴을 발전시켜라.
　해외에서 가르치는 것이 당신의 신체에 상당한 스트레스를 줄 수 다. 즐길 수 있는 신체적 활동을 발견하는 것이 스트레스를 줄여주고 건강함을 유지시켜 준다. 고향을 떠나기 전에 시작된 운동하는 일과는 새로운 환경에서 지속될 때 편안함과 친근함의 원천이

될 수있다.
② 커브(Curves)로 가거나 Y에 있는 보우플렉스(Bowflex)를 사용하는 것을 기대하지 말라. 즉, 그것을 단순하게 하라.
③ 걷고 뛰고 농구를 하라.
④ 충분한 휴식을 취해라(많은 사람이 타문화권에서 사는 동안 매일 밤 1-3시간 더 잠이 필요하다는 것을 안다).

### 5) 개방적이고 유연하고 융통성 있기

기대하지 않는 상황과 직면하기 때문에 새로운 자극에 융통성 있고 유연하며 감수성이 있는 능력이 필요하다.

① 새로운 환경에서 모호함과 차이를 인내하는 것을 배워라.
② 다른 관행에 대해 공감할 수 있는 이해를 하며 판단할 수 있는 행동을 최소화하라.

### 6) 실패에 대처할 수 있는 능력 개발하기

모든 사람이 해외에서 무언가 실패하기 때문에 실패를 용인하는 능력이 중요하다.

① 배우는 사람이 되어라.
성공적인 해외 경험은 상당한 학습이 필요하다.
② 질문하라.
"이것이 왜 이렇게 작용하나요?"
또는 "왜 이 선택을 했는지 내가 이해하도록 도움을 주시겠어요?"

이렇게 묻는 부드럽고 겸손한 태도는 일반적으로 잘 받아들여진다. 당신은 얻는 대답으로부터 배울 것이다. 당신이 다른 사람들, 장소들, 생각과 문화적 특성에 관해 배울 때, 새 환경에 적응하는 새 방식들을 학습할 것이다. 완전히 동의하지는 않아도 적어도 더 잘 이해할 것이다.

### 7) 지속적인 기도 생활로 성장하기

당신의 가르침, 당신의 증인 그리고 어떻게 당신이 어려운 상황을 다루는가는 영적인 생활에 의해 영향을 받는다. 기도는 우리가 더 큰 그림을 볼 수 있도록 하고 평화를 제공하고 하나님이 우리를 통해서 일하도록 한다. 섬기는 사람들과의 관계를 늘려가듯이 당신은 하나님과의 관계를 개발하고 육성해야만 한다. 당신은 그가 없이 이것을 할 수 없다.

① 해외에서 지속적인 헌신적 생활을 하는 데 방해가 되는 장애물을 기대하라.
② 당신의 기도 생활을 방해하는 것을 확인하고 그러한 방해물을 제거하라.
③ 하나님을 아는 지식이 너를 들어주실 것이라고 기도하라.
④ 어떻게, 언제 하나님이 응답할지를 기대해 보라.
⑤ 예배를 일상생활에 정례화 하라.
⑥ 당신의 헌신에 대해 찬양하는 희생을 가져오라(즉, 당신이 문화 충격으로 고통받을 때 하나님을 찬양하기 위한 희생으로 느낄 수 있다. 찬양의 옷이 근심의 영을 대적할 수 있다).

8) 후원과 교제를 발견하기

가능하면 빨리 기독교인들과의 교제를 활발히 하도록 하라.

이러한 것을 통해 상당히 필요하게 될 후원과 격려와 성장을 공급받는다. 몇몇 경우에 있어서 당신은 기독교인들이 모이는 장소나 어떠한 친교도 확보하지 못하게 될지 모른다. 이러한 것을 통해 하나님과의 찬양과 친교의 일상적인 습관을 발전시키지 않으면 특히 힘들 수가 있다.

예수의 이름으로 심지어 두세 명이 모이는 곳에서 예수님이 그들의 중앙에 계신다(마 18:20). 이러한 것이 팀 동료나 당신의 배우자와 아이들이 될 수도 있다.

9) 꿈, 고향, 문화를 즐길 시간 갖기

맥도날드의 치즈버거나 가끔 마시는 스타벅스 커피이든지 간에 고향의 문화를 경험하라.

가끔 근사한 곳에서 식사하는 것은 타문화 적응을 쉽게 하는 것에 도움을 준다. 맥도날드의 감자튀김을 먹고 싶다면 몇 군데를 찾아보도록 하는 것이 좋다.

케첩 때문에 여분의 비용을 지불해야 한다면 너무 놀라지 마라!

미국 영화나 시트콤을 시청하고 미국 식당에서 식사하거나 단순히 고향으로부터 그리워하는 무언가를 즐김으로써 당신은 타문화적인 절망에 대처할 때 도움을 받을 수 있다.

## 5. 결론

어느 현자가 이렇게 말했다.
"준비하는 것이 절반은 성공하는 것이다."
타문화권으로 당신이 가르치기 위해서 떠나기 전에 잘 준비할 필요가 있다.

하나님이 섬기도록 부르신 나라에서 문화와 학생과 생활에 관한 정보를 알기 위해서 온라인을 뒤지고 다른 사람들과 이야기를 나누며 독서를 통해 사전에 미리 정보에 정통하며 실제적인 기대감을 갖도록 하여라.

아무도 먼 나라에서 생활하는 것을 상당히 좋아하지는 않는다. 흥미, 모험 그리고 학습 경험은 귀하다. 그리고 당신이 준비했다고 해도 당신은 아직도 어려움에 직면할 것이다.

우리(the Romanowskis)는 중국에서의 생활을 매우 잘 준비했다. 우리는 중국 그 지방의 건물들이 난방이 없다는 것을 이전에 알았다. 우리는 이야기를 들어서 난방이 없는 집과 교실들을 기대하고 있었다.

그러나, 겨울이 도래하자 우리가 기대했던 것보다 더 많은 어려움이 있었다. 내가 수업을 하는 동안 내 숨결을 보는 것을 기대하지 않았다. 강의하는 동안 손가락과 발가락의 느낌까지 잃어버릴 것은 기대하지 않았다. 그러나, 그러한 생활 환경들에 대비하지 않았다면 그 결과는 황폐화되어 버렸을 것이다. 단지 우리 가족을 챙겨서 고향으로 갔을 것이며, 그래서 우리의 생활에 있어서 가장 큰 축복들 중의 하나를 놓쳐버렸을 것이다.

먼 나라에서 수업하는 것이 당신의 성격을 하룻밤 사이에 바꾸어 놓지 않을 것이다. 당신 자신이 누군가로부터 탈출할 수 없다. 단조롭고 지루한 일과가 상당히 개선되지 않을지 모른다.

타문화적인 모습으로 생활하며 가르치는 것이 당신에게 제공하는 것은 많지만 실제적인 기대를 당신이 하고 있다는 것을 명심하라.

변화를 위해 준비하라.

예수님은 역사에서 가장 어려운 문화적 경계를 넘었다. 예수님은 자신을 인정하지 않은 연약한 인간 가운데 낙원을 떠나서 걸었는데 인간들은 예수님을 이해하는 측면에서 제한적이었으며 항상 예수님의 권위에 의문을 표시했고 마침내 예수님께 등을 돌렸다. 예수님은 우리에게 경계를 넘어 "실제 세상으로 가라"고 명령하시며 가르치셨다(막 16:15). 예수님은 우리에게 훌륭한 경계를 넘는 사람들이 되는 법을 가르쳤다. 왜냐하면, 예수님 자신이 완벽한 경계를 넘은 사람이었기 때문이다.

원격 교실에서 예수님의 이름에 영광을 가져오기 위해 더 잘 갖추고 준비하는 이때 예수님께 의존하라.

## 6. 더 깊게, 더 멀리(심화 학습)

### 1) 고려해야 할 질문들

① 문화란 무엇이라고 생각하는가?
  어떻게 문화를 정의하는가?
② 드러난(overt) 그리고 숨겨진(covert) 문화의 차이는 무엇인가?
  예를 들어보라.
③ 해외에서 당신의 가장 큰 도전이 무엇이라고 예상하는가?
  당신의 가장 쉬운 적응이 무엇이라고 생각하는가?

### 2) 제시된 서적들

Irwin, Rachel. *Culture Shock: Negotiating Feelings in the Field*, (온라인상에서 가능) "ANTHROPOLOGY MATTERS" http://www.anthropologymatters.com journal/2007-1/irwin_2007_culture.pdf.

Baumgartner, E. W. et al. *assport to Mission*(온라인상에서 가능), http://www.Adventistvolunteers. org/Forms/Passport.pdf.

Kohls, L. Robert. *Survival Kit for Overseas Living: For Americans Planning to Live and Work Abroad* (4th ed.).

### 3) 다문화 인식을 위한 영화들

바베트의 만찬 (1987) G 다문화.
카불의 미용 학원 (2006) PG 아프카니.
시티 오브 조이 (1992) PG-13 인도/종교.
천국의 미소 (1999) G 이란.
부시맨 II (1989) PG 아프리카.
만리장성 (1986) PG 중국.
르완다 호텔 (2004) R 아프리카.
연을 쫓는 아이(2008) R 아프카니스탄.
리암 (2000) R 아일랜드/빈곤.
Lifting the Fog: Intrigue in the Middle East (1994) NR.
세상의 중심 (2003) NR 빈곤/남미.
몬순 웨딩 (2001) PG 인도.
책상 서랍속의 동화 (1999) G 중국.
오프사이드 (2006) G 이란.
홍등 (1991) PG 중국.
집으로 가는길 (2000) G 중국.
러시아 방주 (2002) NR 러시아.
씨 인사이드 (2004) PG-13 스페인.
8월 달의 찻집 (1956) G 아시아.
우슈피진 (2004) PG 유대/이스라엘.

# 참고 문헌

Baumgartner, E. W., Dybdahl, J. L., Gustin, P. & Moyer, B. C. *Passport tomission* (2nd ed.). Anderson University, Berrien Springs, MI: Institute of World Mission, 2002.

Oberg, K. Culture shock: adjustment to new cultural environments. *Practical Anthropology*, 7, pp. 177-82. 1960.

Pedersen, P. *The five stages of culture shock: Critical incidents around theworld*. Westport, CT:Greenwood Press, 1995.

제10장

외국어로서의 영어 교육

영어가 21세기의 링구아 프랑카(Lingua Franca)가 되었다(Graddol, 1997). 세계에서 다섯 명 중 한 명은 외국어로 영어를 학습하고 또 세계에서 가장 많이 학습하는 언어일 뿐 아니라 아마도 가장 많이 학습하는 과목이다 (Swerdlow, 1999).

인터넷이 전 세계적으로 확산됨에 따라 영어의 영향력이 커졌는데 그 이유는 영어가 세계적으로 120억 개가 넘는 웹페이지 중에 가장 일반적인 언어이기 때문이다. 80%가 넘는 인터넷 언어가 영어로 이루어졌다 (Drori, 2005). 국제적인 학계에서 영어는 새로운 라틴어다(Bollag, 2000). 글로벌 공동체가 영어를 아는 것이 필요함에 따라 외국어로서의 영어 교육(EFL)이 세계에서 가장 큰 서비스 산업들 중 하나가 되었다(Dovring, 1997).

기독교인들이 세계 EFL(English as a Foreign Language) 전문가들의 대부분을 차지하고 있다. 사실 많은 기독교인들이 어떤 다른 특수 이해 집단들보다 더 많이 EFL을 교육한다(McCarthy, 2000). 그래서 만일 기독교 EFL 교사들이 원격 교실(distant classroom)에서 학생들에게 실제로 무한한 영향을 준다면 EFL 교육과 학습에 대해 성경적으로 건전한 기독교 세계관이 아주 중요하다.

이 장에서 우리는 EFL 교육에 관한 몇 가지 이론을 살펴보고 탁월한 EFL 교육을 위한 실제적인 방향을 모색해 보고자 한다.

이 책은 해외 교육을 위한 EFL 안내서가 아니다. 그러한 안내서들은 시장에 많다. 발음 연습이나 작문에 있어서 문법적 오류의 교정을 설명하는 것에 대해 아이디어를 제공하지 않는다. 대신에 렌즈를 제공하는 데 이 렌즈를 통해서 기독교인 EFL 교사가 EFL을 기독교답게 교육하는 것을 돕는 EFL 교육 과정, 자료와 교육 전략들을 관찰하고 평가한다.

EFL에 관한 기독교인의 세계관은 기본적으로 우선 교육적인 노력이라는 것을 인정해야만 한다. 이 교육적인 노력은(이러한 두 가지가 비록 교실 밖에서 행하는 데 가치가 있지만) 복음적인 노력도 아니며, 교회 개척을 위한 노력도 아니다. 이것은 영어를 가르친다는 특수한 일을 하도록 각 개인이 계약한 **수업**을 위한 노력이다.

제1장에서 논의한 대로 해외에서 교육을 담당하고 있는 신자들이 고용되어 잘 교육할 때에 하나님의 나라가 더욱 훌륭하게 섬겨지게 된다고 생각한다.

불행하게도 기독교인들은 훈련을 거의 받지 않거나 전혀 훈련 없이 영어 교사들로 해외로 간다. 많은 사람은 자신들이 원어민 영어 화자들이기 때문에 영어를 가르칠 자격이 있다고 단순히 생각한다. 결과적으로 몇몇 기독교 EFL 교사들은 훌륭하게 가르치지 못하게 되며 그래서 하나님께 영광을 드리지 못하고 그 직업뿐 아니라 학생들도 잘 섬기지 못하게 된다.

기독교 EFL 교사들은 몇 가지 교수 경험과 EFL 교사 교육을 배워야 할 뿐 아니라 EFL의 기독교 세계관을 의도적으로 개발해야만 한다는 것을 깨달아야 한다. EFL을 포함하는 모든 교육은 가르침이라는 것이 소명이며 "자신의 삶에서 합법적인 도구"이며 " 단지 삶을 위한 구실"은 아니라는 것을 이해하는 것에서 시작된다(Anderson, 2001). 그것을 마음에 품고 그리스도인의 믿음의 관점에서 몇 가지 EFL 자료와 전략들 그리고 방법들을 고찰해 보자.

대학생들에게 영어 독해와 작문을 가르치기 위해 북경 외국어 교육원에 의해 1974년에 출판된 『현대 영어 독자』(Modern English-Language Reader) 제2권의 서론에 나와 있고 182페이지에 있는 에세이를 생각해 보자.

이 에세이가 무엇이 잘못되었는가?

당신이 공자를 반대하는 사회주의자라면 이 에세이는 정치적으로나 철학적으로 건전하다. 분명히 우리는 정치와 철학이 언어학습의 중요한 측면이라고 이해한다.

그러나, 이 에세이가 실제적이며 신뢰할 만한 영어 학습을 방해하지는 않는가?

그들은 올바른 동사 형태를 사용하는가?

대명사들은 명사와 일치하는가?

기본적인 구조가 "표준" 영어인가?

그렇다. 모든 EFL의 읽기와 쓰기의 중요한 측면의 모든 것이 잘 나타났다. 문제가 되는 것은 이 에세이가 전달한 세계관이 대부분의 영어권 나라들의 세계관을 대표하지 않는다는 것이다.

다음 질문이 고려되어야만 한다.

"이 에세이의 언어는 신뢰할 만한가?"

아니다. 그렇지 않다. 영어를 자신의 국가언어로 말하는 나라들은 '비평할 에세이'에서 발견되는 종류의 어휘를 정상적으로 사용하지 않는다. 그 언어는 평범한 조(Joe)나 제인(Jane)의 동료나 상사에 관한 대화의 종류가 아니다. 영어권에 거주하는 실제 원어민 영어를 쓰는 화자의 어휘가 아니기 때문에 이 언어는 신뢰할 만한 영어 에세이의 어조(tone)가 부족하다.

그러나, 이 언어는 중국 정부가 학생들이 진실이라고 믿기를 원하는 가치, 이상 윤리, 원칙 그리고 역사를 표현한다. 그리고 이 언어는 언어 교수(language teaching)라는 것은 결코 메시지와 세계관, 그리고 가치 중립적(value-

**임표(Lin Piao)와 공자(Confucius)를 비판한 에세이**

공자는 끈질기게 노예제를 옹호하고 자신의 원칙이 고대나 현대나 중국인이나 외국인이나 자신의 시대로부터 2000년 넘도록 모든 반동분자에 의해 사용된 반동주의자였다. 부르조아 출세주의자이고 변절자이며 반역자인 임표는 전폭적인 공자의 심봉자였으며 자신들의 운명에 이르는 길에 중국 역사에서 자신이 공자를 존경하고 법률주의자 학교를 반대했고 진나라(기원전 221-207년)의 첫 번째 황제인 진시황을 공격했다.

임표는 중국에서 공자와 맹자의 원칙을 공산당 지도부를 찬탈하고 국가 권력을 장악하고 자본주의 신분을 회복하려고 자신이 꾸민 음모에서 반동주의자의 이데올로기 무기로 사용하였다.

중국의 노동자-농민-군인 집단이 임표와 공자의 비난에 있어서 주요 세력이다. 그들은 강력한 반동주의자의 분노를 품고 투쟁 속으로 뛰어들었다. 우리가 노동자들, 농민들 그리고 군인들에 의해 이러한 소논문들을 수집해 왔으며, 마르크스주의, 레닌주의 및 마오쩌뚱 사상을 무기로 사용할 때 그들의 혁명 정신과 이론에 대한 자신의 성실한 연구를 반영했으며 이론과 실제를 종합하고 학습으로 이르는 길에 모든 어려움을 극복한 것은 독자들이 비판의 캠페인을 이해하는 것을 도우려는 것을 목표로 하고 있다.

소논문들은 또한 중국 노동자들, 농민들 그리고 군인들의 이론상의 세력이 형성되고 있으며 위대한 프롤레타리아 문화 혁명의 투쟁과 임표와 공자의 비판을 통해 점차적으로 증가하고 있다는 것을 보여준다.

-free)인 것이 없는 것은 존재하지 않는다는 것을 나타낸다.

## 1. 거대한 개들과 함께 달리기

모라비안 학자인 존 아모스 코메니우스(John Amos Comenius, 1592-1671)는 외국어 교육에 관한 그리스도인의 세계관을 반전시켰다. 외국어가 코메니우스 시대에서 교육의 본질적인 부분이었는데 그것은 바로 라틴어였다(Panek, 1991). 1642년에 출간된 가장 위대한 작품으로 여겨지는 『대교 수학』

에서 코메니우스는 다음과 같이 말한다.

> 언어들은 스스로 학식이나 지혜의 한 부분을 만드는 것이 아니라 지식을 습득하고 다른 사람들에게 전하는 수단으로 학습된다. 왜냐하면, 준비하는 것이 앵무새들이 아닌 사람들이기 때문이다(Keatinge가 재인용함, 1967, p. 203).

코메니우스의 진술에서 나온 원대한 시각에 주목해보자.

그것은 우리를 문법과 문장 구조를 뛰어넘어 언어 학습자인 학생들을 인간으로 보도록 변화시켰다.

무엇보다도 EFL을 가르치러 해외로 향하는 기독교 교사는 자신이 인간을 교육하는 것이지 의미 없는 영어 문구나 표현들을 재생하는 단지 앵무새들을 훈련하는 것이 아니라는 원칙에 충실해야만 한다.

똑같은 맥락에서 코메니우스처럼 데이비드 스미스(David Smith, 2007)는 외국어 교사들에게 다음과 같은 도전적인 질문을 하였다.

"내 학생들이 영적인 존재들이라는 것을 믿는다면 어떻게 다르게 가르칠 것인가?"(p. 41)

다시 말해서 "만일 실제로 내 학생들이 전체 맥락에서 총체적 언어를 필요로 하는 전인적 인간들로 생각한다면 어떻게 지도할 것인가?"(p. 41).

스미스는 "학생들이 기계도 아니고 다루기 쉬운 정보 처리 장치도 아니며 스스로를 만들고 잘못 만들기도 하고 다시 만들기도 하는 살아있는 이미지라는 전제에서 시작한다"라고 서술한다(p. 47).

그러한 것이 초보적으로 들릴 줄 모르지만, 그리스도에 대해 자신의 학생들에게 영향을 미치기를 원하는 기독교 EFL 교사들에게는 강력한 동찰력이며 활력을 주는 진리다. 그 차이가 분명한 것 같지만 사실 몇몇 EFL 수업 기법들은 아무 생각이 필요 없는 어구와 관련 없는 언어 패턴을 반복하는 간단한 연습이 되었다. EFL을 기독교적으로 가르친다는 것은 학생들에게 영어로 생각하는 법을 가르친다는 것을 의미한다. 그것은 바로 학생들이 화자와 화자의 가슴과 마음에서 생기는 실제 언어를 말하는데 필요한 기술을 전해주는 것을 의미한다.

언어 학습에 대한 코메니우스의 접근법은 그 당시에는 혁명적이었다. 1631년에 코메니우스는 자신의 교육 철학에 의거하여 라틴어 교육을 소개하는 교재인 『언어들의 문』이라는 외국어 교육의 결정판을 내놓았다.

코메니우스는 외국어를(아직 공립학교들에서 EFL이 필수적인 나라들에서 오늘날 실행되는) 단순 암기 방법으로부터 실제적이며 유용한 이해의 새로운 영역으로 이동해 가기를 열망했다.

> 코메니우스는 언어 교육을 특히 문제가 있는 것으로 보고 단순 암기와 낭송 방법들은 더 자연스러운 방법에 도움이 될 수 있도록 버려야 한다고 주장했다(Loutan & Sterk가 재인용함, 1998, p. 18).

코메니우스는 "단어들의 무익한 연구로부터 코메니우스 세대의 소년들을 구했으며 그들에게 역학, 정치학 그리고 도덕의 세계를 소개했다"(Keatinge가 재인용함, 1967, p. 24).

코메니우스는 외국어 학습을 유용하고 실제적으로 했다. 코메니우스는 학생들에게 언어의 아름다움을 보고 단지 그 기능만을 보지 말도록 격려했다. EFL의 깊은 목적을 이해하지 못한다면 언어의 아름다움을 알지 못하는 교사의 무능력을 야기할 것이며 EFL 교육을 단순한 기능 교육으로 격하시키게 될 것이다.

코메니우스의 방법과 교육학 이론의 포괄적인 분석을 제시하는 것이 이 과의 목적은 아니다. 코메니우스의 사례를 통해서 기독교인으로 코메니우스의 언어 학습과 교수법이 과거와 심지어 현재의 교육 공동체들을 변화시킨 것을 설명하기 원치 않는다.

사실 코메니우스의 외국어 교육에 관한 교수법은 너무 건전하고 사용하기 쉬워서 그의 개혁 신앙을 강력하게 반대하는 사람들조차 그의 교수 전략 효과를 부정하지 못하고 외국어 교수법들을 채택했다. 놀랍게도 예수회 사제들이 이단으로 코메니우스의 사형을 요청할 때도 유럽의 모든 예수회 학교에서 코메니우스의 교재와 교수법들을 사용하였다.

『언어들의 문』은 코메니우스가 사망한 오랜 후인 1800년대에도 잘 사용되고 있었다.

> 언어의 역사속에서 교수(teaching)는 마치 새로운 본문(배경)에 있는 듯 학습자의 개인적이고 사회적인 환경과는 밀접하게 관련은 없다. 아마도 그것은 현재의 시점에서 유럽의 한 지역에서 만들어지고 사용되어 3세기이상 계속 존속된다는 것을 의미한다(Murphy, 1995, p. 195).

코메니우스의 혁명적인 언어 학습 교수법은 목표어로 일기와 저널을 작성하고 구어로 독후감 발표를 하는 것 뿐 아니라 학습은 재미있고 즐길만 하다는 개념을 도입했다(Murphy, 1995).

코메니우스는 그 당시의 교육 공동체를 변화시킨 외국어 학습에 관한 기독교 세계관을 형성하며 주창을 했다.

자신의 믿음을 통해 언어들에 관한 견해를 알린 또 다른 위대한 기독교 학자는 위클리프(Wycliffe) 성경 번역가이며 세계적으로 유명한 언어 학자인 케니스 리 파이크(Kenneth Lee Pike, 1912-2000) 이다. 1933년에 중국에 선교를 가는 것이 선교 단체에 의해 거부된 후에 파이크는 언어 연구에 흥미를 느끼게 되있나. 파이크는 미시간대학교에서 언어학으로 박사학위를 취득한 후에 그 대학에서 1955년에서 1977년까지 교수로 재직하였다.

파이크는 언어학 분야의 업적으로(비록 수여 받지는 못했지만) 15년간 연속으로 노벨 평화상 후보로 올랐다. 인간 행동과 언어 간의 관계인 테그메믹스(tagmemics)에 관한 파이크의 이론은 20세기 언어학에 가장 위대하게 기여한 것으로 인정되고 있다(Switchenberg, 2006). (파이크의 테그메믹스 이론에 관해 더 알고 싶으면 www.sil.org.를 이용하기 바람.)

거의 12개 국가에 존재하는 언어 집단들과 생활하며 작업을 해 오면서 상당히 존경을 받았던 이 학자는 한때 다음과 같이 서술했다.

> 나는 예수가 진리의 구현이고 그래서 그의 말씀이 진리라고 믿는 기독교인이다. 예수는 더 나아가서 진리가 인간의 언어를 통해 왔다고 주장했다(Brend, 1972, p. 303).

파이크(1958)는 "예수를 우리 삶의 모든 상황"으로 예수 자신은 완전하며 언어적인 '모든 것'(p. 262)으로 묘사한다. 파이크는 "언어가 하나님의 창조적 형상 안에 있고 만일 언어가 하나님의 형상을 깊이 반영한다면 그것이 단순할 것임을 기대하지 말며 어떠한 이론도 언어를 피곤하게 하지 말라"는 것을 믿었다(Brend, pp.308-9).

존 로빈스(John Robbins)는 『언어와 신학』이라는 책의 서론에서 "언어는 완벽히 적합하며 적절하게 사용되며 의미가 있을 뿐 아니라 언어의 기원은 하나님 그 자체다"(p. vi)라는 파이크의 신념을 강조했다(Clark, 1993). 아마도 이것은 요한복음 1:1인 "태초에 말씀이 있었더라"라는 것을 의미하고 있다.

EFL 교사들은 언어가 공부하거나 가르칠 단순한 과목이 아니라는 것을 알아야만 한다. 언어는 목적 달성을 위한 수단이 아니라 로빈스와 파이크가 주장했듯이 하나님 안에 있는 바로 그 근원이며 하나님에 의해 하나님을 위해서 창조되었다.

파이크(1972)는 다음과 같이 제안했다.

언어가 인도를 하고 안내를 한다(Brend가 인용함, p. 311).

그래서 언어가 사람들이 자신의 개성을 표현하는 것을 돕는데 사용되어야 한다.

언어는 사람을 구별한다. 언어는 우리를 구별한다. 언어는 삶의 기억들, 진리들과 기쁨들을 모은다. 언어는 그러한 것들을 표현하고 이끌며 모이게 한다. … 말씀들도 그와 같아서 진리와 기쁨을 농축시킨다(pp. 309-10).

영어를 외국어로 가르칠 때 EFL 교사가 기독교적으로 가르친다는 것은 언어를 이러한 관점에서 보는 것에서 출발하는 것을 인정하고 이해해야만 한다. 즉, 하나님의 형상으로 창조 된 사람들이 언어 사용법을 배우게 되며 그것은 파이크에 의하면 또한 하나님의 형상을 따라서 만들어진 것이다.

EFL 교사들은 자신들의 목적이 영어로 학생들에게 진리와 기쁨, 느낌들, 감정들 그리고 생각들을 전달하는 법을 보여준다는 것을 인정해야 한다. 몇몇 경우에 있어서 학습하고 있는 이 영어는 하나님께서 자신의 독생자를 처음으로 학생에게 보여줬던 바로 그 도구일지 모른다.

어떻게 그것이 생겨날 수 있는지가 여기에 있다. EFL 교사와의 대화나 성경으로부터 뽑은 문학적 은유를 논의하는 맥락에서 EFL 학생은 자신의 생애 중 처음으로 예수가 하나님의 아들이라는 것을 듣게 될 것이다. 그 순간 영어는 이 학생이 자신을 그리기 위해 하나님이 사용한 신성한 도구가 되었다. EFL 교사들은 언어를 가르치는 중요성을 이해해야만 하고 스미스(Smith, 2007, p. 38)가 '정신-육체의 이분법'라고 부르는 덫에 빠져서는 안 된다. 스미스는 나음과 같이 설명한다.

그것은 언어 학습의 과정을 윤리, 환대, 실패, 선한 삶의 본성, 가치의 문제들 그리고 희망의 근원, 인간의 필요에 관한 반응과 세대를 아우르는 상호작용과 같은 문제들과 결합하는 것을 의미한다(p. 46).

예를 들면 나의 중국 대학원생들은 대학을 위해서 크리스마스 스토리를 공연하기를 원했다. 대학원생들은 희곡으로 그 이야기를 써달라고 요청했다. 누가복음을 선택했고 학급에서 각 학생들을 위해 대사를 썼다. 예행연습을 하는 동안 어느 날 전 학급 앞에서 헤럴드 엔젤(herald angel)인 우(Wu)씨는 자신이 구세주로 예수 그리스도를 믿는다고 선언했다.

이것은 정부가 기독교, 민주주의 그리고 인권과 같은 '영적 오염'을 엄중하게 단속 할 때였다. 우씨의 대담한 공표에 아찔했다. 학생들을 충격에 휩싸였다. 몇몇은 심지어 겁을 먹고 웃었다. 무엇을 할지 잘 몰라서 물어보았다.

"우씨 왜 그것을 말했나요?"

그는 대답했다.

"네, 연극에서 말할 대사들에 관해서 생각하고 있었어요."

"두려워 말라, 모든 사람에게 있을 커다란 기쁨의 좋은 소식을 보라. 오늘 너에게 주 그리스도라 불리는 구세주인 어린아이가 베들레헴의 도시에서 태어난다. 가장 높은 곳에는 하나님께 영광 그리고 땅 위엔 평화 그리고 모든 사람에게 호의를 …."

"이러한 말씀들을 좋아하고 그 말씀들이 내가 무엇인가를 느끼도록 했다. 그래서 아기 예수를 구세주로 영접하기로 결심했고 그렇게 했을 때 주님의 평화가 나에게 왔다. 내 부인도 또한 이렇게 했다."

그것은 한 편의 희곡이었는데 EFL 학생들이 영어를 학습하는 데 도움을 주는 도구였다. 우씨는 단지 3개의 대사를 가지고 있었는데 그 대사들이 그의 삶을 영원히 변화시켰다.

기독교 학자인 C.S. 루이스는 또한 언어 가르침의 중요성을 이해하는 데 도움을 주었다. 루이스는 『인간 폐지』(The Abolition of Man, 1944-1996) 라는 책을 영국의 영어 교과서 내용에 대해 실망한 결과 그 반응으로 집필했다. 여기서 루이스는 영어 교사들에게 '생각 없는 인간'을 만들지 말라고 경고했다. 다른 말로 말하자면 가치 체계가 부족하고 옳고 그름을 구분하는 능력이 없는 학생들을 창조하지 말라.

루이스의 핵심은 심지어 영어를 가르칠 때도 선한 가치들이 전달되도록 해야 한다.

> 그것은 우주가 존재하며 우리가 존재하는 종류의 것에 대한 객관적인 가치의 원칙으로 어떤 태도들은 진실로 참이고 다른 것들은 정말로 거짓이라는 믿음이다(p. 31).

루이스는 언어의 힘과 언어 가르침의 중요성을 이해했다. 그는 영어 교과서에서 상대주의 오류를 드러냈다. 또한 그는 단어들과 언어가 서로 영향을 끼치고 그래서 언어가 학생들이 세계를 보는 방식에 영향을 주기 때문에 영어 교육이 중대한 의무라는 것을 유창하게 잘 설명했다.

> 바로 가이우스(Gaius, 작가들)와 티티우스(Titius, 교사들)의 능력은 자신들이 한 소년을 상대하고 있다는 사실에 달려 있다. 즉 어떤 소년은 단지 자신이 '영어 준비'를 '하는' 중이며 윤리학, 신학과 정치학 모두가 위태롭다는 생각하고 있지 않다(『인간 폐지』[The Abolition of Man], p. 20).

특히 EFL 교사들에게 적합한 것으로 모든 교육자에 관해 루이스가 문제를 제기한 것은 교육자들이 무엇을 가르치고 있는지를 생각하는 것이다. 교육 과정에서 학생으로, 교사가 학생에게 그리고 학생이 학생으로 가치들이 교실 안으로 전이되었다. 생각들과 언어들 사이에 진정으로 인과관계가 존재한다면 언어들을 생각 없이 가르칠 수 없다(Grenz, 2000). 가치들과 생각들이 이러한 수단을 통해 전달되기 때문에 EFL의 전반적인 기독교 세계관은 언어 교육 과정과 자료들이 관련이 있다는 것을 이해하게 된다.

## 2. EFL 교육 과정 평가하기

루이스의 생각들과 보조를 맞추어 우리가 영어를 외국에서 가르치기 위해 선택한 EFL 교육 과정과 자료들을 살펴볼 때 3개의 질문들(Smith & Carvill, 2000)을 아래와 같이 제시할 필요가 있다.

① 여기에서 어떤 가치들이 교수되고 있는가?
② 이 교육 과정에서 어떤 가치들이 빠졌는가?
③ 각 단원에서 진정성 있는 언어가 강조되는가?

이 장의 도입부에서 본 실질적인 문제들이 명확하고 뻔뻔스러운 세계관의 사례들은 아니다. 그러한 것들은 더 쉽게 보이며 직접 다루어질 수 있다(제4장의 숨겨진 교육 과정의 논의를 보아라). 그것은 더욱더 숨겨진 것들이고 꽤 미묘하게 말하고 얼른 흘낏 볼 때 주목을 끌지 못하는 것으로 보이지만, 은익되고 잠재 의식 속에 있는 메시지로 반드시 조사할 필요가 있다.

그러한 것이 우리가 조심스럽게 언어 학습 텍스트들을 평가해야만 하는 이유이다. EFL 교과서들은 종종 아름다운 장소에서 아름답게 일하는 아름다운 사람들의 이미지로 채워져 있다. 언어는 소비에 집착하는 취미들과 무심한 대화들 이상의 것이다. 언어는 상거래에 참여하고 휴가를 떠나고 먹고 영화 관람을 하는 것 이상의 것이다(Smith, 2007).

이러한 것들은 합법적인 언어 시나리오다. 하지만, 전체 언어 단원이라고 했을 때 이러한 것들 때문에 학습자들이 속아서 목표어를 가지고 중요 이슈들과 의사 소통에 관해 중요한 방식들에 관해 학습할 기회를 얻지 못한다.

EFL 교사들로서 EFL 교과서들 또는 자료들을 가지고 쓴 정형화된 표현들을 인식하며 이의를 제기할 필요가 있다. 교사들은 원어민 영어 화자들에 관해 교과 과정을 따르는 것이 옳은지 알기 위해 영어의 실제 예로 제시된 대화들과 대사들을 분석할 필요가 있다(Smith, 2007). 학습자가 자주 듣는 곳이 바로 이 부분이다.

> 이것이 영어를 말하는 사람들의 됨됨이다. 즉 사람들은 쇼핑하고 외식하고 돈을 소비하는데 사로잡혀 있다. 사람들은 노인들을 공경하지 않고 점성술을 좋아하고 또 문란하기도 하다.

교과 과정은 영어를 구사하는 공동체들이 한결같이 자기중심적이고 바깥 세상에서 일어나는 것을 망각하고 있다는 것을 영어 학습자에게 말해주고 있다.

설상가상으로 '숨겨진 교육 과정'(hidden curriculum)을 통해 학습자는 새로운 영어 화자로서 이렇게 똑같은 종류의 태도와 행동을 선택하도록 요구한다. "영어 화자들처럼 되기 원한다면 문란하고 자기중심적이며 물질적으로 될 필요가 있다." 이러한 유형의 텍스트는 언어 학습자들에게 어떠한 행동과 흥미 및 태도를 예측한다. 스미스는 다음과 같이 말한다.

> 텍스트가 학습자들에게 행동하고 말하고 보고 듣고 생각하라고 요청하는 것을 통해 텍스트는 학습자들이 저것이 아닌 이것에 관해 격려하고 중요한 것으로 저것이 아닌 이것을 보며 미래 행동에 견념히여 그로 그려보도록 격려한다. 각각의 텍스트가 제시하는 이것은 언어를 말하는 것을 학습하는 사람들이 어떤 사람됨을 가졌는지를 나타낸다. 혹은 설상가상으로 어떤 사

람이 되어야만 하는지를 보여준다(Smith, 2007, p. 39).

　　제4장에서 사전 패키지(prepackaged)화된 교육 과정 중 테리(Teri) 사례에서 본 것처럼, EFL 학습자들은 미국 시민들이 노인들에게 부정적으로 반응을 하며, 그렇기 때문에 드러눕는 것이 용인될 수 있는 행동이라는 것을 자료로부터 쉽게 추론할 수 있다.

　　사전 패키지화된 EFL 시리즈들은 기본적인 EFL 기술인 말하기, 듣기, 읽기와 쓰기 등을 다루는 '일체형' 교육 과정이기 때문에 매력적인 것이다. 강사에게는 연습장, 교사 안내서, DVD, 그리고 CD가 들어있는 패키지가 제공되는데, 그 패키지는 모든 EFL 교사가 해야 할 일이 원어민이 되어서 보여주도록 만들어졌다.

　　이러한 자료들은 편리하며 교사가 근무하는 학교나 프로그램에서 필요로 할지 모른다. 우리는 이러한 자료들을 반드시 폐기하지 않고 오히려 두 눈을 크게 뜨고 이러한 자료를 가르치는 기독교 교사에 도전을 준다.

　　어떤 목표를 지도하기 위해서 비정형적인 언어 시나리오를 사용하면서 직접 구한 교과 과정들을 살펴봤다.

　　예를 들면, 첫째 단원은 학생들에게 이름과 주소 그리고 전화번호와 같은 정보를 제공하는 법을 지도할 것이다. 이것은 매우 유용한 언어 학습이다. 그러나, 첫 번째 단원의 예들은 체포되어서 경찰관에게 자신의 이름, 주소 및 전화번호를 말하는 남자와 버스 정류장에서 젊은 여성에게 다음과 같은 질문을 하는 사람의 예가 나온다.

　　"이름이 뭐예요?"
　　"전화번호 알 수 있을까요?"

　　그 여자는 그에게 답을 해 주었다. 이러한 것들은 사소하게 보일지 모른다. 그러나, 이것들은 원어민 영어 사용자들의 문화에 관해 전통적이고 보수적이며 종교적인 분위기의 사회에서 온 EFL 학습자들에게 많은 것을 시사해주고 있다.

그래서 당신이 사용하고 있는 자료들을 평가해 보아라.

자료들이 적합하지 않은 주제들이나 상투적인 문구들로 서로 의사 소통을 하지만, 어쨌든 사용할 때 필요하다면 보충 자료들과 설명을 통해 이러한 것들이 규범들이 아니면서 왜 잘못됐다고 생각되는지를 학생들에게 설명해 보아라.

이러한 방식으로 나쁜 상황을 들어서 그것을 계속해서 바꿔 보아라.

이웃을 도와 청소(환경)하고 급식 시설(되돌려 줌)이나 해비타트 프로젝트(타인을 섬김)에서 일하는 실제 생활의 사례들을 포함하고 있는 보충자료들을 찾아 보아라.

현실은 고통받는 사람들이 존재하는 곳이다. 그 사람들은 계속 신음을 한다. 그들은 도덕적인 선택하며 부당함을 경험한다. 그들은 기도하며 또한 예배를 드린다. 그들은 논쟁하며 희생을 한다. 그들은 희망을 품고 사랑을 한다. 그들은 또한 미워하기도 한다(Smith, 2007). 우리는 EFL 교사들로서 언어를 소외시킬 수 없으며 또한 그렇게 해서도 안 된다.

우리는 학생들이 확실하게 말하는 것을 학습할 수 있도록 실제적인 맥락에서 실용적인 언어를 결합하는 것에 관해서 의도적이어야 한다.

테리가 중국에서 중국어를 공부할 때 교사와 텍스트에서 권장한 의제(agenda) 때문에, 하나님에 관한 사랑과 그리스도 안에서 믿음을 표현할 수 있는 중국어 어휘 학습을 방해받게 되었다. 그러한 어휘 학습이 단지 허용이 되지 않았다.

오늘까지 여성 학습자는 원어민 구사자들과 기차표를 주문하고 탑승한 승객들에게 인사를 하고 오랫동안 대화를 나눌 수 있지만, 예수 그리스도의 진리와 자신의 삶에 끼친 영향을 중국어로 나눌 수가 없다. 이것이 학습한 여성의 성격상 가장 중요한 측면인데, 제2 언어로 예수그리스도의 진리를 중국어로 표현할 수가 없다.

여기에 EFL 수업을 위해 사전에 패키지 된 자료들을 사전 검토하거나 준비할 때 고려해야 할 몇 가지가 있다.

① 교과서 내용과 접근법 그리고 진술된 목표로 판단해 볼 때 무엇을 홍보할 것 같은가?
얼마나 많은 연습 문제를 통해서 학습자들이 훌륭한 시민들이 되고 불의에 응답하도록 격려를 받는가?
사람들과 사례들 그리고 제시된 의견들을 통해 세상이 어떻게 되어야 한다는 의견이 떠오르는가?
② 어떻게 자료가 준비되는가?
예를 들면 텍스트가 부함/가난함, 일/휴식, 가진 자/못 가진 자 그리고 신성한/속물의 이분법을 보여주는가?
③ 텍스트가 어떻게 사람들에게 제안할까?
여성들이 멍청할까?
뒤범벅이 되어 있나?
여성들이 실제 인간처럼 보이는가?
여성들은 다른 사람들과 잘 연관시키는 법을 아는가?
그들은 공손한가?
그들은 잘 경청하는 사람들인가?
④ 수업 자료에서 묘사된(일, 직업과 소명과 같은) 인간적인 과업들의 범위는 무엇인가?
어떤 것이 부족한가?
사람들이 실직하고 있나?
혹은 그들이 직업들(예를 들면 의사들, 청소부들, 설교가들, 교사들, 학생들, 식료품점 직원들과 회계사들)의 전체 스펙트럼을 대표하고 있는가?

영어를 모국어로 말하는 사람들을 잘 대표하는 폭넓은 영역의 시민들을 확보하는 것은 좋은 일이다.

⑤ 묘사된 사람 중 인간 관계의 범위와 특질은 무엇인가?

의사소통의 윤리적 차원이 있는가?

혹은 인간 상호 작용은 피상적이고 무의미할까?

예를 들면 다른 세대 또는 다른 인종적 배경을 가진 사람들이 텍스트에서 서로 간에 관련을 맺는가?

⑥ 연습 문제들에서 묘사된 사람들이 단지 개인적인 선호나 이득의 문제를 뛰어넘는 것을 포함하는 중대한 결정에 직면하게 되는가?

사람들이 어떻게 그러한 결정들에 접근하며 어떤 기준으로 그렇게 하는가?

예를 들면, 점원이 시장에서 너무 많은 잔돈을 주었을 때 반응하는 법, 또는 종교나 개인적 가치에 반하는 행동에 참여하라고 누군가 요청했을 때 거절하는 법이다.

⑦ 교육 자료들은 영어로 영적이거나 종교적인 차원을 포함하고 있는가?

혹은 그것을 말하는 개인들을 포함하는가?

텍스트는 이러한 차원을 긍정적으로 또는 부정적으로 다루는가?

⑧ 교수 자료들은 영어권 문화의 소외된 구성원들에게 주의를 기울이는가?

교수 자료들이 그 문화에 대해 인정하는 오류나 어떤 유감을 포함했는가?-(노예, 식민지화, 토착민들 혹은 원 주민에 대한 학대 등)

⑨ 영어 구사자들을 통해 텍스트가 어떤 것을 요청함으로 우리는 전하는 것을 배울 수 있겠는가?

영어 구사자들의 이야기 중에서 어떤 것을 경청하도록 요청받는가?

그들은 무엇을 기념하는가?

그들은 무엇을 느끼는가?

⑩ 텍스트가 어떻게 학습자를 다루는가?

텍스트가 야기된 문제들에 관한 제한 없고 개인적으로 투자한 응답들에 관한 기회를 제공하는가?

텍스트가 학습자의 흥미와 동기에 매력을 주는가?

텍스트가 매력을 주어야만 할까요?

-(Smith & Cargill, 2000).

스미스(Smith, 2007)는 다음과 같이 우리에게 상기시켜 준다.

분명하게 수업 자료들이 완벽한 것은 아무것도 없다. 그러나, 만일 우리가 그러한 약점들을 학생들에게 지적하며 또 그것을 논의하고자 한다면 그것을 파악하는 것이 필요하다. 만일 우리가 기독교 교육자들로서 학생들이 우리의 목적에 도움이 되길 원한다면 약점을 확인하여 어떠한 방식으로 교육 자료를 변경하거나 보충할 필요가 있는지 보여줄 필요가 있다(pp. 144-45).

**리차드 W.(Richard W.) | TEFL 석사 | 일본**

이전 내 학생 중 한 명이 내가 느꼈던 그것보다 더 감춰진 조금 더 감정적인 불안감을 느끼고 있었다. 그것은 잘 드러나지는 않았다. 다카시는 내 수업에 한 학기는 신입생으로 또 한 학기는 2학년 학생으로 있었다. 우리는 복음에 관해 몇 번 이야기를 나누었다. 다카시(Takashi)는 우리 교회와 집을 방문했고 가을에는 우리 집에서 모이기로 했다. 그러나, 가을에 다카시로부터 아무 소식도 들을 수 없었다. 한 학생이 다카시가 자살했다고 나에게 말해 주었다.

다카시는 일본어로 온라인 커뮤니티에 메시지를 남겼다. 그는 분명히 자신의 회사에서 혹사당했고, 4학년 말 전에 회사가 요구하는 상당히 어렵고 긴 시간을 필요로 하는 인턴십을 감당하는 한편 영문학 학위를 마치기 위해 논문을 완성하

> 려고 노력하는 중이었다. 다카시의 죽음에 관한 뉴스는 상당히 조용하게 전해졌
> 다. 우울증과 자살은 소피아대학교가 일본의 평균치와 비교할 때 낮다고 생각했
> 지만 최근 한 일본 교사가 나에게 다르게 말했다. 전(Jun) 선생님에 따르면 캠퍼
> 스에 만연한 학생들의 우울증이 존재한다는 것이다. 앞으로 몇 달, 몇 년 후에 우
> 리가 더욱 더 많은 학생을 구원의 소망과 예수님과 동행하는 삶으로 이끌어 주는
> 데 유능하게 사용될 수 있기를 기도했다.

의도적으로 하라.

학생들이 영적이며 영원한 존재라는 생각과 함께 매일 교수와 학습의 과정을 연계하는 데 있어서 기도하고 사려깊게 행하라.

다시금 스스로 물어라.

"나의 학생들이 영적인 존재라고 믿는다면 어떤식으로 다르게 가르치겠는가?"

기억하라.

그것은 단지 언어학에 관한 것은 아니다. 우리는 전인적 인간뿐 아니라 인간의 자기 생각, 감정, 욕구, 부담을 어떻게 영어로 전달하는지 관심을 가져야 한다.

너무 오랫동안 EFL 기독교 교사들은 자기 자신의 분야에 대해 중요함을 잘 알지 못했다. EFL 기독교 교사들은 EFL 교수 자료와 교육 과정 및 방법에 관해 기독교적 관점에서 개발하는 데 심혈을 기울여야 하는 중대성에 대해 소홀히 해왔다.

당신은 학생들이 단지 동사 활용과 새 어휘를 암기하게 하지도 않고, 다분히 도덕 및 윤리와 중요한 것이 포함된 언어의 전반적인 생활 환경을 해결하기 위한 노력만 하며, 무언가를 곰곰이 깊이 생각하면서 교실 밖으로 나가길 원하고 있나. 학생늘은 전인적인 인간들이며, 육체, 혼, 정신, 그리고 마음이며, 당신이 할 일은 이러한 전인적 인간들을 교육하는 것이다.

언어보다 이러한 것을 잘 수행해 낼 수 있는 적합한 방법은 과연 무엇인가?

## 3. 기독교 렌즈를 통한 교수법들과 전략들을 살펴보기

교육 과정만큼이나 중요한 것은 교수 전략이다. 여기에서는 오늘날 이 세상에서 가장 대중적이며 가장 많이 사용된 방법 중 그 일부를 살펴볼 것이다. 역시 이러한 것들은 기독교 세계관의 렌즈를 통해 살펴볼 필요가 있다. <도표 6>은 3가지의 중요한 EFL 교수 방법의 강조점과 문제점과 그리고 유익한 점을 요약했다.

**첫째**, 문법 번역 교수법(Grammar Translation Method)은 세계의 수 많은 외국어 학과들의 투명한 작은 비밀이다. 서구의 EFL 훈련을 담당하는 교사들은 이 교수법이 더 이상 사용되지 않는다고 확실하게 믿지만, 이 교수법은 사용되고 있다. 이 교수법은 고전적인 교수법이라고 불리게 되었다. 이 방법은 학생들에게 라틴어와 같은 죽은 언어들을 가르치는 데 사용되곤 했다.
이 교수법은 어휘 목록을 암기하는 것과 함께 문법 규칙과 문장 구조를 강조했으며 전체 영어 사전을 암기하는 것을 권장했다. 이 교수법은 기계적인 암기와 문학 텍스트의 번역에 기반을 두었다. 영어 말하기에 관한 항목, 즉 구두 의사 소통을 위한 도구가 없다.
이 방법은 아직도 두 가지 중요한 이유로 오늘날에도 사용된다. 종합 국가 영어 시험들(예를 들면, CET[College English Test] Band 2와 Band 4)과 소수의 국가 EFL 교사들은 영어를 실제로 잘 말하지 못하기 때문에 학생들의 주의를 텍스트에 몰두하게 만드는 것을 최상으로 여긴다.

<도표 6>. EFL 방법들

| 방법론/접근법 | 강조점 | 문제 | 유리한 점 |
|---|---|---|---|
| 문법 번역 방법. | 문법 규칙, 문장 구조, 기계적 암기, 어휘 목록, 텍스트 번역. | 목표 언어 말하기 허용 안됨, 구두 의사소통을 위한 도구 없음. 학생이 만든 언어가 포함되지 않음. | 기계적 암기 기술은 목표 언어의 불규칙적 측면에 이로움(불규칙 동사들, 스펠링의 기이함, 성 대명사). |
| 의사 소통 접근법. | 언어와 언어 학습자의 본질, 언어에 대한 화용적, 기능적, 실제적 적용, 학생들 말하게 하기, 학생들에게 자신의 학습을 관리토록 하기, 강사는 단지 촉매자임. | 유창성과 정확성을 의사 소통 기술들을 떠받치는 보충적 원칙으로 보는 견해. 강사는 학생의 오류들을 강조하지 않음, 의사 소통의 세부 사항에 주의를 기울이지 않음. | 학생들이 말하고 자유롭게 오류를 범하는 것을 허용. 언어를 연습하기 위해 학생들에게 몇 가지 실제 상황을 제공함. |
| 인본주의 접근법. 전신 반응 교수법(TPR). 암시적 교수법. 침묵법. 공동체 언어 학습법. | 학생들의 자존감 높이기, 자아 실현을 위한 목표. 교사나 전문가가 아님. 교사가 참여자, 강사가 오류를 교정하지 않거나 기대를 부과하지 않음. | 교정하지 않는 접근법은 EFL 학습자에게 이득보다 손해를 가져옴. 나쁜 언어 습관 형성. 언어에 대한 표준이 없음. | 교실이 영어 연습하기에 안전한 장소임, 빨리 목표 언어로 학생들이 말하기 위한 흥미로운 연습들이 이뤄짐. |

　　기독교 세계관의 렌즈로 볼 때 문법 번역 교수법의 문제는 이것이다. 즉 이 교수법은 실제 언어를 강조하지 않고 언어를 죽은 몸으로 다룬다. 학생들은 문장들과 문장 구조들을 명사, 형용사 그리고 전치사로 세분하고 의사 소통 기술들을 증진하기 위해서 아무것도 학습하지 못한다.
　　이 방법으로는 코메니우스가 언급했던 "훈련용 앵무새들"이 될 것이다. 비록 기계적인 학습과 암기가 EFL 학습의 일부분이라고 하지만 이 문법 번역 교수법에서는 이러한 것들이 주요한 교수 전략들이다. 물론 이런 전략들이 불규칙 동사들, 새로운 어휘나 철자 오류들을 학습할 때 필요하지만, 배타적으로 이러한 유형의 방법을 사용하는 것은 이 장에서 토론했던 인간의 표현에 관한 모든 것들에 대해서 역행하는 것이다.

**둘째**, 의사소통 접근법(Communicative Approach)은 지지자들에게 언어학습을 위한 '방법'이 아니라 '접근법'이라고 제시한다. 이 접근법은 단지 문법적이나 언어학적 능력이 아니라 의사소통 능력의 구성 요소를 강조한다. 이 접근법은 유창함과 정확성을 의사소통 기술을 지지하고 있는 보완적 원칙으로 본다. 다시 말해, 학생들을 말하게 하라. 그러면 학생들이 자연스럽게 교정한다. 스미스(1993)에 따르면 다음과 같이 말한다.

> 이 접근법은 이상적인 구조들의 재생(reproduction)으로 되어있지는 않지만, 요구와 태도에 의해서 형성된다(p. 30).

파이크가 우려하는 것은 이러한 유형의 언어 학습은 인간의 성격과 감정을 무시하거나 소외시키며, 의사소통 접근법이 총체성과 언어 맥락이 부족한 이유 때문에 EFL 기독교 관점을 역행한다는 것이다(Brend, 1972). 더군다나 실제로 동사 일치, 3인칭 대명사(중국 학생들이 상당히 어려움을 겪는 문법 사항)와 단지 말하기를 통해 정확한 발음을 배울 예정인 성인들로 구성된 언어 학습자들은 거의 없다.

언어 학습자들은 교정과 코칭을 필요로 한다. 이 접근법은 학생들을 말하게 한다는 점에서 훌륭하며 학생들에게 영어의 말하기 기술을 연습할 안전 지대를 제공한다. 그러나, 이 접근법은 너무 많이 화용적인 것에 초점을 맞추기 때문에 목표어로 학생들의 기술을 미세한 조정을 하기에 충분하지 않다.

**셋째,** 몇 가지 인본주의적 접근법들은 학생들의 자존심과 자아 관념을 학습 중심에 놓는다. 이러한 비-교정적인 접근법들은 화자가 가능하면 너무 정확성을 염두해 두지 않거나 화자가 정확성을 강조하지 않고 목표어를 구사하는 것을 목표로 한다(실제로 교육에 관한 해체주의자들의 견해).

문제가 되는 것은 학생들이 습관적으로 되고 심각하게 의사소통을 방해하는 오류들을 만들게 된다는 것이다. 연구를 통해 이러한 비-교정적 접근법이 EFL 학습자에게 이익보다는 해롭게 만든다는 것을 보여 준다(Anegel & Knight, 1998). 분명히 교정을 통해서 학생의 영성을 도우며 해를 끼치지 말아야 한다.

그러나, 교사는 학생이 아마도 할 수 있는 최고의 영어를 구사하는 사람을 만들기 위해 교정에 관해서 학생에 대해 의무를 갖고 있다. 기독교 관점에서 볼 때 삶, 현실 그리고 언어에 관한 절대적인 진리가 존재한다. EFL 학생들은 영어와 그 구조의 절대적인 원리를 배울 필요가 있다. 즉, 말하기와 글쓰기의 옳고 그릇된 방법들이 있다. EFL의 기독교 세계관은 이러한 절대적인 원리를 고수하고 있다.

이러한 훈련법에서 기독교 세계관을 품고 끝까지 살기를 갈망하는 기독교 EFL 전문가들은 자신의 생활, 직업 및 소명을 통해서 자신들이 하는 모든 것, 즉 수업 지도안, 자료 선택 및 수업을 통해서 하나님의 영광을 드러내는 것임을 깨달아야 한다. 이러한 것들이 잘 이루어졌다면 영어를 외국어로 학생들을 교육함으로써 하나님 나라로 들어가는 것을 도울 수 있다.

## 4. 떠날 채비하기

EFL 교사들은 떠나기 전에 자신들의 직업에 관해서 할 수 있는 모든 것을 배울 필요가 있다.

① 만일 EFL 분야에서 석사학위를 따지 못했다면 적어도 자격증이라도 취득하라.
   비전통적인 학생들이 EFL의 원리를 배우고 얻을 수 있는 유용한 몇 개의 좋은 프로그램들이 있다.
② 지역 전문대학에 가서 ESL 수업들을 청강하라. 어떻게 수업이 진행되는지 관찰함으로써 아이디어를 얻고 EFL과 가까워지는 것이다.
③ 주제에 관련된 책들을 읽어보고 EFL 사이트에 관해 인터넷을 통해 찾아보라(왜냐하면, 그런 사이트가 사실상 수천 개나 존재하기 때문이다).
④ 미리 일괄적으로 준비한 자료들이 불충분하면 보충하라.
   당신이 미리 준비된 교육 과정을 가지고 EFL를 가르치게 될 것이라는 것을 안다면 외국으로 가기 전에 고향에서 보충 자료를 수집하기 시작하라.
⑤ 당신의 학생들이 해결하기를 원하는 이상과 원칙을 전달하는 리더스 다이제스트(8학년 수준에서 기록됨)의 기사들을 오려라.
⑥ 이러한 기사들을 읽기 연습용과 수업(실제 생활의 문제들을 다루는 실제 생활 언어)에서 토론용으로 사용하라.
   영웅 이야기들, 생존에 관한 이야기들, 부패 또는 심지어 "멍청한 범죄자들" 부분의 이야기를 찾아 보아라.
   그러한 모든 것은 실생활의 언어와 사고를 차례로 촉발하는 실생활 시나리오를 학생들에게 소개할 어마어마한 원천 자료들이 된다.
⑦ 벌어진 사건들을 기록하고 그것을 함께 가져가라. 예를 들어 한미

공군 조종사가 어떻게 허드슨강에 손상된 비행기를 착륙시킴으로 155명의 생명을 구했는지 인터뷰를 했다.

인터넷에서 그 인터뷰를 내려받아서 학생들에게 보여 주어라.

이처럼 질문을 하라.

"당신이 그 조종사처럼 침착하게 남아있을 수 있었을까요?"

"만일 비행기 승객이었다면 무엇을 생각했을까요?"

"반응은?"

"그 대위가 영웅이라고 생각하나요?"

"당신의 삶 중에 어떤 영웅들이 있었나요?"

그들에게 그것에 관해 글로 써 보라고 하라.

⑧ "당신이 무엇을 하십니까?"를 특징으로 하는 NBC의 20/20과 같은 프로그램들을 녹화하라.

이 프로그램은 사람들이 곤경에 처한 상황들이 자기도 모르게 촬영되는 것을 보여 준다.

'즉, 내가 낯선 사람에게 꼬마 소녀와 함께 공원을 떠나게 했나?'

'내가 술 취한 여성이 운전하지 못하게 했는가?'

'내가 가장 좋은 친구에게 그녀의 약혼자가 이미 결혼했다고 했는가?'

이러한 유형의 프로그램들은 감정과 열정을 불러일으키고 학생들이 생각하고 행동하는 것을 자신 스스로 전달하는 것을 도와준다. 그것은 EFL 텍스트에서 종종 제공하는 인위적인 대화와 시나리오에 대한 놀랄 만한 치료제이다. 이러한 종류의 보충 자료들은 학생들의 듣기 기술과 말하기 기술에 관여한다.

당신이 학생들에게 쓰기를 통해 시례 연구와 녹음된 쇼에 반응하도록 요구했을 때 그러한 것이 학생들의 쓰기와 읽기 기술에 관여한다. 그러나, 중요하게도 이러한 자료는 인간의 두뇌에 관여하며 학생들이 목표어로 생각하도록 하는 데 도움을 준다.
**위의 구체적인 사례들은 다음과 같다.**

■ **첫 번째 사례**

독일어 교수인 스미스(Smith)는 학생들에게 제2차 세계 대전 동안에 살았던 늙은 여성(독일인 화자)의 녹음을 듣도록 했다. 모국어인 독일어로 사고하는 것을 청취한 후 학생들은 자신들이 청취했던 것에 대해 반응을 해야만 한다.

그녀가 말하는 몇 가지는 감정적이며 심지어 비통하기까지 하다. 학생들은 "내가 그 상황이었다면 … " 그리고 그것에 관련된 대화를 가지고 토의한다.

학생들은 나이든 여성이 나누었던 것에 대해서 자신들의 생각을 썼다. 학생들에게 자신들의 인생에서 어느 나이 든 사람에 관해 영어로 이야기를 쓰라고 했을 때 학생들은 가치를 느끼며 사랑하고 감사하는 마음을 갖는다. 학생들에게 할아버지, 삼촌, 이웃 또는 종종 무시당하는 느낌에 대해 캠퍼스의 늙은 수위와 인터뷰를 하도록 했다.

이러한 연습을 통해서 사람들과 그들 자신의 이야기가 문제라는 것을 학생들에게 보여준다. 학생들은 언어의 '무엇' 그뿐만 아니라 언어의 '누구'에 관해서 설명한다.

■ **두 번째 사례**

테리는 학급 토론을 이용하여 학생들의 가슴 및 마음과 영혼을 사로잡았다. 테리가 가르쳤던 나라의 학생들은 군중들 앞에서 자신의 의견을 표현하는 것, 즉 영어를 학습하는 데 필요하다고 생각되는 기술이 허용되지 않았다.

테리는 학생들 자신들이 토론 상대자를 선택하고 특별히 정치적이거나 정부가 함축되어 있지 않은 "주요 관심사들"을 준비해서 주었다.

예를 들면 어린이들 엉덩이 때리기와 같은 것들이나, 문신들이 좋다 혹은 나쁘다 등이다. 결혼한 부부는 모두 온종일 일하게 되었을 때 집안일을 분담해야 한다. 환경은 모든 사람의 의무이다.

그리고 남자 아이들을 키우는 것이 여자 아이들을 양육하는 것보다 쉽다(또는 반대로). 소아 비만, 건강 문제, 영양, 흡연 대 비흡연, 음주와 운전, 복제와 같은 것들은 학생들이 일반적으로 열정을 느끼는 주제들이며 확고한 의견을 갖고 있지만 그러한 것이 존재하는 권력들과 문제를 일으키지 않는다.

학생들을 실질적인 주제들에 집중하게 하여 가끔은 이슬람 국가들에서 여성의 권리, 공산주의 국가의 언론의 자유, 또는 인도에서의 소수자 집단의 관용 등 지뢰밭을 피하는 것도 중요하지만 학생들이 현실 세계의 의견들에 관해 생각하며 실제 생활 언어로 말할 방법들을 찾는 것도 중요하다.

가능하면 가르칠 만한 원칙과 가치를 보여주는 영화들을 가져오도록 하라(이 장의 마지막 목록을 보아라).

한 세트로 사전에 패키지화된 자료들을 거머쥐며 책을 통해서 수업 계획을 짜고 교사용 해설서를 통해 무엇을 언제 하는지를 말해주는 것은 쉬운 일이다. 그것이 한발 한발 나갈 수 있는 쉬운 방법이다.

그러나, 만일 학생들에게 실제적인 충격을 원하고 외국어로서 영어 교육에 관한 기독교 세계관을 보여주기를 원한다면, 당신이 무엇을 가르치는 것과 왜 당신이 그것을 가르치며 어떻게 수업이 학생들의인생에 영향을 미치는지 평가를 해야 한다.

## 5. 더 깊이, 더 멀리(심화 학습)

### 1) 서적들

Edlin, Richard and Ireland, Jill. *Engaging the Culture: Christians at Work in Education.*
Smith, David. and Carvill, Barbara. *The Gift of the Stranger: Faith, Hospitality and Foreign Language Learning.*
Snow, Don. *More than a Native Speaker.*
Smith, David. *The Spirit of the Foreign Languages Classroom.*
Bigger, Stephen. and Brown, Erica. *Spiritual, Moral, Social and Cultural Education: Exploring Values in the Curriculum.*
Smith, David. and Osborn, Terry. *Spirituality, Social Justice and Language Learning.*
Snow, Don. *Teaching English as Christian Mission.*

### 2) David Smith의 소논문들

"Communication and Integrity: Moral Development and Modern Language," *Language Learning Journal* 15, 1997.
"Editorial: Reflections on Authenticity," *Journal of Christianity and Foreign Languages* 3, 2002.
"Faith and Method in Foreign Language Pedagogy," *Journal of Christianity and Foreign Languages* 1, 2000.
"Gates Unlocked and Gardens of Delight: Comenius on Piety, Persons and Language Learning," Christian Scholar's Review 30, no.2, 2000.
"In Search of the Whole Person: Christian Reflections on Community Language Learning," *Journal of Research on Christian Education* 6, no.2, 1997.

### 3) TESOL 자격증에 관한 정보를 위한 웹사이트들

"international TEFL and TESOL Training" www.tesolcourse.com.
"TEFLOnline.com" www.teflonline.com.

"American TESOL Institute" www.americantesol.com.
"Cambridge Assessment" www.cambridgeesol.org.

### 4) 최고 10개의 영화 목록

청중에게 적합한 영화들을 선택하라. 언어와 성적인 내용과 폭력은 사전 검열되었다. EFL학급에서 Teri가 선호하는 목록이 여기에 있다. (또한 제9장의 끝에 있는 영화 목록을 점검해 보라.)

어메이징 그레이스(Amazing Grace, 윌리엄 윌버포스의 이야기)
불의 전차(Chariots of Fire)
엘리펀트 맨(The Elephant Man)
사랑의 블랙홀(Groundhog Day)
반지의 제왕 3부작(The Lord of the Rings trilogy)
미스터 마마(Mr. Mom)
나의 그리스식 웨딩(My Big Fat Greek Wedding)
스팽글리쉬(Spanglish)
12인의 성난 사람들(the old one with Henry Fonda)
밥에게 무슨 일이 생겼니?(What about Bob?)

# 참고 문헌

Anderson, P. Is tentmaking dishonest? *World Christian, 14,* 2001.

Angle, D., & Knight, K. W. *Debate: Should we correct students' grammar all the time, every time?* NEA Today. [On-line] Available, 1998.

http://findarticles.com/p/articles/mi_qa3617/is_199811/ai_n8819014.

Bollag, B. *The new Latin: English dominates in academe.* The Chronicle of Higher Education 47(2), 2000.

Brend, R. M. (Ed.) *Kenneth L. Pike selected writings.* The Hague: Mouton, 1972.

Clark, G. H. *Language and theology* (2nd ed.). Jefferson, MD: Trinity Foundation, 1993.

Comenius, J. *The great didactic.* (M.W. Keatinge, Trans.). Kila, MT: Kessinger. (Original translated work published 1910), 1967.

Comenius, J. *The labyrinth of the world & paradise of the heart.* (H. Louthan & A. Sterk, Trans.). Mahwah, NJ: Paulis Press. (Original work published 1623), 1998.

Dovring, K. *English as lingual franca: Double talk in global persuasion.* West Port, CT: Praeger, 1997.

Drori, G. S. *Global e-litism: Digital technology, social inequality, and transnationality.* New York: Macmillan. 2005.

Graddol, D. Can English survive the new technologies? *The English Company (UK) Ltd.* [On-line]. Available: www.english.co.uk/docs/iatef.htm ,1997.

Grenz, S. J. What does Hollywood have to do with Wheaton? The place of (pop)culture in theological reflection. *Journal of the Evangelical Theological Society,* 2000.

Lewis, C.S. *The abolition of man.* (5th ed.). New York: Touchstone. (Original work published 1944), 1996.

McCarthy, T. A call to arms: Forming a Christian worldview of teaching English as a second language. *Evangelical Missions Quarterly,* 2000.

Murphy, D. *Comenius: A critical reassessment of his life and work.* Portland, OR: Irish Academy Press, 1995.

Panek, J. *Jon Amos Comenius, teacher of nations.* Prague: Orbis Publishing, 1991.

Pike, K. L. *Language and life.* Dallas: Summer Institute of Linguistics, 1958.

Smith, D. Can modern language teaching be Christian? *Spectrum,* 1993.

Smith, D. On viewing learners as spiritual beings: Implications for language educators. *Journal of Christianity and Foreign Languages,* 2007

Smith, D., & Carvill, B. *The gift of the stranger: Faith, hospitality, and foreignlanguage learning.* Grand Rapids: Eerdmans, 2000

Swerdlow, J. L. Global culture, *National Geographic Journal,* August, 1999.

Switchenberg, H. *Kenneth Lee Pike.* Minnesota State University, Mankato E-museum [On-line], Available:www.mnsu.edu/emuseum/information/biography/pqrst/pike_kenneth_lee.html, 2006.

# 결론

## 경계를 넘게 하는 소망

> 사막에서 가장 큰 죄가 무엇인지 아는가?
> 물을 찾고도 알려주지 않는 것이다.
> - 아랍 속담 -

현재 지구상에 예수님의 이름을 들어보지 못한 사람이 19억 명이 있다 (US Center for World Mission). 이들은 예수님을 배척하지 않았다. 이들이 예수님이 아닌 다른 신을 선택한 것도 아니다. 이들은 그저 예수님에 대해 한번도 들어 본 적이 없다. 이런 사람들을 미전도 종족이라고 부른다. 각 사람마다 이름이 있고 하나님은 이들의 이름을 알고 계신다. 사실, 하나님은 이들의 이름을 당신의 손바닥에 적어 놓으시고 이들의 머리카락까지도 알고 계신다(사 49:16; 눅 12:7).

19억 명은 세계 인구를 10명으로 보았을 때 3명에 해당하는 숫자이다. 이 세상에 태어나고 자라고 결혼하고 자녀를 낳고 직업을 가지고 평생을 살면서도 인류를 구속하신 이가 있다는 사실을 알거나 인간의 이해를 뛰어넘는 하나님의 평화를 경험하지 못하는 사람이 10명 가운데 3명이다. 아직 이들이 사는 곳에 교회가 없고 자신들의 말로 번역된 성경이 없다. 이들은 예수 그리스도의 제자를 만난 적이 없다.

하나님만 아시겠지만, 하나님은 당신의 사랑과 기쁨과 소망과 구원을 지구상에서 예수님의 이름을 한 번도 들어보지 못한 사람들과 나누는 일에 참여하도록 우리를 초대하셨다. 타문화권 교실에서 교사로 섬기는 것이 바로 이것이다. 고향과 안락함과 익숙한 모든 것을 뒤로하고 떠나기로 할 때, 여러분은 예수님의 이름으로 시원한 냉수를 나누는 것이다.

여러분이 이 책을 읽는 동안 주님께서 여러분을 격려하시고 인도하시기를 소망한다. 모든 수업을 마치고 교실 문이 닫히고 성적 입력이 끝난 뒤에도, 학생들에게 끼친 여러분의 영향은 모두 여전히 남아 있을 것이다. 타문화권 교실에서 가르치기로 한 여러분의 순종의 큰 의미를 깨닫게 되기를 바란다.

오늘날 19억 명의 미전도 종족이 전통적인 선교 전략으로는 접근할 수 있는 정치적, 종교적, 문화적 경계선을 두른 나라들 가운데 거주하고 있다. 여러분이 공학 교수, 법률과 경영학 교수, 영어 교사로 이들에게 찾아갈 필요가 있다. 어느 것도 믿지 않는 신앙의 공백에 남겨져 있을 뿐 아니라 기독교는 더 이상의 아무 의미 없다는 거짓말에 넘어간 사람들이 살고 있는 후기 기독교 국가들도 여러분을 필요로 하고 있다. 이들은 여러분이 와서 자신들을 가르치고 그들의 수준에서 그리스도처럼 성육신의 삶을 사는 것을 필요로 한다.

비유적으로 말해서, 여러분은 비밀요원 같은 선교사도 아니고 이원론적인 정신 분열증적인 자비량 선교사도 아니고 숨겨진 목적을 가지고 모든 대화를 조종하고 청취자를 볼모로 잡으려고 하는 사람도 아니다.

여러분은 이들 가운데에서 살며 사랑하고 섬기고 가르치고 기도하고 진솔한 삶을 살게 될 것이다. 그래서 그리스도의 향기가 너무나 강력하고 아름다워 미전도종족이 여러분에게 나올 것이고 궁극적으로 하나님 앞으로 나올 것이다.

하나님은 여러분에게 좋은 교육을 받을 수 있도록 허락하셨고, 많은 기회를 주셨고 복음을 자유롭게 들을 수 있는 나라에서 살 수 있는 놀라운 선물을 주셨다. 여러분은 살아있는 그리스도의 말씀이다.

거저 받았으니, 거저 주어라 (마 10:8).

우리는 이 책을 통해 교사로서 타문화권에 가는 여러분의 동기에 대해 생각해 보도록 도전을 받기를 소망한다. 여러분이 기독교적 세계관과 교육철학을 개발하는 것을 시작해보기 바란다. 우리가 할 수 있는 대로 실제적인 조언을 여러분에게 많이 제공한다.

그리고 타문화권에서 사는 것에 대해 무엇을 기대해야 하며 실제 생활과 관련하여 여러분을 준비시켜 주려고 최선을 다했다. 이 모든 것을 위해, 각 장마다 우리는 우리의 경험과 먼 나라에서 가르치라는 엄청난 부르심에 순종했던 다른 사람들의 이야기를 여러분과 함께 나누었다.

하나님께서 여러분의 교실에 들어오는 학생들의 마음을 예비하신다는 것을 기억하라.

바울은 에베소서에서 다음과 같이 말한다.

우리는 그가 만드신 바라 그리스도 예수 안에서 선한 일을 위하여 지으심을 받은 자니 이 일은 하나님이 전에 예비하사 우리로 그 가운데서 행하게 하려 하심이니라 (엡 2:10).

타문화권에서 가르치는 삶을 살려고 할 때, 여러분을 위해 이미 계획해 놓으신 하나님의 놀라운 이야기들을 그가 알고 계심을 기억하라.

마지막으로 우리는 우리가 가르친 학생 중 한 명의 이야기를 여러분과 나누기를 원한다. 좋은 선생님은 학생들 가운데 편애하는 학생들을 두지 않기에 이들은 우리가 특별히 아꼈던 학생들은 아니다. 하지만, 이들은 우리가 순종했을 때 일어날 수 있는 일의 좋은 예들이다.

### 1. 마이크(Mike)의 이야기

30세의 대학원생이었던 페이스(Faith) 자매는 자신이 재학 중인 대학교에 부임하는 신임 미국인 교수를 위한 조교를 선발한다는 광고를 보았다. 그녀는 자신이 뽑힐 것이라고 크게 기대하지 않으며 지원했다. 그녀는 치열한 경쟁을 거쳐 22명의 지원자 가운데에서 그해에 나를 도울 조교로 선발되었다.

페이스 자매는 미국인 교수가 아마도 교만하고 요구가 많고 돕는 일이 힘들 것으로 생각했었다고 나중에 내게 말해주었다. 그녀는 우리 아내가 자신을 마치 모델처럼 눈 아래로 내려다보는 등 무례할 것으로 상상했다.

그녀는 우리 아이들 네 명에 대해서도 미국인 어린이들이니까 자신에게 못되게 굴 것이고 자신을 싫어하고 중국을 부정적으로 볼 것으로 생각했다. 우리가 중국에 도착했을 때, 페이스 자매와 대학교 교직원이 기차역으로 우리를 마중나왔고 우리의 만남은 시작되었다. 그녀는 '교만한 미국인 교수'가 기차역에서 트럭에 짐을 싣는 것을 보며 놀랐다. 우리 아이들도 짐 싣는 것을 도울 뿐 아니라 자신에게 도와줘서 고맙다고 말하는 것을 보며 충격을 받았다.

한 해 동안, 페이스 자매는 많은 시간을 들여 우리가 중국 문화에 적응할 수 있도록 도왔다. 그녀는 우리 아이들에게 어미 닭과 같았다. 수업이 끝난 뒤에 그녀는 종종 우리 집에 와도 되는지를 묻고 우리 아이들을 돌보고 같이 놀기 위해 왔다. 아이들은 그녀를 사랑했고 그녀를 가족처럼 대했다. 우리집 다섯 살 아이가 잠자리를 들기 전에 그녀를 안으며 잘자라는 인사말을 할 때, 그녀의 눈에는 눈물이 맺혔던 것을 기억한다. 그녀는 우리 가족이 서로를 돌보고 자신과 중국 사람들을 사랑하는 것을 보며 놀랐었다.

그 당시에 그녀는 취직과 아마도 인생의 공허함을 채우기 위해 공산당원이 되는 것을 고려하고 있었다. 그녀는 많은 질문이 있었다. 정말 많은 질문이었다. 많은 질문이 우리 가족에 관한 것이었다. 그녀는 우리 아내에게 물었다.

"어떻게 아이들이 이렇게 예의 바르고 순종적이고 사랑스럽지요?"

우리 아내는 하나님의 방법으로 아이들을 양육하려고 노력하고 이들을 위해 기도를 많이 한다고 대답하였다. 물론 우리 아내는 이것이 몹시 어려운 일이고 우리는 이것을 위해 노력을 많이 한다고 설명해 주었다.

페이스 자매는 주님을 찾았고 자신의 삶 속에서 하나님이 역사하고 계신 것을 보았다. 드디어 1월에 페이스(Faith) 자매는 자신의 삶을 그리스도에게 헌신하기로 결단한 다음 우리 아파트로 찾아왔다. 우리 가족은 그녀와 함께 기도했지만, 그녀는 기도하는 것을 주저했다. 그녀가 물었다.

"하나님이 내 말을 이해하실까요?"

하나님은 중국어도 이해하신다는 우리의 말을 듣고 그녀는 매우 기뻐했다. 그녀는 그럴 수 있을 것으로 생각해 보지 않았다. 우리가 떠나기 전 5개월 동안 그녀와 함께 제자 훈련을 하였다.

시간이 수개월 지나고 우리가 고향으로 돌아왔을 때, 다음 내용의 이메일 한 통을 받았다.

안녕하세요?

우리 남편이 이번 주일 오전에 세례를 받아요. 우리는 이것을 위해 거의 매일 기도했어요. 우리 남편이 이전과 조금 달라요. 그리고 우리의 생활도 조금 달라졌어요. 우리는 매일 시간을 내어 성경을 읽고 같이 공부할 거예요. 우리 마음속에 평안을 느낄 수 있어요. 얼마나 좋은지 몰라요. 제가 변화되었다는 것도 느낄 수 있어요.

이전에 그렇게 추구하던 것들을 더 이상 바라지도 않아요. 지위, 돈, 자존심 등이 이전 만큼 내게 중요하지 않아요. 하지만, 동시에 조금 목적을 상실한 것 같기도 해요. 다음에 무엇을 해야 할지 모르겠어요. 기도해야 할 것 같아요. 모두 보고 싶어요. 사랑을 담아서 … .

페이스(Faith) 드림.

3주 뒤에 또 다른 이메일을 받았다.

안녕하세요?

지난주일 오전에 우리 남편이 세례를 받았어요. 세례식이 시작되기 전에 우리는 찬송가를 많이 부른 뒤에 우리 남편과 다른 새 신자들이 간증을 나누었어요. 우리 남편이 제일 먼저 간증했어요. 교수님 가족의 사랑을 보았고 저의 변화를 보았고 성경의 지혜를 보았다고 말했어요. 그는 오래전에 왜 기독교인들은 왼쪽 뺨을 때린 원수에게 오른쪽 뺨을 내미는지 이해할 수 없었다고 말했어요.

그것은 '어리석은 짓'이라고 생각했대요. 하지만, 이제 우리 남편은 그것이 어리석은 것이 아닌 것을 알아요. 왜냐하면, 그리스도인은 마음에 사랑을 품고 있기 때문이지요. 우리 남편도 그런 '어리석은 짓'을 할 것입니다. 우리 남편 말에 우리는 모두 많은 은혜를 받았어요. 이제 우리 남편은 성경을 자주 읽기 시작했어요. 얼마나 좋은지 몰라요. 주님이 능력이 정말 엄청나세요. 사랑을 담아서 … .

페이스(Faiith) 드림.

## 2. 테리(Teri)의 이야기

올가(Olga)는 컴퓨터를 전공했고 가장 뛰어난 학생이었다. 그녀의 영어 실력은 나의 수업을 듣는 어느 학생보다도 나았다. 그녀는 과제를 모두 다 했고 수업에 빠지지 않고 항상 준비되어 있었다. 그녀는 질문에 대답을 잘 할 뿐 아니라, 말의 뉘앙스를 이해하기 위해 노력했고 스스로 영어책을 찾아 읽었다. 그녀는 매일 어휘에 대해 질문하였다. 그녀는 영어와 배우는 것을 좋아했다.

올가는 나의 수업 중 마지막 시간을 수강했다. 수업이 끝나면 나는 대개 집으로 귀가했다. 이따금 그녀는 나랑 같이 전철을 타고 가도 되는지 물었다. 우리는 같이 전철을 타고 가며 쉴 새 없이 말했다. 내가 집 근처 역에서 내리면 그녀는 돌아가는 전철을 타고 학교로 돌아갔다. 가끔 우리 모두 시간이 있을 때면, 함께 차를 마시거나 간단히 식사도 하였다.

올가와 나는 한 시간 가량 전철 타는 것을 즐겼다. 우리는 남자와 함께 내가 미혼인 이유와 부모님과 내 신앙에 관해서 이야기했다. 올가는 하나님에 대해 궁금한 것이 많았다.

'하나님이 존재하는가?'

'우리는 어떻게 하나님을 알 수 있는가?'

'내가 성경을 믿는가?'

'너는 예수님을 믿는가?'

'어떻게 예수님이 처녀에게서 탄생하실 수 있는가?'

'외계에 생명체가 있는가?'(이 질문에 당황스럽기도 했다).

'너는 나에게 성경을 빌려줄 수 있는가?'

올기는 이미 예수님을 영접할 준비가 되어있었고 나는 하나님께서 그녀의 삶 속에서 무엇을 행하시는지 단순히 관찰할 뿐이었다. 그녀는 아주 어릴 때 부모님께서 우크라이나에서 항공 공학자로 오랜 시간 근무해야 했기 때문에 할머니가 보살펴 주셨다고 했다. 밤에 할머니는 그녀가 잠들도록 도와주시면서 그녀의 귀에 이렇게 속삭이셨다고 한다.

"올가, 사람들이 학교에서 하는 말을 믿지 말렴. 하나님은 계셔. 하나님이 계시고말고."

귀여운 올가는, 내가 사랑을 담아 부르는 그녀의 이름인데, 그해 가을에 그리스도에게 자신의 마음을 내어 드렸다. 나는 그녀의 이런 경험을 지켜보는 특권을 가졌다. 그녀의 사랑스럽고 동그란 얼굴은 빛과 평안과 기쁨으로 가득했다. 눈물이 얼굴을 타고 내리는 동안 그녀는 하나님께 감사하고 또 감사했다. 그녀는 이렇게 말했다.

"나는 알고 있었어요. 나는 하나님이 정말 계시다는 것을 그동안 쭉 알고 있었어요."

올가는 성경 공부를 위해 나와 정기적으로 만났고 나와 함께 모스크바 교회(개신교)에 출석했다. 목사님은 내가 학생 몇 명을 교회로 데리고 오는 것을 보고 목사관에서 기독교의 기본적인 신앙을 설명하는 대학생 모임을 시작하겠다고 내게 제안했다.

올가는 내가 이전에 한 번도 보지 못했을 정도로 그리스도 안에서 성장했다. 그녀는 기독교 기초반에서 배운 것을 나와 토론하기 위해 매주 찾아왔다. 그녀는 성경 구절들을 영어와 러시아어로 암송하였다. 그녀는 자신이 하나님에 대해 배울 수 있다면 신앙 서적과 주석서와 사전과 내가 구할 수 있는 것은 무엇이든 원했다.

그녀의 삶은 변하였다. 내가 그녀에게 하나님의 율법을 가르치거나 말해주지 않아도 그녀는 자신의 삶을 주관하던 옛것들을 하나씩 제거하였다. 그녀는 흡연을 그만두었고, 술을 끊었고, 남자 친구와 잠자리를 같이 하는 것을 멈추었다. 그녀는 남자 친구와 헤어졌다. 그녀는 변화되었다. 올가는 1주일에 6번씩 예수님에 대해 자신이 무엇을 배웠고 왜 성경을 믿는지를 설명하기 위해 자신의 기숙사에서 성경 공부를 시작했다.

올가가 대학교를 졸업했을 때, 모스크바교회(개신교)는 그녀를 전임 교회 비서로 채용하였다. 교회의 활동과 외국인 목사와 그의 가족을 돌보는 것과 공과금을 내고 행사를 준비하는 것이 그녀가 할 일이었다. 물론 교회에서 가장 중요한 직무 중 하나였다. 우리 부모님은 귀여운 올가에게 자신이 원하는 미국의 신학교에서 공부할 수 있도록 전액 장학금을 주겠다고 제안했다. 이 제안을 했을 때, 러시아 사람들은 외국으로 가기 위해 무엇이든 하던 때였다. 하지만, 올가는 이 제안을 조심스럽게 사양했다.

"만약 내가 가면, 누가 내가 하던 일을 할 건가요?"

그녀는 물었다.

"누가 기숙사에서 성경 공부를 인도하죠?"

"감사하지만 사양하겠습니다. 지금 여기에서 나는 하나님께서 내게 원하시는 것을 하고 있어요."

귀여운 올가는 이제 결혼했고 자녀가 둘이 있다. 그녀는 여전히 교회를 위해 사역하고 있다. 남편과 내가 모스크바를 방문했을 때, 이 교회에 새로 부임 온 목회자는 올가처럼 귀한 믿음을 가진 사람을 한 번도 본 적이 없다고 말했다. 그녀는 정말 엄청난 여인이다. 모스크바의 많은 사람이 그녀 때문에 변화되었다.

내가 러시아에 갔을 때, 나는 그저 학생들을 사랑하는 마음을 가진 자비량 처녀 선교사였다. 나는 그저 그리스도께서 나를 위해 하신 것처럼 나도 따라 하려고 노력하였다. 하나님께서 러시아를 사랑하시기 때문에 나도 러시아를 사랑했다. 그곳에서 영어를 가르쳤다. 왜냐하면, 내가 그것을 할 수 있었고 러시아 사람들이 바랬던 것이 그것이었기 때문이다. 내가 올가의 선생님이었기 때문에 나는 그녀를 만날 수 있었다. 그리고 이제 귀여운 올가는 그리스도를 위해 자신의 나라를 섬기고 있다.

여러분과 나는 러시아의 미래가 아니다. 하지만, 올가는 다르다. 마이크는 중국의 미래가 아니지만 믿음 자매는 다르다. 우리가 국경을 넘어 타문화권에서 가르칠 때, 우리는 각각 학생의 눈에서 그 나라의 미래를 바라본다. 이들은 미래의 지도자들이고 교사들이고 부모들이고 공학자들이고 법률가이고 공무원이다. 교실에서 일어나는 일은 한 번에 한 학생을 통해 그 사회 전체를 변화시키는 가능성을 가지고 있다.

　타문화권에서 가르치기 위해 국경을 넘는 것은 인생이 줄 수 있는 가장 충격적이고 도전이 되고 힘들지만, 상급이 주어지는 경험이 될 수 있다. 우리는 세상 전체를 준다고 해도 바꾸지 않을 것이다.

# 부록 A

# 수업 계획 예시안

일시: 2009년 8월 1일
과목명: 작문 개론

1. 학생들과 인사하고 과제를 받고 시작한다(10분).
2. 지난 주 수업 내용에 대해 복습하고 이것이 오늘 수업 내용과 어떻게 연결되는지 설명한다. 오늘의 수업 목표를 제시한다(15분).
3. 강의한다. 제목을 알려주고, 유인물이 있을 경우 강의 직전에 나누어 준다(15-20분).
4. 강의를 마친다. 질문 시간을 가진다. 미리 준비한 질문들을 학생들에게 묻는다(15분).
5. 학생들을 소그룹으로 나누어 문제를 풀거나 강의 요점들을 토론하게 한다. 교실을 다니며 학생들의 토론에 끼어들지 않으면서 토론을 듣는다(15-20분).
6. 다시 모인다. 긍정적인 내용들을 언급한다.
    "좋은 토론 하는 것을 들었어요. 방금 아주 흥미로운 개념을 잘 들었어요."

학생들에게 과제 제출 일시를 다시 한번 알려준다. 과제 관련해서 칠판에 적는다(5분).
7. 마무리 짓기를 한다. 질문이나 할 말이 있는지 묻는다(5분). 오늘 수업에서 배운 것 한 가지만 적으세요. 그리고 수업 내용 중에 이미 알고 있던 것을 하나 적으세요. 그리고, 수업 내용 중에 이전에 알았더라면 좋았을 것을 하나 적으세요.
8. 수업을 마친다.

**수업 계획 관련 인터넷 홈페이지**

http://www.eduref.org/Virutal/Lessons/Guides.html.
http://www.lessonplanspage.com/WriteLessonPlan.htm.
http://www.emunix.emich.edu/~jblock/docs/lessonplan.pdf.

## 부록 B

## 교수 요목 예시안

**1. 대학 이름**

    과목 코드와 과목명:
    학년과 학기:

**2. 교수 정보**

    성명:
    연구실 위치:
    연구실 전화번호:
    핸드폰 전화번호:
    이메일 주소:
    연구실 상담 시간:

## 3. 과목 설명

학점:

선수 과목:

교재:

참고 서적:

수강에 도움이 되는 말:

수업의 목적을 정할 때, 성공적인 학생들은 수업에 성실히 참여하고 과제를 잘 준비하고 정해진 시간에 제출하고, 수업에서 토론에 적극 참여하고, 한 학기에 한 번 정도 교수와 상담을 한다.

## 4. 과목 목표

이 과목을 이수한 뒤에 학생은 다음과 같은 것을 할 수 있게 된다.
① 
② 
③ 
④ 

## 5. 수업 내용 소개

적용하기, 사용하기, 모범을 보이기

다음 내용들을 어떻게 할지 배운다.

① 
② 
③ 

다음 내용들을 개발한다.
① 
② 
③ 

다음 내용들을 표현한다.
① 
② 
③ 

다음 내용들을 파악한다.
① 
② 
③ 

## 6. 과제 및 활동(페이퍼 작성)

① 페이퍼 작성 요령 – 학교 혹은 교수가 정한 양식과 분량 소개
② 지각 및 과제를 늦게 제출한 경우에 대한 안내 – 감점
③ 출석 – 결석에 대한 안내. (참고할 것: 결석을 네 번 했을 경우, 시험과 과제와 상관없이 F를 받음.)
④ 수업 참여 – 수업에 적극적으로 참여해야 한다.
⑤ 규칙 및 예의 – 수업 중에는 핸드폰을 반드시 꺼야 한다.
⑥ 퀴즈 – 언제, 무엇을, 몇 번 보게 되는지에 대해 안내한다.

⑦ 표절 – 표절은 용납이 되지 않음을 안내한다.
⑧ 시험 – 언제, 어떻게 볼지를 안내한다.

## 7. 평가

<도표 7>

| 과제 | 취득 점수 | 배정된 점수 | 총점 비율 |
|---|---|---|---|
| 서면 과제 | | | |
| 과제 1 | | 100 | 10 |
| 과제 2 | | 100 | 10 |
| 과제 3 | | 100 | 10 |
| 에세이 | | 100 | 10 |
| 중간고사 | | 100 | 10 |
| 프로젝트 | | 100 | 10 |
| 중간 합계 | | 650 | 70% |
| 보충 과제 | | | |
| 수업 참여 | | 88 | 8 |
| 퀴즈 | | 100 | 10 |
| 기말고사 | | 50 | 5 |
| 중간 합계 | | 350 | 35% |
| 총점 | | 1000 | 100% |

**점수 체계**

A= 90-100% B= 80-89% C= 70-79% D= 60-69% F= 59% 이하 8. 수

업 일정

과제에 대한 적절한 평가를 원하면, 교수에게 기한 내에 직접 제출해야 한다. 만약 기한을 변경할 경우, 제출 기한 이전에 수업 시간에 안내가 될 것이다. 수업 시작 후 첫 5분 동안 모든 안내들을 기록하기를 권한다. 독서 과제들은 다음과 같다.

**1주차**

1월 22일 강의 제목:
과제:

**2주차**

1월 27일 강의 제목:
과제:
기한:

## 부록 C

## 교수법과 학습 스타일

하워드 가드너(Howard Gardner)의 다중 지능 이론을 요약 정리한 것이다.
『다중 지능』과 『다중 지능: 현장 속의 이론』을 보라.

### 1. 시각/공간 지능(시각적인들을 관찰할 수 있는 능력)

이 학습자들은 이미지로 생각하고 정보를 유지하기 위해 머리 속으로 구체적인 이미지를 만들어 내는 경향이 있다. 이들은 지도와 차트와 그림과 비디오와 영화를 보는 것을 즐긴다.

퍼즐 완성하기, 읽기, 쓰기, 차트와 도표 이해하기, 방향 감각, 스케치하기, 그림 그리기, 시각적 비유 만들기, 이미지 조작하기, 실제적인 물체를 구성하고 만들고 디자인하기, 시각적 이미지를 해석하기와 같은 기술을 사용한다.

이들의 진로로는 항해사, 조각가, 시각 예술가, 발명가, 건축가, 실내 장식가, 자동차 정비사, 공학 기술자 등이 있다.

## 2. 언어 지능(단어와 언어를 사용할 수 있는 능력)

이 학습자들은 매우 발달된 청각 기술을 가지고 있으며 일반적으로 화술이 뛰어나다. 이들은 사진이 아닌 단어로 생각한다.
청취, 말하기, 쓰기, 스토리텔링, 설명하기, 가르치기, 유머 사용하기, 문장 구조와 단어 의미를 이해하기, 정보 기억하기, 자신의 관점을 설득하기, 언어 사용을 분석하기와 같은 기술을 사용한다.
이들의 진로로는 시인, 기자, 작가, 교사, 법률가, 정치가, 번역가 등이 있다.

## 3. 논리/수리 지능(이성, 논리, 숫자를 사용할 수 있는 능력)

이 학습자들은 정보의 부분들을 연결하며 논리와 숫자 패턴들로 개념적으로 생각할 수 있다. 항상 주변 세상에 관심을 가지는 이 학습자들은 많은 질문을 하고 실험하기를 좋아한다.
문제 해결하기, 정보 구분 및 분류하기, 추상적 개념들 사이의 관계를 발견하기, 특정 영역의 진보를 위해 여러 단계의 이성적 사고하기, 통제된 실험하기, 자연 현상에 대해 질문하고 궁금해하기, 복잡한 수학 계산하기, 기학학적 형태들을 다루기와 같은 기술을 사용한다.
이들의 진로로는 과학자, 공학 기술자, 컴퓨터 프로그래머, 연구자, 회계사, 수학자 등이 있다.

### 4. 신체/운동 지능(신체의 움직임을 통제하고 물체를 능숙하게 다룰 수 있는 능력)

이 학습자들은 움직임을 통해 자신을 표현한다. 이들은 균형 감각과 (구기 종목이나 평행봉과 같은 것을 할 수 있도록) 신체 협응이 뛰어나다. 자신의 주변의 공간과 교류함을 통해 이들은 정보를 기억하고 처리할 수 있다.

춤, 신체 협응, 체육, 실제로 하는 실험, 신체 언어 사용, 공예, 연기, 무언극, 창조 혹은 만들기 위해 손을 사용하기, 신체를 통해 감정을 표현하기와 같은 기술을 사용한다.

이들의 진로로는 체육인, 체육 교사, 무도인, 연기자, 소방관, 예술인 등이 있다.

### 5. 음악/리듬 지능 (음악을 만들고 감상할 수 있는 능력)

이 학습자들은 소리와 리듬과 패턴으로 사고한다. 이들은 들은 음악을 평가하거나 비판하는 등으로 즉각적으로 응답한다. 이 학습자들의 대부분은 귀뚜라미, 종소리, 물 떨어지는 소리 등 환경의 소리에 무척 민감하다.

노래하기, 휘파람 불기, 악기 연주하기, 성조 패턴 파악하기, 작곡하기, 멜로디 기억하기, 음악의 구조와 리듬을 이해하기와 같은 기술 등을 사용한다. 이들의 진로로는 음악가, 디제이, 가수, 작곡가 등이 있다.

### 6. 대인 관계 지능(타인과 교류하고 이해할 수 있는 능력)

이 학습자들은 다른 사람이 어떻게 느끼고 생각하는지를 이해하기 위해 다른 사람의 관점에서 사물을 보려고 노력한다. 이들은 종종 느낌과 의도와 동기를 감지할 수 있는 뛰어난 능력을 갖추고 있다. 이들은 때로 사람을 조종할 수 있기도 하지만 사람들을 조직하는 데 탁월하다.

일반적으로 집단 안에서 평화를 유지하고 협동을 장려하려고 노력한다. 이들은 타인과의 의사소통 채널을 마련하기 위해 발화 언어와(눈 맞춤과 신체 언어와 같은) 비 발화 언어를 사용한다.

(이중 관점과 같이) 다른 사람의 관점에서 보기, 청취하기, 공감력을 사용하기, 다른 사람의 분위기와 느낌 이해하기, 상담하기, 집단 속에서 협력하기, 다른 사람의 동기와 의도를 파악하기, 언어와 비언어적으로 의사소통하기, 신뢰 쌓기, 평화적 갈등 해결, 타인과 긍정적인 관계 형성하기와 같은 기술을 사용한다.

이들의 진로로는 상담자, 판매인, 정치인, 사업가 등이 있다.

### 7. 초인 지능(자신을 돌아보고 자신의 내적 상태를 감지하는 능력)

이 학습자들은 자신의 내적 감정, 소망, 타인과의 관계, 장점들과 단점들을 이해하려고 노력한다.

자신의 장점들과 단점들을 깨닫기, 던지기로 돌아보고 분석하기, 자신의 내적 감정과 욕구와 소망들을 인지하기, 자신의 사고방식을 평가하기, 자신을 이성적으로 돌아보기, 타인과의 관계에서 자신의 역할을 이해하기와 같은 기술을 사용한다.

이들의 진로로는 연구자, 이론가, 철학가 등이 있다.